미국 무비자시대 반드시 성공하는
미국 비즈니스 창업

미국 무비자시대 반드시 성공하는

미국
비즈니스
창업

송문수 지음

W미디어

저는 32년 전에 한국에서 대학을 졸업하고 미국으로 이민을 왔습니다. 당시에는 그저 미국에만 가면 모든 것이 해결되겠지 하는 막연한 생각을 갖고 있었습니다. 사실 그때는 지금과 전혀 다른 이민 생활이었습니다. 미국의 경제 여건과 이민정책이 그동안 많이 변화되었습니다. 그러므로 이제는 준비된 미국 도전을 시도해야 합니다. 철저한 준비를 통해 실수와 시간낭비를 막아야 합니다.

이 책 〈미국 무비자시대, 반드시 성공하는 미국 비즈니스 창업〉은 준비된 미국 창업을 준비하는 한인들에게 꼭 필요한 학습서라고 생각합니다. 특별히 비즈니스에 도전하는 한인들에게는 실전 기술과 학습을 위한 필독서가 될 것입니다.

송문수 공인회계사가 그동안 미국 현지에서 25년간 체험한 풍부한 경험과 실무는 물론, 남가주 지역에 거주하는 한인 정착자들의 주요 비즈니스를 분석하고 정리한 이 책은 미국 도전을 꿈꾸는 많은 이민 예정자들에게 좋은 길잡이가 될 것이라고 확신합니다. 다시 한 번 이 책의 출간을 환영하는 바입니다.

저는 미국의 '강남 8학군'이라고 알려진 캘리포니아주 어바인City of Irvine 시장으로 재직하고 있는 강석희입니다. 인구 약 20만2천 명의 어바인은 좋은 학군과 뛰어난 거주환경은 물론 미국 제1의 안전한 도시로 평가되고 있습니다. 저는 이민 1세로서, 어바인을 미국에서 가장 안전하고 균형 예산을 유지하는 도시로 자리매김하는데 힘쓰고 있습니다. 또한 교육을 가장 중시하는 정책으로 어바인을 이끌어 가는데 헌신하고 있습니다. 민주주의의 표본인 미국에서 가장 살기 좋은 어바인은 그동안 한인 인구가 계속적으로 증가해서 이제는 약 1만5천 명이 넘어가고 있습니다.

미국은 이민자로 이루어진 합중국입니다. 그리고 미국은 기회의 나라입니다. 미국은 평등과 자유를 수호하는 청교도 정신으로 세워졌습니다. 106년 전인 1903년에 노동력을 중심으로 시작된 한인들의 미국 정착 역사가 지금은 자본 중심의 투자이민으로 많이 변화되고 있습니다. 이제 한인들의 근면성과 성실함은 미국 주류사회에서도 인정해주는 시대가 되었습니다. 그러나 가장 중요한 것은 어떻게 좋은 비즈니스 정보를 얻어서 완벽하게 준비하는가에 달려 있습니다.

이것이 미국 이민의 성공과 실패를 좌우할 수 있습니다. 저는 더 많은 한인들이 미국에 도전하여 크게 성공하기를 진심으로 바랍니다. 그 옛날 만주 대륙을 정복했던 한인들의 개척정신이 미국에서도 발휘되기를 바랍니다. 미국을 도전하는 모든 한인들에게 이 책은 필요한 준비를 확실히 하게 하는 지침서가 될 것입니다.

강석희(어바인 시장)

　제가 알고 있는 송문수 공인회계사는 30년 전 도미하여 아름다운 가정을 꾸미고, 자신이 추구했던 꿈을 이룬 분입니다. 주위에서는 '국정교과서'라는 별명으로 알려질 정도로 성실한 분입니다. 저자는 지난 25년간 오렌지카운티 지역에서 회계사와 부동산 브로커로 일하면서 누구보다도 미국 비즈니스를 잘 알고 있습니다.

　이번에 미국 비즈니스에 도전하는 한인들에게 지침서가 되는 〈미국 무비자시대, 반드시 성공하는 미국 비즈니스 창업〉이 출간된 것을 환영합니다. 다소 늦은 감이 있지만, 이 책은 격변하는 이민 전선에서 수고하는 많은 한인들에게 비즈니스 창업과 성공에 관한 훌륭한 조언자가 될 것입니다.

　저는 미국에서도 한인들이 가장 많이 거주하는 로스앤젤레스 지역에서 지난 10년간 변호사로 일하면서 꿈을 갖고 온 많은 한인 이민자들을 만났습니다. 그들의 공통점은 미국이 자신들의 꿈을 이룰 수 있는 곳이라는 결정을 하고 왔지만 생각보다 미국 생활이 만만치 않다는 고백들이었습니다. 앞으로 몇 년간은, 미국 금융 산업의 도산으로 인한 전 세계적인 불경기를 예고하고 있습니다. 이런 때일수록 현실적이고 체계적인 비즈니스 창업 정보가 필수적입니다. 또한 비즈니스 구입과 판매를 둘러싼 수많은 분쟁을 사전에 방지할 수 있는 지혜가 필요합니다.

이민생활의 긴 여정 속에서 시행착오 없이 자신이 원하는 꿈을 목표로 달려가는 것이 효과적인 이민정착의 지름길입니다. 미국 정착에 관한 수많은 정보들이 한국에도 잘 알려져 있지만 급변하는 이민 환경 속에서 때로는 그 정보들이 무용지물이 되기도 합니다. 한국과 마찬가지로 미국의 경제동향과 이민정책들이 시시각각으로 달라지기 때문입니다. 그러나 이 책은 급변하는 미국 비즈니스 창업 전반에 관한 정보는 물론이고 창업 준비시 필요한 시간을 가늠해줄 것이고, 물질과 에너지 낭비를 방지하는 많은 지혜와 체험을 제시해줄 것입니다.

저는 초등학교 6학년 때 도미하여 꿈꾸던 변호사가 되었습니다. 미국은 도전하는 자의 것입니다. 만만치 않지만 개척의 여지가 아직도 많은 곳이 미국이며, 전 세계를 향해 도전할 수 있는 곳이 미국입니다. 2008년 11월 미국 대선을 통해 오바마 대통령이 당선되면서, 앞으로 수많은 한인 1~2세들이 미국에 도전할 길들이 활짝 열려 있습니다. 미국에 도전하여 정복하는 자는 전 세계를 정복할 수 있는 능력을 갖게 됩니다. 이 책은 미국의 비즈니스에 도전하는 한인들에게 힘과 용기를 주는 원동력이 될 것입니다.

라이언 리(미국 변호사)

2008년 11월 17일, 한국에서 무비자 여행객이 미국 방문을 시작했다. 이제 지난 50년 동안 서울 미대사관 앞에 줄을 서서 몇 시간씩 초조하게 비자 인터뷰 순서를 기다렸던 시절은 지나가고, 새로운 미국 출국의 길이 열렸다. 그만큼 한국의 위상이 높아졌고, 시대가 변했다.

한국의 외교 통계자료에 의하면 2008년 해외 출국자가 1천만 명을 넘어갈 것이라는 예상이다. 이는 한국인 4.5명당 1명 이상의 해외 출국을 의미하며, 매년 약 5~10%씩 증가하고 있다. 이 같은 해외 출국 열기에 미국 무비자시대까지 더해져 2009년의 미국 방문객은 올해의 두 배인 160만 명을 돌파할 것이라는 전망이다.

이렇게 많은 한인들이 외국으로 나가는 데는 나름대로 이유가 있다. 대부분 관광 또는 비즈니스로 해외에 나가지만, 해외 정착을 위한 이민이 늘어나고 있는 것도 무시하지 못한다. 이제는 모든 나라들이 더불어 살아가는 지구촌 공동체 시대가 되었다.

과거 한때 우리도 먹고 살기 힘들어 농업 이민 또는 취업 이민으로 해외에 나가던 시절이 있었다. 하지만 이제 이민은 새로운 국면을 맞고 있다. 젊은이들이 주축이 되어 전 세계를 향하여 꿈을 가지고 도전하고 있다. 넓은 세계가 당신을 기다리고 있다. 꿈을 찾아 세계로 나가는 한국인들이 많아질수록 한국의 미래는 밝아진다.

세계는 이미 많은 한인들을 위한 전진기지들이 잘 준비되어 있다. 세계 어느 나라를 가더라도 한인들을 만날 수 있을 정도로 해외에 거주하는 한인들이 많다. 약 650만 명의 한인들이 전 세계에 흩어져 있다. 심지어 LA의 코리아타운에서는 한국말만 해도 편안히 살 수 있을 정도로 한인 타운의 규모가 엄청나다. 없는 직종이 없다고 할 정도로 한인들이 다양한 전문 분야에 종사하고 있어 한인들이 살기에 무척 편하다. LA카운티Los Angeles County(인구 약 900만 명) 안에만 한인들이 약 80만 명이나 살고 있으며, LA에서 한 시간 거리에 있는 오렌지카운티 Orange County(인구 약 300만 명) 주변에도 한인들이 약 20만 명 정도 살고 있다. 다시 말해 LA에서 2시간 거리에 있는 주변 지역에 약 100만 명의 한인들이 모여 살고 있다. 그래서 LA를 한국의 나성구羅城區라 부르고 있다. 남미와 캐나다에도 수만 명의 한인들이 모여 코리아타운을 건설해 살고 있다. 그냥 몸만 가면 정착할 수 있을 정도로 모든 여건들이 잘 갖추어져 있다.

한인들의 적극적인 해외 이주는 한국 내에 직간접 고용기회 창출을 의미한다. 한인들이 해외에서 잘 정착할수록 한국 경제에 큰 도움을 줄 수 있다. 한국의 취업시장도 미국발 금융위기로 어려움에 처해 있는 실정이다. 가뜩이나 힘든 취업 여건이 2009년에는 더 심화될 조짐이다. 특히 대학 졸업자들을 포함한 청년 실업자 숫자가 엄청나다고 한다. 좁은 곳에서 경쟁하다 보니 하나의 일자리를 놓고 수십 명이 경쟁해야 하는 악순환의 반복이다. 앞으로 한국 내 고용 상태는 세계적인 경제 위기로 인해 더욱 악화될 전망이다. 이런 때일수록 만주 대륙을 정복했던 우리 조상들의 기개를 살려 과감히 외국으로 나가는 것도 지혜이다. 소극적으로 관망하기보다는 적극적으로 움직여 해외로 나가야 한다. 해외 이주가 많아지면 아무래도 해외에 나가 있는 한인 정착자들의 한국과 비즈니스도 더욱 활성화될 수 있을 것이다.

유대인들은 이미 오래 전부터 세계의 경제, 교육, 부동산, 정치 및 곡물시장을 장악해 왔다. 한국 인구의 30% 밖에 안 되는 유대인들이 세계 20개국에 흩어져 이민 간 나라들을 뒤에서 조정하고 있다. 특히 미국에 이민 간 유대인들이 미국 경제를 장악하여 전 세계를 통제할 수 있는 힘을 가졌다. 하지만 한인들의 부지런함과 성실성은, 이런 억척같은 유대인들도 인정하는 바이다. 이제는 유대인들도 두려워하는 우리 한민족이 미국 주류 경제를 향하여 한 걸음 도약할 때가 왔다. 전문적인 비즈니스 지식과 그동안 축적된 자본을 가지고 제조업과 도매업 등을 비롯한 대형 사업체들에 도전해야 한다. 한국의 똑똑하고 재능 있는 많은 젊은이들이 미국 비즈니스에 도전했으면 하는 바람이다. 해외 진출을 위한 정부 차원의 정책과 장려가 필요하다. 어떤 일이든 부정적으로 보면 발전할 수 없다. 좁은 환경과 부족한 자원, 취약한 취업 기회와 교육 제도를 바로 잡기 위해서는 해외진출이 필수이다.

세계는 이제 거의 1일 생활권에 들어오고 있다. 세계를 무대로 활동하려면 더 넓은 곳에서 움직여야 한다. 합법적으로 한인들이 거주하면서 정착하기에 가장 좋은 곳이 바로 미국이다. 미국은 일단 영토가 남북한을 합친 것의 약 40배이며, 한국보다는 90배로 넓다. 미국은 여전히 교육, 정치, 군사 및 경제를 포함한 모든 영역에 있어 전 세계에 영향력을 행사하고 있다. 이곳에 한인들이 100년 전부터 정착하여 지금까지 큰 성공을 거두고 있다. 미국 주류사회에서도 이제는 한인들의 우수성과 근면성을 인정하며, 유능한 한인 정치가들과 비즈니스맨을 포함한 미국의 한인 지도자들이 나오기 시작하고 있다. 이미 빌게이츠 못지않게 IT 분야에서 성공한 한인 1세 이민자들도 여러 명 있다.

모험 없이 얻는 것은 없다No venture, no gain는 말이 있다. 승리를 위해서는 모험이 필요하고, 땀을 흘려야 한다. 이제는 한인들이 미국에 더 많이 도전해야 한다. 이민이 아니더라도 미국에 합법적으로 정착할 수 있는 여러 방법들이 있기 때문이다. 미국 역시 변화의 물결을 타고 있다. 천대받던 소수민족 흑인이 대통령으로 당선되는 역사의 전환점에 있다. 앞으로 미국의 대통령으로 한인 후손들이 나오고, 미국을 이끌어가는 민족이 유대인이 아닌 한민족이 될 날도 멀지 않았다. 한인들이 더 많이 미국에 도전하여 새로운 세계 역사의 장을 쓸 수 있는 승리자들이 되었으면 한다. 미국의 비즈니스를 배우고 경제를 정복하면 전 세계를 움직일 수 있을 것이다. 모쪼록 이 책이 미국에서 성공적인 비즈니스를 계획하는 모든 사람들에게 올바른 길을 안내하는 지도책으로 쓰였으면 하는 바람이다.

제2장 미국 비즈니스 실제

제1장
창업 준비

창업 제품 선별

어느 창업이든 마찬가지겠지만, 미국에서의 창업 역시 철저한 정보 수집과 분석을 통해 성공 가능성을 높여야 하며, 투자비용도 최소화할 수 있어야 한다. www.hoovers.com에 들어가면 미국뿐만 아니라 전 세계의 기업체에 관한 기본적인 정보를 얻을 수 있다. 모든 업종의 업체들이 A-Z 순으로 정리되어 있는데, 회사명 또는 업종별로 조사해볼 수 있다. 성장추세, 매출액, 순이익 등 최소한의 기업정보를 공짜로 얻을 수 있다. 만일 관심 있는 업체에 관하여 더 자세한 내용을 조사하려면 99불 정도의 비용을 내고 그 업체에 관한 정보를 구입하면 된다.

하지만 살아있는 창업 정보는 기존의 명품시장이나 서비스를 분석하고, 틈새시장의 가능성을 파악함으로써 얻어진다. 자신이 구상하는 제품이나 서비스 라인의 명품들을 연구해 그것을 전문화시키거나 차별화시키면 좋은 변형 창업기회가 된다. 기존시장의 급성장하는 업체를 분석해 차별화와 다양화를 통해 틈새시장을 찾는 것이 좋다. 예를 들어, 치킨 데리야키 전문점을 창업하려면 경쟁업체의 가격대는 물론 매출, 고객 분포 등을 분석한 후, 내가 창업했을 때 어떻게 차별화하고 전문화해서 새로운 고객들을 확보할 것인지를 분석해야 한다. 또한 명품 경쟁업체가 있으면 그 업체를 탐방하여 가장 바쁜 시간대의 매출과 손님 분포를 조사해보는 것도 안목을 키우는데 큰 도움이 된다.

01 | 차별화를 통한 창업

창업은 기존 시장과는 다른, 상품의 차별화를 통해 이루어져야 한다. 상품에 대한 규모의 차별화부터 양과 질, 그리고 가격의 차별화 등 다양한 차별화를 통해 자신만의 시장을 창출해나가는 것이 바로 창업의 핵심이다.

1. 규모의 대형화를 통한 차별화

남가주 지역의 백인들은 오래 전부터 가격은 다소 비싸지만 유기농 제품을 취급하는 〈트레이드 조Trade Joe〉를 애용하고 있었다. 그런데 〈홀 푸드Whole Food〉란 건강식품점이 새로 들어서면서 많은 백인들이 그쪽으로 몰리게 되었다. 〈트레이드 조〉가 중형 규모였던데 반해 〈홀 푸드〉는 50,000~75,000sqpt(스퀘어피트/약 1,500~2,000평) 규모의 대형 매장에 차별화된 제품을 선보이고 있다. 쾌적한 공간에 펼쳐진 다양한 제품은 전혀 건강식품점을 찾지 않던 일반 고객들까지도 점차 이 건강식품점을 애용하게 만들었다. 이처럼 〈홀 푸드〉는 투자 규모의 대형화와 제품의 다양화를 통한 차별화에 성공했다.

이와 같이 기존의 뜨는 업체들을 대형화시킴으로써 창업 기회를 모색할 수 있다. 일단 최소투자는 50만 불을 예상해야 하며, 기존명품을 잘 차별화시켜 새로운 고객을 창출해야 하는데, 이렇게만 한다면 성공 가능성이 매우 높다.

이때 중요한 것은 기존 건강식품 업체들의 마진이다. 만일 마진의 폭이 넓지 않다면 새로운 건강식품점을 변형하여 창업하기는 어려울 것이다. 그러나 평균 마진폭이 35~40% 이상이라면(도매원가 10불 제품을 16~17불에 판매) 한인들이 창업하여 마진을 30~35% 정도로 낮춘다면(도매원가 10불을 15불에 판매) 충분한 승산이 있다. 매장 규모는 약 500~750sqpt 규모가 적당하며, 중산층 이상의 백인 밀집지역이 좋다.

2. 양과 질의 변화를 통한 차별화

남가주 지역의 〈두레박〉이란 음식점은 기존 음식점들과 달리 엄청난 양으로 승부를 걸었다. 그런데 양만 많은 것이 아니고 맛도 있어 많은 한인들이 이곳을 애용했다. 이 음식점은 확장일로를 달리다가 주인이 다른 곳에 한눈을 팔면서 경영상 차질이 생긴 후 요즘은 구조조정을 거치고 있는 상태이다. 하지만 맛있고 양 많은 음식점은 기존 음식점과는 차별화가 생길 수밖에 없다.

만일 서비스의 양과 질을 통해 새로운 음식점에 도전해본다면 가격은 그리 중요하지 않다. 일단 미국은 재료가 풍부하고 저렴하기 때문에 양적으로 제공하는 것에는 여유가 있으니, 질적으로 뛰어나다면 충분히 고객들이 몰릴 수 있다.

한인 밀집지역인 남가주의 세리토스Cerritos 시에는 〈D〉라는 소형 한인 마켓이 있다. 이곳에서는 주변의 대형 한인 마켓에서 취급하지 않는 품질이 뛰어난 식품들을 판매한다. 다소 값이 비싸지만 맛과 품질이 좋으므로 대형 마켓에 들렀던 사람들도 이 식품점을 따로 들러 구매할 정도다. 대형 마켓들이 가격경쟁으로 품질 좋은 제품들을 제대로 취급하지 못하는 단점을 차별화로 성공한 업체이다. 1,000sqft 정도 밖에 안 되는 작은 매장으로 20,000sqft의 대형 마켓들과 경쟁하며 상당한 매출을 올리고 있다.

현재 미국 서부와 중부 일부에서 부상하고 있는 〈인 앤 아웃In-n-Out〉이라는 햄버거 숍이 있다. 전통적인 햄버거 숍인 〈맥도날드〉가 어린아이들과 아침 메뉴를 중심으로 고객을 확보해왔다면, 〈인 앤 아웃〉은 감자튀김의 신선도와 저렴한 가격, 단순화된 메뉴를 통하여 백인은 물론 모든 인종들이 애용하는 곳이다. 맥도날드를 비롯한 많은 햄버거 숍에서는 얼린 감자를 튀겨 고객에게 주는데, 〈인 앤 아웃〉은 생감자를 바로 그 자리에서 가공하여 튀겨주니 신선도와 맛이 뛰어나다. 게다가 가격도 저렴하니, 엄청난 양의 햄버거가 팔릴 수밖에 없다.

3. 가격을 통한 차별화

약 15년 전부터 시작된 〈99센트 스토어〉는 가격 차별화를 통해 대박을 터뜨린 신종사업이다. 저렴한 것을 선호하는 흑인과 남미계 이민자들이 밀집해 있는 지역에서는 전성기를 누리고 있다. 거의 대부분 품질이 떨어지는 중국산이라 처음에는 백인들이 별로 좋아하지 않았지만 시간이 지날수록 저렴하게 구입할 수 있는 장점 때문에 백인 지역에서도 차츰 인기를 얻고 있다. 물론 캘리포니아주의 대도시에는 너무나 많이 들어섰다는 단점이 있지만, 다른 주로 나가면 좋은 장소를 물색할 수 있다.

〈월마트Wall Mart〉도 기존의 다른 유통업체들보다 50% 미만의 저렴한 가격으로 승부를 걸어 미국 최대의 소매업 체인점으로 전성기를 누리고 있다. 최악의 경제위기인 요즘, 백인들도 이제는 저렴한 가격대를 선호할 수밖에 없는 것이다.

02 | 전문화를 통한 창업

전문화를 통한 창업은 이미 오래 전부터 각 분야에서 진행되어 왔다. 특히 서비스 분야에서는 세분화와 더불어 많은 전문 창업을 시도했다. 전문화라고 해서 전혀 색다른 분야를 찾아 창업하는 것이라 생각하고 지레 어려워할 필요는 없다. 기존의 사업 분야를 좀 더 구체화시키고 세분화시키면 되는 것이다.

1. 자격증License과 서비스를 통한 전문화

의사나 변호사처럼 정원 공사landscaping 분야에도 필요한 자격증이 있다. 시험은 어렵지 않지만 영어를 모르면 합격하기가 어렵다. 자격증을 가진 공사업자와 자격증이 없는 공사업자 간에는 큰 차이가 있다. 자격증이 있으면 수주금액이 큰 대형 정원 공사를 따낼 수 있지만, 자격증이 없으면 실력과 경험이 있어도 큰 정원 공사를 수주하기가 어렵다. 이처럼 각종 공사에 필요한 자격증들이 있는데, 이렇게 자격증 소유 여부는 전문화와 세분화를 통한 사업체의 성공과 창업에 큰 역할을 한다.

2. 건축업계의 전문화

미국은 지난 몇 년간 계속된 부동산 강세로 리모델링 붐이 한창이었다. 자격증이 있는 기술자들은 더 큰 공사를 수주했고, 자격증이 없는 일반 기술자들은 작은 공사를 맡았다. 특히 창문 교체 분야가 유행과 맞물려 엄청난 성장을 했다. 한인 업자들은 미국 업자들의 60% 정도의 저렴한 가격으로 시장을 확장했다. 또한 부엌과 욕실의 리모델링 분야도 계속 전망 있는 분야이다. 그러나 새로운 재료들이 개발됨으로써 현대화에 맞는 디자인과 기술이 필요하다.

아직까지 한인들의 리모델링 사업체는 영세성을 벗어나지 못하고 있다. 즉 한 업체에서 일 년 정도 일하다가 종업원이 독립하여 새로운 업체를 차리다보니 서비스와 전문성을 차별화시키기보다는 단지 가격만으로 경쟁하고 있는 것이다. 이런 사정에서 풍부한 경험과 기술이란 전문성으로 차별화를 이뤄낼 수 있다면 좋은 창업기회를 얻을 수 있을 것이다.

건축업자 자격증(B 자격증)이 필요한 경우, 어느 정도 영어가 된다면 6~12개월 정도 일하면서 공부하면 취득할 수 있다. 약 10만 달러를 투자하면 체계화된 리모델링 사업을 창업할 수 있다. 그러나 서브프라임 모기지로 향후 몇 년간 부동산 약세가 예상되므로 리모델링만이 아닌 다른 수리업들도 병행해야 수지타산이 맞을 것이다.

소비자별 시장 분석

01 | 남미계Hispanic 이민자 시장을 향한 도전

미국 인구는 2007년 말에 3억 명을 넘었다. 여기서 주목할 것은 과거에는 유럽계의 인구 성장이 미국 인구 성장을 주도했는데, 이제는 남미계 이민자들이 인구 성장을 주도하고 있다. 1967년에 85% 미국인이 백인이었고 5% 미만이 남미계 이민자들이었는데, 40년이 지난 2007년은 인구의 15%가 남미계 이민자들에 속한다. 13%가 흑인 계통이고, 아시아 계통은 5%에 해당된다. 남미계가 차지하는 미국 내의 인구 비중은 매년 지속적으로 높아지고 있다.

특히 남가주 지역에서의 남미계 이민자들 인구는 전체의 약 30%에 해당될 정도로 급부상하고 있다. 이들은 한인들이 운영하는 사업체들을 애용할 뿐 아니라, 매운 음식을 좋아하는 식성도 비슷하다. '신라면'과 '너구리' 같은 매운 라면 종류도 남미계 이민자들이 즐겨 찾는 음식이다. 남미계 이민자들의 시장 규모는 엄청나다. 이들은 소득 수준이 높지 않지만 소비 성향이 높기 때문에 일단 시장 침투만 시작되면 시장 점유율은 시간문제이다.

한인들은 1980년대부터 남미계 이민자 지역을 옷가게로 평정했다. 지금도 그들이 몰려 있는 도시에는 쇼핑센터마다 한인들이 운영하는 각종 옷가게들로 가득 차 있다. 최신 디자인의 의류를 저렴하게 남미계 이민자들에게 판매하고 있다. 또한 술집, 마켓, 음식점 역시 한인들이 남미계 이민자 지역에서 많이 운영한다. 앞서 언급한 대로 즉흥적인 소비 성향이 높은 이들 지역에서의 장사가 쉽기 때문이다.

한편 1990년대 중반부터는 한인들이 '99센트 스토어'들을 쇼핑센터마다 창업했다. 99센트 스토어의 물건들은 대부분 99센트였으니 엄청난 대박을 한인들이 누렸다. 일부 부지런한 한인 업자들은 약 10,000sqft 매장을 가진 99센트 스토어들을 10개 이상씩 보유하기도 했다. 이들은 남가주 지역이 포화상태에 이르자 애리조나와 텍사스주까지 진출하여 99센트 스토어들을 창업했다. 99센트 스토어들은 대부분 남미계 이민자 지역에서 성공했다. 또한 아직도 많은 벼룩시장swap meet이 남미계 이민자 지역에서 성업하고 있다.

이는 남미계 이민자들과 서로 공생하는 관계를 유지해야 함을 의미한다. 한인들은 이들에게 사업을 통해 돈만 벌어서는 성공하기 힘들다. 즉 이들 동네의 복지나 봉사활동들을 소홀히 하면 안 된다. 어떤 한인은 남미계 이민자들이 축구를 좋아한다는 점을 착안해 매주 이들의 축구시합에 후원을 했고, 이로 인해 사업이 한층 더 번창하는 계기가 되었다고 한다. 한인들은 앞으로 이들 지역의 한인 상권을 잘 보존해야 한다. 그러기 위해서는 무분별한 동종업체들 간의 경쟁은 피해야 한다.

　그리고 남미계 이민자들이 마시는 음료는 매우 다양하다. 과일과 쌀가루를 재료로 한 특별한 음료들이 그것인데, 이런 음료의 생산업에 한인들이 도전해보는 것도 권하고 싶다.

02 │ 흑인시장을 향한 도전

　미국 인구 중 약 13%인 4천만 명이 흑인이다. 그리고 한인들은 미국 전역에서 흑인들을 상대로 사업체를 운영하고 있다. 한인들에게 흑인사회는 1970년대 가발을 통해 대박을 안겨주었고, 지금도 흑인지역 미용 재료상beauty supply의 90% 이상을 소유하고 있다. 흑인들은 밥은 굶어도 머리 손질은 빼놓지 않기 때문이다. 1980년대부터는 여성용 옷가게가 흑인지역에서 잭팟을 터뜨렸다. 5~6개의 옷가게를 소유한 한인들이 많이 생겼다. 그리고 흑인지역의 벼룩시장에서도 한인들은 뛰어난 경영 실력을 발휘했다. 고급 운동화점과 금은방gold & silver store 역시 대박이었다. 200sqft 규모의 자그만 중고 운동화점에서 연간 순수입 10만 불 이상을 확보할 수 있었다. 아직도 규모가 큰 운동화 벼룩시장은 흑인지역에 위치해 있으며, 극심한 구조조정을 거친 후 다시 성장하고 있다. 또한 남미계 이민자들과 마찬가지로 99센트 스토어가 1990년대 중반부터 흑인지역에서 급성장했다. 많은 한인들이 경쟁하며 99센트 스토어를 열어 성공했다. 한인이 소유한 마켓과 리커는 어느 인종 지역보다 흑인지역에 밀집해 있다. 역시 남미계 이민자들과 마찬가지로 흑인 이민자들과도 공동체의식과 나누는 삶이 필요하며,

그 시장 역시 한인들이 서로 상도덕을 지키면서 잘 보존해야 한다.

흑인들은 대체적으로 성격이 급하고, 작은 일에도 감동하는 기질이 있다. 한인들은 흑인 지역사회의 봉사활동이나 복지에 함께 참여해야 한다. 그리고 대도시의 흑인들과 남부지역에 있는 소도시의 흑인들은 성격이나 기질이 많이 다르다. 대도시 주변은 흑인들이 반항적이고 거칠어지는 경향이 있는 반면, 소도시의 흑인들은 아직도 비교적 순박하다. 즉 지역마다 다른 흑인 이민자들의 체질을 고려해서 사업체를 운영해야 한다. 무엇보다 흑인지역에서 새로 창업하여 사업체가 성공하면 전국적으로 프랜차이즈화 되는 것은 시간문제이다.

유대인들이 한인들에게 내준 이 좋은 흑인시장을 잘 보존해야 한다. 가능하다면 도시마다 흑인지역에서 장사하는 한인들끼리 일 년에 한번이라도 만나 정보를 주고받고 지혜를 모으는 만남의 시간을 가지면 서로 상부상조할 수 있을 것이다.

03 | 백인시장을 향한 도전

한인들이 운영하는 사업체는 백인들을 상대로 하는 사업체보다 남미계 이민자들과 흑인들을 대상으로 한 사업체들이 훨씬 많다. 백인의 인구가 남미계 이민자들과 흑인을 합친 인구보다 아직 두 배가 더 많지만, 대부분의 한인 사업체가 남미계 이민자들과 흑인시장에 편중되어 있다. 대략 70% 이상의 한인업체가 남미계 이민자들과 흑인 밀집거주 지역에 몰려 있다. 이는 남미계와 흑인들을 상대로 사업체를 운영하기가 쉽기 때문이다. 반면에 한인 사업체 중 30% 미만이 백인

지역에 있다. 남미계와 흑인계는 소득에 비하여 소비성향이 높은 반면, 백인들은 소득에 비하여 한인들이 운영하는 사업체에서의 소비가 상대적으로 적기 때문이다. 즉 앞으로 한인들은 백인시장으로 진입해 들어가야만 대어를 낚을 수 있다.

미국 인구의 70%를 차지하면서 2억이 넘는 인구가 백인이다. 이들의 소비성향은 즉흥적이지 않다. 계산적이고 준비된 소비를 한다. 이렇듯 백인지역에서 장사하는 것이 결코 쉽지는 않지만 일단 백인들이 제품이나 서비스를 인정해주면 이들도 몰려온다는 것은 마찬가지이다.

미국 이민 105년이 지난 지금까지 한인 이민자들은 이민 2세나 3세를 내다보지 않고, 나만 살겠다는 식의 속 좁은 장사를 해왔다. 1970년대의 그 좋았던 가발 시장과 1980년대 번창한 여성복 소매상을 우리끼리 경쟁하여 몇 년 사이에 모조리 초토화시켰던 것이다. 이런 근시안적인 가격하락 장사를 통해서도 돈을 번 큰손들이 있기는 하지만, 동료들의 가슴에 상처를 남긴 도의적 문제는 피할 수 없다. 앞으로는 이런 무질서한 한인들끼리의 경쟁은 하지 않았으면 한다.

이제 옷가게 소매업은 1990년대의 구조조정을 거쳐 다시 기지개를 펴고 있다. 의류 도매와 제조업은 중국산 제품으로 인해 전망이 어둡지만, 아직까지 다수의 의류 제품들이 미국 현지에서 생산되고 있기 때문에 아주 낙심할 단계는 아니다. 중요한 것은 전문화와 세분화를 통한 아웃소싱으로 기존 의류 제품들과의 경쟁력을 강화시키는 것이다. 여성복 제조업과 소매업은 잘 관리하여 후손들에게까지 물려줄 좋은 사업 분야임을 이민 1세들은 잊지 말아야 한다. 백인시장은 개척하기가 어렵지만 일단 개척해 놓으면 프랜차이즈화 되기도 쉽고, 경쟁도 무분별하게 들어오지 않는다. 시작은 힘들지만 일단 정착에만 성공하면 대박이 되며, 그 과실을 오래 간직할 수 있다. 이는 쉽게 들어가 대박도 치지만, 금방 시들해지는 남미계와 흑인계 시장과는 다른 장점인 것이다. 한인 의류 소매점으로 기록적인 성장을 계속 하고 있는 '포에버 21 그룹'은 백인시장을 공략해서 좋은 성적을 내고 있다.

실례로 2005년부터 남가주 지역의 한인들이 중심이 되어 백인지역을 포함한 전 지역에 요구르트 숍 붐을 일으킨 것은 박수를 보낼 만한 일이다. 이렇게 시작된 〈체리 온 탑〉, 〈요구랜드〉, 〈핑크 베리〉 같은 요구르트 가게들이 점차 프랜차이즈 지점들로 확장되고 있다. 역시 염려되는 점은 이미 시작되고 있는 '요구르트 전쟁'이 한인들끼리는 상도덕을 지키며 진행되었으면 하는 점이다. 백인들의 입맛에 맞게 개발된 요구르트 체인점들은 향후 몇 년간은 계속하여 성장가도를 달릴 전망이다.

〈스시투고sushi-to-go〉도 여전히 전성기를 누리고 있다. 물론 일부 지역에서는 한인들끼리 무분별한 경쟁을 하기도 했지만 전반적으로 스시 롤sushi roll의 성숙기를 맞이하면서 건강음식으로 백인들을 포함한 아시아인들에게 인기음식점으로 운영되고 있다.

기존에 백인지역에서 성업하는 세탁소와 옷가게뿐만 아니라 앞으로는 생화 꽃가게, 조화 꽃가게, 유기농 식품점, 요구르트, 스시 집, 물리치료업, 파티용품점, 99센트 스토어 및 각종 한인 운영 사업체들이 더 번창했으면 한다.

04 | 코리아타운 시장을 향한 도전

1. 한인 편중 업체별 분석

코리아타운의 사업체들은 약 15개 업종의 사업체에 편중되어 팽창하고 있다. 또한 요즘은 한인 2세들이나 유대인들도 한인 시장을 도전하고 있고, 앞으로 더 많은 민족들이 한인시장으로 들어올 것이다. 한인들이 가장 많이 운영하는 15대 사업체를 살펴보면 다음과 같다. 2008년 한인 업소록을 기준으로 했고, 남가주 다운타운에서 가장 많이 운영하는 한인 업종들이다.

업종	업체 수(2008)	변화 추세
음식점(한, 중, 일식 및 장비 포함)	1,500	연 10% 이상 지속적 성장
개인병원 및 종합병원	1,200	연 15% 이상 초고속 성장
자동차 정비, 바디 및 부속	1,200	연 5% 이상 완만한 성장
각종 학원 및 데이케어	1,200	연 20% 초고속 성장
치과 및 치과기공	750	연 10% 이상 지속적 성장
건설 시공, 설계 및 리모델링	600	연 20% 이상 초고속 성장
부동산, 학교, 토지 투자	500	연 20% 하강
한의원, 침술원, 건재상	500	연 5% 이상 완만한 성장
한인 변호사 및 유대계	500	연 10% 이상 지속적 성장
의류도매 및 제조, 관련업체들	400	통계에 빠진 업체들 많음. 의류 및 관련업체는 총 2,000 예상
수입 도매 및 무역	400	성장이 멈추고 정체현상
미용 및 재료상	400	연 10% 이상 지속적 성장
보험	400	연 5% 미만 성장
건강식품, 자연식품, 건강기구	400	연 10~20% 초고속 성장
공인회계사	350	연 10% 이상 지속적 성장

코리아타운을 중심으로 한 한인 업체들은 약 20,000개 이상으로 예상되는데, 매년 5~10% 정도로 전체 업체들의 수가 증가하고 있다. 위에서 알 수 있듯이 한인들이 코리아타운에서 가장 많이 운영하는 업체는 음식점과 관련업체들이 1,500개 업소로 1위이며, 병원과 자동차 관련 산업과 학원 관련 업체들이 각각 1,200개로 공동 2위를 차지했다. 이들 4업종의 업체들만 합쳐도 거의 5,000개 업체이고, 총 한인 업체들의 25%를 차지하고 있다. 한편 위에 언급된 15업종의 사업체들이 약 10,000개 업체로, 총 한인 업체 20,000개 중 50%를 차지한다. 이처럼 한인 업체들은 특정 사업체 편중이 두드러진다.

2. 코리아타운이 나아갈 방향은?

미주 한인 이민 역사가 105년이 넘었음에도 차이나타운이나 재패니즈타운에 비하여 코리아타운에는 외국인 관광객이나 미국 주류 백인들의 발걸음이 뜸한 편이다. 이것은 코리아타운이 형성은 되어 있지만, 주변 다른 이민족들의 업체와 혼합되어 있는 지역들이 많아 명실상부한 코리아타운의 이미지가 약하기 때문이다. 예를 들면 가까운 곳에 있는 차이나타운에 가면 중국 문화와 전통을 상징하는 건물들이 즐비하고, 미국 속에서도 중국에 도착한 것 같은 착각을 줄 정도로 완연한 분위기를 형성하고 있다. 또한 리틀 도쿄에 가도 일본을 확실히 체험할 수 있는 분위기이다.

이에 비하여 코리아타운은 한글 간판들만 즐비할 뿐 사업체들이 들어 있는 건물이나 내부시설을 보면 한국을 체험할 수 있는 분위기가 아니다. 그냥 미국 속에 한인 업체들이 많이 입주해서 사업하는 영업장소일 뿐 한국의 문화나 전통이 느껴지는 장소는 아니다. 코리아타운을 한국 체험의 관광지로 변화시키고자 하는 노력이 범 코리아타운 차원에서 이루어져 타민족들도 코리아타운에 들어와 한국을 느끼며 쇼핑이나 관광을 할 수 있도록 개발 발전시켜야 한다.

이를 위해서는 먼저, 한국 단체들을 중심으로 코리아타운의 얼굴을 새롭게 변화시킬 수 있는 확실한 행정지원과 사업주들의 도움이 절대적으로 필요하다. 아니면 LA 주변의 100만 한인들끼리 타운 발전기금을 1인당 10불씩만 모아도 쉽게 1,000만 불을 모금할 수 있다. 이 기금을 종자돈으로 미국 정부나 한국 정부의 도움을 받는다면 새로운 코리아타운을 탄생시킬 수 있는 원동력이 될 것이다. 코리아타운의 건물들을 헐어내고 재개발할 수는 없지만 최소한 건물 색이라도 일치시키고, 통일적인 디자인을 추구하면 많은 것이 달라질 것이다. 중요한 것은 청사진을 갖고 전체 코리아타운에 변화를 주어 한국을 체험할 수 있는 분위기로 만들겠다는 한인들의 도전정신이다.

두 번째로, 미국에서 태어난 많은 한인 2세들이 코리아타운으로 들어오고 있다. 명문대학에서 공부한 실력 있는 한인 2세들이 의사와 변호사 같은 전문 자격증을 지닌 채 코리아타운에 진입했다. 이것은 코리아타운이 발전되고 성장하기 위한 다양한 서비스를 제공할 수 있기 때문에 바람직한 현상이다. 한인 1세들보다 능력 있고, 미국 현지 문화에 익숙한 한인 2세들이 코리아타운을 이끌어가는 것은 자연스러운 수순이다. 그러나 코리아타운의 규모가 있는데, 쉽게 사업체를 운영할 수 있다는 점만으로 미국 주류시장을 무시하고 코리아타운으로 집중해 들어오는 것은 바람직하지 않다. 한인 1세들은 정착금도 없이 영어도 부족한 상태에서 오로지 근면과 성실만으로 오늘의 코리아타운을 정착시킨 것이다. 이제 이민 2세와 3세들은 미국 주류사회를 무대로 활동해야 한다. 미국 주류를 상대로 도전하고 개척한다는 것이 이민 2세들에게도 만만치 않겠지만, 좋은 학벌과 실력을 가지고 왜 미국 주류사회를 도전할 꿈들을 꾸지 않는가? 만일 코리아타운에 도전할 생각이 있으면 LA 한인지역을 벗어나 몇 천 명의 한인들이 모여 사는 다른 주의 작은 도시들에 정착하기를 원한다. 한인 2세들이 다른 주로 많이 나가서 그곳에서 코리아타운을 형성하는 구심점이 되는 것이 바람직하다.

세 번째로, 코리아타운의 업종들을 창의적으로 세분화시키고 전문화시켜 다양한 업체들이 성업해야 한다. 무작정 남이 잘되니 나도 하고 보자는 모방형 창업은 결국 나눠먹기식의 장사밖에 안 된다. 이미 의사나 치과의사들은 자신들의 전문 분야로 세분화되어 더 좋은 서비스를 제공하고 있다. 부동산 중개사들도 세탁소, 마켓과 리커, 음식점, 모텔 전문가 등으로 전문화되고 있다. 한인 음식점들도 각자의 전문성을 살려 더 세분화되어야 한다. 만만치 않겠지만 새로운 업종들도 많이 창업되어야 한다. 한국과 미국의 중간정착지 역할을 할 수 있는 많은 서비스 업종들이 탄생되어야 한다.

2008년 무비자 협정으로 인해 새로운 업종들이 탄생할 것이다. 맞춤식의 미국 생활체험과 여행안내를 해주는 복합관광 형태도 나올 것이다. 또한 학교들을 탐방하고 비즈니스도 함께 체험하는 다양한 유학안내 업체들도 나올 수 있다. 그런 점에서 백인 주류사회의 비즈니스 동정을 잘 살펴야 한다. 백인 주류사회의 업체들 중 한국 이민형으로 변형하여 정착시킬 업종들을 잘 모색한다면 코리아타운의 업종들도 훨씬 다양해지고 풍성해질 것이다.

마지막으로, 한인 이민자들 간의 상도덕을 짚어본다. 어떤 사업체가 뜬다고 하면 너나 할 것 없이 뛰어드는 '무차별 창업'은 시장 질서를 깨뜨리고 결국은 함께 망하는 길이다. 동종업체 간의 경쟁은 나름의 질서 속에서 이루어져야 한다. 자본금이 많다고 너는 망해라 식의 가격 경쟁을 하는 것은 개선돼야 한다. 코리아타운을 조금만 벗어나면 도전해야 할 지역들이 많이 있다. 이런 도시 외곽으로 확장해서 뻗어나가는 것이 바람직하다.

사업체 창업 절차

창업 제품이나 서비스를 정하고, 제품에 대한 시장조사와 제품 테스트를 모두 마쳤다면, 이제 다음과 같은 절차를 거쳐 본격적인 창업에 들어가면 된다. 그리고 기존의 사업체를 인수하는 절차 역시 이와 비슷하다고 할 수 있다.

01 | 사업계획서Business Plan 준비

한국과 마찬가지로 미국에서도 창업시 사업계획서를 잘 준비해야 한다. 사업계획서는 사업체의 종류와 성격에 따라 달라지겠지만 대략 50만 불 미만의 투자로 이루어지는 소기업의 경우는 재무제표 말고 약 5장 정도의 사업계획서를 작성하면 된다.

첫 페이지는 서론으로, 사업체의 성격과 업종 등을 분류해 사업을 설명하면서 마무리는 전망으로 끝내는 것이 좋다.

두 번째 페이지는 고객에 관한 부분이다. 즉 기존의 고객 시장을 설명하고, 이 사업체는 어떤 종류의 고객들을 대상으로 어떤 상품이나 서비스를 제공할 것인지를 상세히 설명한다. 보통 마케팅 전략이라고 한다. 광고 방법 등까지 상세히 설명하면 좋다.

세 번째 페이지는 동종업체나 대체업체 간의 경쟁을 분석한다. 이런 분석을 통해 창업 사업체의 전문화와 다양화를 통한 차별화를 강조하면서 제품이나 서비스의 강점을 대폭 강조한다. 혹시 제품을 테스트해 보았으면 그 결과를 분석해 설명하는 것이 필요하다.

네 번째 페이지는 창업 일정표time line를 넣으면 좋다. 즉 새로운 창업 사업체가 기획되고 준비되어 언제 오픈할 것인지를 기록하면 좋다. 이와 더불어 투자금액과 언제, 어떻게 투자금이 소비될 것인지를 상세히 계획하고 배분하는 것이 필요하다. 즉 창업 일정에 따라 어떻게 투자금이 배분될 것인지를 설명해주는 것이 은행이나 투자자들에게 매우 유익한 정보이다.

다섯 번째는 재무제표를 첨부한다. 재무제표는 손익계산서Income statement와 대차대조표Balance Sheet로 구성되어 있다. 이 재무제표는 보통 회계사에게 부탁하면 며칠 안에 만들어준다. 참고로 손익계산서는 향후 5년간을 예상하여 만들어지는데, 이것을 예상 손익계산서Projected income statement라고 한다.

이 예상 손익계산서를 만들 때는 우선 최저 매출Minimum sales과 최대 경비Maximum expenses를 추정하여 처음 2년 것을 만들어보는 것이 좋다. 이 예상 손익계산서는 은행이나 투자자를 위한 것이 아니라 창업자의 현금 흐름을 점검하기 위한 것이다. 즉 새로 창업한 사업체가 최악의 경우 어느 정도의 적자로 운영될 것인지를 예측해보는 것이다. 이것을 기준으로 투자금 외에도 운영자금이 얼마나 필요한지를 점검해볼 수 있는 좋은 도구이다. 또한 아무리 제품이나 서비스가 좋아도 수익성이 없으면 판매할 수 없고, 사업계획서는 취소되어야 한다.

위의 서류는 보통 은행 융자시 절대적으로 필요한 서류이며, 또한 E-2나 E-1 비자나 신분 변경시 꼭 필요한 서류들이다. 서류의 내용은 사업체의 성격이나 종류에 따라 다소 다를 수는 있지만 서론과 마케팅 전략 및 재무제표는 사업계획서의 필수요소이다. 이 사업계획서는 창업자가 구체적으로 어떻게 비즈니스를 창업하여 운영해나갈지를 일목요연하게 설명해주고 있으므로 창업자 자신에게도 매우 유익한 계획서가 된다. 은행에 융자용으로 제출할 때는 업소 장소나 쇼핑센터의 사진을 찍어서 첨부하면 좋다. 그리고 혹시 광고전단지가 준비되었으면 광고전단지 등이나 기타 필요하다고 생각되는 서류들을 첨부해서 은행에 제출하는 것이 현명하다.

한편 투자금이 부족한 경우는 사업계획서를 중심으로 은행이나 투자자를 통해 필요한 자금을 조달받을 수 있다. 하지만 새로운 창업 프로젝트가 매력적이더라도 은행에서는 창업 프로젝트에 대한 융자에 소극적이다. 융자를 해준다고 해도 신청자의 개인 신용을 보고 주지 창업 프로젝트를 보고 주는 경우는 많지 않다. 융자액은 보통 총 투자금의 30% 미만으로, 은행에서는 사업체 창업융자를 잘 해주지 않는다. 오히려 투자자들이 바람직할 수도 있지만 그것도 만만치는 않다. 한 투자자에게 5만 불을 부탁하는 것보다는 5명의 이웃들에게 1만 불씩 투자하라면 부담 없이 할 수도 있을 텐데, 미국에서는 돈 빌릴 데가 없다.

02 | 창업회사의 형태 결정

사업계획서를 작성했으면, 이제 창업회사를 개인으로 설립할
것인지, 법인으로 설립할 것인지를 정한다. 보통 개인재산이 많고 위
험도가 높은 창업의 경우에는 개인보다는 법인으로 설립하는 것이 자
신의 개인재산을 보호하는 방법이다. 즉 기존의 명품을 세분화하거나
차별화한 것이 아니고 아주 새로운 창업을 모색하는 경우에는 법인이
좋다. 또한 IT 산업같이 투자가 많을 뿐만 아니라 성공률이 낮은 창업
은 법인으로 하는 것이 현명하다. 반면에 개인재산이 많지 않고 창업
회사의 위험도가 높지 않은 경우는 개인으로 시작하고, 중간에 사업체
가 번창하면 법인으로 변경하는 것이 현명하다.

미국에서는 개인 형태보다 법인으로 창업회사를 설립하는 것이 큰
목돈이 들어가지 않는다. 한국은 최소한 5,000만원의 자본금이 있어
야 하며 설립절차도 미국에 비하여 복잡한 편이다. 미국은 주에 따라
다소 다르지만 주 세금도 안 내는 네바다나 델라웨어에서 많은 법인들
이 세워지고 있다. 캘리포니아의 경우는 처음 법인을 설립할 때
1,500~2,000불 정도면 회계사의 도움으로 일주일 안에 법인을 세울
수 있다. 그리고 개인으로 설립하는 경우는 50불 정도의 사업체 시작
공고를 위한 신문광고 비용만 신문사에 지불한 후에 곧바로 개인으로
사업체구좌를 개설한 다음에 개인으로 사업체를 설립할 수 있다.

미국에서의 사업체 형태와 방법에 대한 더 구체적인 내용은 이 책
말미에 부록으로 수록해두었으니, 좀 더 자세한 과정을 알고 싶은 독
자들은 참고하기 바란다.

03 | 창업제품이나 서비스의 검증

사업체 장소를 선정하는 것은 만만치 않지만 앞에서 설명한 방법대로 조사해보면 생각보다 많은 선택이 있음을 알게 된다. 사업체 장소 선정에는 일반 리스Regular lease(보통 3년 이상 10년까지 됨)와 단기 임시 리스Temporary lease or Month to month(6개월 미만)의 두 가지로 생각해볼 수 있다. 제품이나 서비스가 이미 검증된 경우는 장소만 선정하여 바로 일반 리스를 사인하면 된다. 하지만 제품이나 서비스가 아직 검증되지 않은 경우는 임시 리스를 활용하여, 짧은 기간 안에 많은 고객을 대상으로 제품의 질이나 서비스를 검증해볼 수 있다. 투자가 많이 요구되는 사업이면 반드시 제품이나 서비스의 검증시간을 거치는 것이 안전하다.

예를 들어 중국에서 새로운 상품을 수입해왔을 경우 몰 같은 곳에서 몇 달간 고객을 상대로 테스트해보면 금방 제품의 선호도를 알 수 있다. 새로운 음식도 몰에서 테스트해볼 수 있다. A급 몰(사업 신용도가 좋아야 입주할 수 있다)은 힘들겠지만 만일 B급이나 C급 몰의 푸드 코트에 빈자리가 있으면 비교적 쉽게 임시 리스를 도전해볼 수 있다. 3~4개월 정도만 리스해서 새로운 음식을 테스트해보면 된다. 이럴 때는 반드시 몰 바깥에서 음식점을 운영해본 경험이 있다고 해야 한다. 물론 경험 없는 창업자가 창업에 도전한다는 자체가 모순이지만 종업원으로 일해본 음식점의 연락처를 주어도 된다.

또한 벼룩시장swap meet도 하루 20~30불의 임대료로 제품을 빨리 검증해볼 수 있는 장소이다. 이런 곳의 검증을 통해 제품이나 서비스의 전망을 신속히 타진해볼 수 있다. 남가주 오렌지카운티의 코스타메사Costa Mesa에는 주말에만 서는 오렌지 페어 그라운드Orange Fair ground 벼룩시장이 있다. 여기는 비록 벼룩시장이지만 제품의 질이 높고 규모가 커서 관광지로도 유명한 곳이다. 다른 주에도 유명한 벼룩시장들이 많고, 또한 각종 몰들이 지역마다 수없이 많다. 한 곳에 도전하여 실패했다고 낙심하지 말라. 다른 몰에 가서 도전하면 쉽게 임시 리스를 받을 수도 있다.

그리고 백인들이 주로 이용하는 벼룩시장은 제품이나 서비스를 단기간 내에 검증해볼 수 있는 좋은 곳이다. 제품이나 서비스를 검증할 때는 어떤 민족에게 인기가 있고, 어느 연령대의 어떤 사람들이 좋아하는지를 잘 분석해야 한다. 또한 가격이 싸다고 잘 나가는 것만은 아니다. 테스트를 통해 적당하게 판매가격을 책정해야 한다. 그리고 고객들이 제품이나 서비스를 보고 평가하는 것을 잘 기록해야 한다. 그 기록을 바탕으로 제품이나 서비스를 개선하면 틀림없이 성공할 수 있다.

04 | 사업체 장소 선정과 리스 사인

예상 장소가 선정되면 시티에 가서 그곳이 원하는 사업체를 운영할 수 있는 장소인지를 점검해야 한다. 이 일은 보통 시청 개발국의 플래닝 앤 조닝Planning & Zoning이라는 부서에서 한다. 예를 들면 A에 건강 드링크를 창업하려고 할 경우 A라는 장소가 건강 드링크를 판매할 수 있는 곳인지를 알려준다. 또한 B에 학원을 오픈하려고 하면 B라는 자리가 학원을 할 수 있는 지역인지를 알려준다. 이처럼 시청에서 알려주는 영업구분 장소Zoning 대로 영업을 해야 한다. 보통 상가건물

(쇼핑센터)은 임대료가 비싼 것이 흠이지만 대부분의 사업체들이 영업해도 문제가 없다. 그러나 상가건물이 아니고 오피스 건물들이 많은 지역이라면 학원은 가능하지만 건강 드링크는 운영할 수 없다.

또한 장소 선정에 중요한 것이 주차Parking lot 사정이다. 고객들이 주차할 수 있는 충분한 주차시설이 있는지도 점검해야 한다. 주차시설도 시청의 플래닝 앤 조닝 부서에서 점검하고 허가해준다. 사업체 장소는 좋아도 시티에서 주차시설이 좁아서 원하는 사업체를 허락할 수 없다고 하면 다른 장소를 물색해야 한다.

위와 같은 기본적인 조사가 끝나면 건물주와 리스 협상을 한 다음에 리스 서류를 작성하면 보통 1~2주일 만에 서류가 완성되고, 변호사에게 리스 서류를 읽어 달라고 부탁해야 한다. 사업체 규모가 클수록 리스 서류를 잘 봐야 한다. 건물주들은 보통 리스 신청자들의 재정 서류를 요구한다. 2~3년의 세금보고서, 건물주가 준 신청자 정보, 신청자의 재정서류(손익계산서와 재무제표) 등을 요구한다. 이 서류를 검토하고 건물주는 리스 협상을 시작한다. 리스 협상은 건물의 규모가 크면 클수록 신청자에게 협상의 여지가 없지만, 신청자의 재정 규모가 강하고 또한 체인점을 많이 소유하고 있으면 좋은 조건에 협상이 가능하다. 반대로 건물이 소형이고 허름할수록 신청자에게 협상의 여지가 많다. 보통 건물주나 에이전트가 말하는 임대료에서 sqft당 5~10센트 정도는 협상이 가능한 편이다.

05 | 세금 등록

연방 국세청IRS: Internal Revenue Service에서는 세금 등록번호FEIN: federal employment identification number를 받고, 주정부에서는 다른 번호를 받는데 캘리포니아주의 경우는 고용개발국EDD: Employment Development Department에서 종업원의 세금에 관한 어카운트를 신청해야 한다. 그러나 개인 업체로 운영하며 종업원이 없는 소규모의 경우는 연방 국세청에서 세금 등록을 하지 않고 그냥 사회보장번호Social Security Number를 활용해서 개인업체 체킹구좌를 열고 사업체를 시작한다. 법인을 위한 세금 등록번호는 보통 회계사들이 당일로 받아준다. 법인으로 설립하는 경우에는 회계사의 도움을 얻어 법인등록 서류, 세금 등록, 법인 임원보고서Statement of information 등을 준비하여 은행구좌를 개설하고 사업을 한다. 종업원 고용에 관해 필요한 서류들은 추후 회계사에게 문의하면 준비해준다.

06 | 은행구좌 개설

개인으로 은행구좌를 개설하기 위해서는 캘리포니아주에서는 운전면허증과 사회보장번호, 그리고 상호가 있는 경우는 상호등록증Fictitious business name filing을 준비해야 한다. 상호등록은 카운티의 등기소County Recorder's Office에 가서 하거나, 남가주의 경우는 미주 한국일보와 중앙일보에서 비즈니스 상호등록을 대행해준다. 이들 서류를 은행에 갖고 가면 보통 당일로 은행구좌를 열어준다. 한국계 은행이나 미국계 은행이나 은행구좌 개설시 별 차이가 없다.

　법인으로 은행구좌를 개설하기 위해서는 개인의 운전면허증과 사회보장번호, 그리고 상호등록증과 함께 법인의 사장이나 임원들에 관한 정보가 적혀 있는 법인 임원보고서와 정관Article of incorporation 등을 가지고 가야 한다. 법인의 경우는 2~3명까지 수표를 쓸 수 있도록 할 수 있으며, 개인의 경우도 몇 명이 공동으로 수표를 발행할 수 있도록 할 수 있다.

07 | 허가 획득

　캘리포니아주에서는 소매업을 운영하기 위해 대부분 판매 허가증seller's permit을 받아야 한다. 이 판매 허가증은 조세형평국Board of Equalization에서 받는데 본인이 직접 방문하면 당일로 받고, 서류를 서면으로 제출하는 경우는 보통 3주 정도가 걸린다. 한 번도 사업체를 운영한 경험이 없는 경우는 보통 3개월 분량의 판매 세일즈 세금에 대한 보증금deposit을 받는다는 것을 염두에 두어야 한다. 신청하는 방법은 회계사가 서류를 통해 신청하는 것보다 본인이 직접 조세형평국을 방문하여 당일로 발급받는 것이 편하다. 그러나 시간 여유가 있는 경우는 회계사가 서류나 이메일을 통해 신청해준다. 소매업의 경우 판매자 허가서를 받지 않고 영업을 하면 위법이다.

　또한 업체가 위치한 시청City Hall에 가서 비즈니스 자격증business license을 받아야 한다. 이것은 시티에서 주는 영업 허가서이다. 일 년에 한 번씩 갱신하며, 연간 매출이 50만 불 미만인 경우는 약 100불 미만의 비용을 낸다. 대형 마켓 등은 일 년에 비즈니스 자격증 비용이 몇 천 달러씩 하기도 한다. 신청방법은 시티의 비즈니스 허가 담당부서 Business license department에 가서 한 장 정도의 소정양식을 써내면 1주일 내로 허가서가 날아온다.

또한 실내장식을 하는 경우나 주방시설을 들이는 경우에는 반드시 시청의 플래닝 앤 조닝에서 공사 허가를 받아야 한다. 우선 설계도면을 그려야 하는데, 자신이 직접 작업하는 경우는 자신이 설계도면을 그려도 된다. 다소 부족하더라도 플래닝 앤 조닝을 방문하면 도움을 주거나 또는 설계도면을 그리는 방법이 나와 있는 샘플을 주기도 한다. 하지만 대부분의 실내공사를 하는 경우는 건축업자나 핸디맨 handyman(여러 가지 수리기술을 가진 기술자)을 불러서 한다. 이럴 경우는 건축업자들이 설계도면을 그리는데 드는 비용도 만만치 않고 잘 그려야 한다. 한인 건축업자를 고용하면 비용이 저렴하지만 시티에서 허가를 받거나 설계도면을 그리는데 어려움이 있을 수도 있다. 반대로 미국 건축업자를 고용하면 비용은 다소 비싸지만 대부분 어려움 없이 공사가 진행된다. 그러나 미국 건축업자들은 한인들보다 공사기간을 너무 오래 잡는다는 것을 잊으면 안 된다. 그러므로 공사기간이 빠듯한 경우는 한인을 고용하여 빠르게 공사를 진행할 필요도 있다.

08 | 건축업자 선정 및 진행 절차

실내공사를 하는 데는 라이선스가 있는 업자를 쓰는 것이 유리하다. 공사견적은 최소 3~4명을 불러, 그 중에서 중간 가격대의 공사업자를 선정한다. 신문이나 한인 광고책을 보면 분야별로 많은 공사업자들이 나와 있다. 2009년에는 인건비가 많이 오르고 재료값도 비싸 공사견적이 상당히 나온다. 너무 견적이 싸면 날림으로 공사를 하거나 중간에 못한다고 돈을 추가로 요구하기도 한다.

일단 견적을 통해 건축업자가 선정되면 그 건축업자의 신용을 조사해야 한다. 전에 일을 한 곳들의 전화번호를 몇 개 받아서 전화를 해보면 된다. 그리고 시간 여유가 있다면 공사한 곳을 한두 군데 찾아가 어떤 공사들을 어떻게 했는지 직접 눈으로 확인하는 것이 좋다.

대금을 지불하는 방법은 아주 신중해야 하는데, 공사를 시작하면 선금을 주겠다고 하거나 아니면 공사대금의 10% 미만을 재료구입비 명목으로 주는 것이다. 이것을 무시하고 공사대금의 50%를 주고나면 다음날 나타나지 않을 수도 있다. 나머지 공사대금은 공사의 진행을 보면서 50%가 진행되었으면 공사대금의 50%까지 주고, 가급적 가불은 해주지 않는 것이 좋다. 공사 규모가 커질수록 건축업자의 보험까지 확인해야 한다. 비즈니스 보험은 물론이고 종업원 상해보험까지 점검해야 할 필요가 있다. 공사가 완공되었으면 바로 건축업자에게 공사대금의 잔금을 주는 것이 아니고 시청 플래닝 앤 조닝 부서에서 나온 담당관이 모든 공사가 규정대로 완공되었다는 승인을 받고 나서 잔금을 지불해야 한다.

사업체의 간판이 필요한 경우는 간판업자를 고용해서 달아야 하는데, 대부분의 간판은 시의 허가를 받아야 한다. 간판은 건물주의 규격과 시티의 규정에 따라 만들어져야 한다. 건물주의 허가 없이, 또는 시 관계 부서의 허가 없이 사인을 달면 나중에 철거해야 한다.

식당은 조리실 시설 때문에 실내공사에 생각보다 돈도 많이 들어가고, 공사기간도 시 담당관에 따라 당초 예상한 것들보다 몇 달씩 지연될 수 있다는 것을 염두에 두고, 특별히 리스에서 렌트를 납부하는 시점을 변호사와 잘 상의한 다음에 주인과 계약해야 한다. 2009년에는 불경기이지만 한인 식당들은 계속 늘어날 것으로 전망된다. 식당에서는 조리실 공사가 식당 공사의 90%라고 해도 과언이 아니다.

업체에 필요한 허가와 공사완료 허가를 받으면 나머지 절차는 비교적 간단한다. 아무 때나 준비만 되면 영업을 시작할 수 있다. 예를 들어 샌드위치 숍을 창업할 경우는 실내공사가 끝나면 냉장고를 들여놓고, 주방 장비와 매장 안의 가구들을 구입하면 된다.

창업할 때의 매력은 반드시 새 냉장고를 들여놓을 필요는 없다는 것이다. 중고 냉장고도 많이 있고, 또한 주방시설도 중고를 구입하면 경비가 절약된다. LA 다운타운의 음식점 장비를 파는 곳에 가면 온갖 종류의 주방시설물과 기구들이 있다. 필요한 물품들을 공급업체로부터 직접 구입하는 것이 절약의 한 방법이다.

새롭게 창업한다면 광고를 중요시해야 한다. 광고에는 여러 가지 방법이 있지만 가장 보편화된 것이 집으로 우송하는 메일을 보내거나 또는 한국식당의 경우는 신문에 삽입하는 경우가 있다. 광고업자들이 필요한 주소록을 갖고 있다. 하지만 광고용지까지 패키지로 협상하면 비용이 다소 비싸지므로 광고용지는 직접 준비하고 주소록과 메일만 부탁하는 것이 경제적이다. 광고용지는 프린트 숍에서 싸게 준비할 수 있다.

요즘 유행하는 스시집들이 집으로 우송하는 광고를 많이 하는데, 한 집에 약 60센트로 잡으면(광고인쇄물 비용 포함) 1만 가정에 보내면 약 6천 불의 비용이 든다. 또한 고객이 누구냐에 따라 광고 방법이 달라지기도 한다. 사람을 사서 광고지를 각 가정으로 직접 전달해주거나 광고맨이 광고 팻말을 들고 지나가는 행인들이나 차를 향해 광고하는 것도 최소의 투자이지만 꽤 효과가 있다.

비영리 단체의 설립

비영리 단체는 실적이 있으면 연방정부의 기금을 지원받을 수 있는데, 한인 사회에 대한 기여도가 많을수록, 또한 활동이 많을수록 많은 기금을 보조받는다. 비영리 단체는 주로 LA 타운을 중심으로 많이 몰려 있는데, 한인 이민사회가 팽창함에 따라 더 많은 비영리 단체들이 나와야 한다. 비영리 단체는 반드시 법인으로 해야 하며, 영리 목적으로 창업될 수 없다. 한인노인회, 거리선교단체, 청소년복지센터, 한인회, 상공회의소, 마약퇴치기관, 무료통역서비스, 기독교봉사 센터, 한인 노동상담소, 민족학교, 푸른초장의 집 등 많은 봉사센터가 있지만 서비스 비용을 상당히 받는 기관들이 적지 않고, 순수 봉사를 목적으로 설립된 기관들은 많지 않다. 정부 보조를 받기 위해서는 순수 봉사 목적으로 설립되어 사회봉사 실적이 확실하고 체계가 잡힌 단체여야 한다. 비영리 단체의 은행구좌를 개설하기 위해서는 법인과 동일한 서류들이 필요하다.

한인교회나 종교단체도 비영리기관이며, 보통 비영리 법인으로 등록을 한다. 비영리단체들은 회원들의 명단, 임대차 계약서, 목사의 안수증과 학력을 포함하여 여러 종류의 서류들을 준비해야 하며, 비영리단체로 승낙받기까지는 보통 6개월의 기간이 걸린다. 해당기관들의 허락을 받아 비영리단체로 승인받으면 중요 임원들의 영주권을 신청할 수 있을 정도로 정부 혜택과 특권을 누리게 된다.

비즈니스 창업 체험

01 | K씨 부부의 LA 정착 도전

　K씨 부부는 1990년대 초, 괌Guam에 들어가 약 15년을 살았다. 미국령인 괌은 미국인들과 동등한 대우를 받는다. 영주권은 없었지만 괌에서 사회보장번호도 받았기에 아이 2명을 데리고 2004년 여름에 남가주 지역으로 들어왔다. 그들 가족은 비교적 한인들이 밀집해 있고, 교육과 주거환경이 좋은 오렌지카운티의 풀러턴Fullerton에 아파트를 얻었다.

　1년 정도 각종 사업체들을 찾았지만 마땅히 할 것이 없어 2005년 초에 K씨는 친구와 함께 LA 다운타운에서 의류 도매업을 시작했다. LA까지 약 30~40분 정도 거리라 출퇴근하기도 편했다. 남편이 도매업에 종사하니 아내는 소매업을 하면 좋을 것 같아 창업 장소를 물색하였다. 다른 사업체보다는 그래도 여성 의류 소매업이 장소만 좋으면 성공할 확률이 높다.

LA에서 30분 정도 떨어진 부근에도 몇 군데가 있었지만 너무 경쟁이 심해서 아예 1시간 이상 떨어진 오렌지카운티의 백인 지역에 장소를 찾았다. 약 2,500sqft로 원래 임대료가 비싼 지역인데도 그곳은 비교적 저렴하였고, 쇼핑센터의 중앙에 위치해서 장소가 좋았다.

부부는 저자가 운영하는 회계사무실을 찾아와 리스 서류 검토부터 창업과 회계 전반에 관한 것을 상담하였다. 이후 리스를 사인하고 본격적인 창업 준비를 했다. 2005년 여름, 시청에 가서 옷가게 창업에 관한 제반 절차를 알아보고 탈의실이나 계산대를 들여놓을 내부공사에 관한 설계를 그렸다. 설계를 시청에서 원하는 대로 수정하여 고치고 목수와 페인터를 불러 일을 시켰다. 목수가 설계한 대로 공사를 안 해서 약간 어려움이 있었지만 공사기간은 약 1개월, 처음 설계부터는 약 2개월 정도가 걸렸다. 간판은 한인 간판업자를 불러 건물주landlord와 시청 플래닝 앤 조닝 부서의 허락을 받아 달았다.

괌에서 소매 경험도 있고, 남편이 LA 다운타운에서 여성 의류 도매업을 하고 있으니 현재 잘 나가는 품목들만 선정해서 장사를 시작했다. 장사는 예상대로 잘 되었다. 광고를 하지 않았는데도 대형 여자 옷가게 체인점 옆이라 백인 여성들이 고객으로 금방 확보되었다.

이들은 벌써 창업 4년차에 접어든다. 그동안 영어가 약해 백인 종업원들 때문에 가끔 속을 썩었지만, 올해부터는 아예 남미계 이민자 아가씨 3명과 한국계 아가씨 2명을 포함해서 총 5명의 종업원들을 파트타임으로 쓰고 있어 마음이 편하다. 한 명이 일주일에 20시간 미만을 일한다. 아내는 소매업을 위해서 다운타운에서 옷을 구입하고, 남편은 남편대로 도매업을 꾸준히 하고 있다.

이들 부부는 사회보장번호는 있지만 아직 미국 영주권을 갖고 있지 않은 서류 미비자라 영주권 얘기가 나오면 다소 불안하지만, 아이 둘은 미국에서 태어난 시민권자이니 이들을 통해 희망을 가지고 있다. 큰 딸은 간호학을 전공하기 위해 CSULBCal State University in Long Beach 4년제 대학에 입학하였다. 미국의 간호사직은 확실한 직장이고 봉급도 높은 편이라 전공을 잘 선택했다고 볼 수 있다. 둘째인 아들은 서니Sunny 고등학교 12학년으로 아직 친구들과 놀기에 바쁘고 공부를 제대로 하지 않아 걱정이지만 남가주에는 그런대로 갈 만한 대학들이 많아 큰 걱정은 안 한다고 한다.

미국은 열심히 일하면 충분히 기회가 있는 사회다. 여성용 옷가게는 남자들이 거의 들어오지 않는 분위기라 안전하고, 투자에 비해 다른 사업체보다 수입이 훨씬 높은 편이다. 패션 감각이 있고, 부지런하다면 운영하기 좋은 사업체다.

02 | P씨 부부의 스시집 창업

P씨 부부는 LA 롱비치Long Beach의 보잉 항공기 부품회사의 직원들이 식사하는 비즈니스 파크Business Park(음식점들이 함께 모여 있는 곳)에 스시집이 없다는 것을 알고, 2004년 약 1,500sqft의 자리에 스시집을 오픈할 계획을 세웠다. 임대료는 월 4,500불 정도로 당시는 만만치 않는 금액이었다. 지금도 그렇지만 2004년 스시집이 한창 인기인데다 보잉 항공기 부품회사 직원들은 봉급 수준이 높아 스시집을 운영해도 좋을 것 같았다.

그들은 스시집 경험이 없어 친구들에게 물어 정보를 수집하고, 저렴한 가격으로 실내공사를 하기로 했다. 그런데 주방시설을 설치하는 것이 만만치 않았다. 기존의 하수관에 스시집의 하수관을 연결시키는 비용과 기름 제거시설을 설치하는데 약 4만 불이 들어갔다. 그리고 각종 주방시설들을 설치하고 구입하는데 엄청난 비용이 들어갔고, 손님들이 앉아 식사하는 테이블과 카운터 등 모든 것이 돈이었다. 아무튼 2개월에 걸쳐 설비투자로 거의 20만 불이 들었다. 창업이라도 중고 음식점 장비나 냉장고들을 구입해서 사용할 수 있다는 것을 당시에는 전혀 몰랐던 것이다. 경비를 절약하는 여러 방법이 있었는데, 공사에 집중하다보니 다른 생각을 할 여유가 없었다.

사업을 오픈하고 보니 장사는 웬만큼 되었지만 매출이 단시간 내에 급격히 늘어나지는 않았다. P씨 부부는 이 스시집을 3년간 운영했다. 순수입은 약 4,000~5,000불 정도 되었지만 가게가 집과 45분 이상 떨어져 있는 데다, 높은 생활비로 말미암아 계속 운영하기가 어려웠다. 결국 구입 희망자가 있어 투자비용만 받고 팔고 말았다.

스시집은 이제 너무 많아진 것이 단점이다. 웬만큼 스시를 잘 만들지 못하면 경쟁으로 인해 금방 문을 닫아야 할 정도이다. 하지만 한인들과 아시아인들이 밀집해 있는 지역은 여전히 스시집이 인기다. 한달 순수입이 1만~2만 불씩 되는 스시집들도 많다. 이런 업체들은 여러 곳에 지점을 두고 운영하고 있을 정도로 경쟁력이 있지만 투자 자본금이 만만치 않다. 정식 일식 스시집은 워낙 음식값이 비싸지만 한인들이 중심이 되어 유행하고 있는 롤 중심의 스시집은 가격이 저렴하고 맛도 좋아 2009년의 불경기 속에서도 흥행할 전망이다.

제2장

미국 비즈니스 실제

비즈니스 현황

01 | 한국과 미국 사업체의 차이점

1. 미국 임대는 전세 개념이 아니라 리스이다

한국에서는 사업장을 임대할 때 보통 전세금이라는 제도가 있다. 물론 전세금은 나중에 찾을 수 있는 저당금이지만 사업 인수자는 초기에 거액을 투자해야 한다. 이에 비해 미국의 대부분 사업체들은 리스를 사인할 때 보통 2~3개월의 임대료만 내면 되기 때문에 투자금이 적다.

하지만 리스 서류를 소홀히 하면 큰 수업료를 치른다. 리스는 구속력이 강한 법적 서류이기 때문에 잘 협상해야 하며, 또한 임대료를 제때 내면서 신용을 쌓아야 한다. 그러나 사회구조와 문화가 다르기 때문에 이민초보자들은 대부분 비싼 수업료를 내고 있다. 즉 사업체 구매 때부터 매출을 속아 구입하거나 경비를 축소시킨 것을 모르고 구입했다가 낭패를 당하는 경우가 비일비재하다. 그리고 미국에서는 경비 절약이 생각보다 어려운 데 한국식으로 경비를 절약하려고 시도했다가 사업체에 부정적인 영향을 끼치는 경우도 많다.

2. 미국 사업체는 점검해야 할 사항들이 한국보다 많고 복잡하다

남가주의 경우 사업체를 인수하는 데는 벼룩시장을 제외하고 대부분 넘어야 할 산들이 많아 보통 2~3개월을 잡아야 한다. 웬만한 규모의 사업체라면 에스크로Escrow(한국의 법무사와 비슷한 개념이지만 훨씬 더 많은 업무를 하며 판매자와 구매자의 중간에서 사업체 매매에 연관된 모든 매매서류와 매매대금의 흐름까지 관리하는 기관)를 해야 하며, 점검해야 할 법적 채무와 세무 상의 여러 사항들을 짚고 넘어가야 한다. 또한 다운 외에 은행에서 융자하는 경우는 많은 제약조건들이 따른다. 아무튼 미국에서 사업체 구입은 한국과 같이 며칠 안에, 또는 몇 주 안에 갑자기 이루어지지는 않는다. 미국에서는 사업체를 구입하면서도 매매 가격의 약 30~40% 정도는 은행 융자를 통해 자금을 조달한다. 이런 융자사항도 잘 점검해야 한다.

사업체 구입시 중요한 것 중의 하나가 매상 점검이다. 예를 들어 일주일 매출을 점검하기로 했으면 아침부터 저녁까지 일주일 동안 철저하게 매장에서 사업체의 매출을 점검해야 한다. 하루 이틀 점검하고 상황 봐서 적당히 하면 절대 안 된다. 서류 점검도 필요한 서류를 받지 못했으면 끝까지 관계자를 독촉해서 필요한 서류를 받아 점검해야 하는 철저함이 필요하다.

3. 세금이나 필요한 허가 및 규정을 잘 지켜야 한다

한국보다 미국에서는 세금규정이 까다롭고 복잡하다. 특히 종업원에 관한 여러 규정들이 있는데, 이런 조건들을 잘 지키면서 사업체를 운영해야 한다. 한국식으로 대강 무시하면서 영업하다가는 벌금으로 인해 큰 경제적 손실을 입는다. 각종 세금도 등한시하면 평생 세금 때문에 고생할 수도 있다. 그러므로 사업체 운영에 관한 세금보고는 다소 비용이 들어가더라도 전문 회계사에게 일임하여 정리 보고하는 것이 현명한 방법이다. 경비가 들어가더라도 해당 분야의 전문가들을 활용하여 일을 처리하는 것이 결국 비용을 절약하는 방법이다.

또한 필요한 허가는 반드시 해당 행정기관에서 받아야 한다. 만일 허가를 받지 않고 사업을 하면 사업체를 운영하지 못할 수도 있다. 종업원 근무규칙들도 있고, 음식점 같은 곳은 정기적으로 위생 점검을 나오기 때문에 준수사항을 잘 지켜야 한다.

4. 소형 사업체와 대형 사업체는 유통구조가 다르다

한국에서는 노동력의 약 26%인 610만 명이 자영업을 하고 있는데 비해, 미국에서는 약 70% 이상의 한인들이 자영업에 종사하고 있다. 한국의 자영업은 대형 할인마트에 밀려 문을 닫는 업체들이 속출하지만, 미국에서는 대형 할인업체들과 소형 소매업들은 유통구조가 다르고 고객이 다르기 때문에 한국에서보다는 비즈니스가 안정적이라고 할 수 있다. 그러므로 미국에서는 소형 사업체들을 잘 선정하여 매상을 점검하고 필요한 절차들을 거쳐 구입하면 장기적으로 안정적인 사업체를 운영할 수 있다.

5. 급한 마음을 버려라

사전에 확실한 정보와 경험이 없으면 생각보다 미국에서는 사업체를 구입하는 것이 빨리 안 된다. 그렇다고 서두르면 큰 코 다친다. 미국에서는 사업체를 구입하는데 거쳐야 할 단계와 절차들이 있다. 점검해야 할 사항들을 소홀히 하면 나중에 큰 대가를 치른다. 미국 중부와 서부 지역(남가주, 애리조나, 텍사스 등)에서는 사업체 인수시 대부분 에스크로를 열고 사업체를 인수한다. 그런데 정상적인 방법은 에스크로가 클로징된 다음에 사업체를 인수해야 하는데, 많은 한인들이 사업체 인수에만 신경을 써서 에스크로가 다소 지연되면 편법을 써서라도 에스크로가 클로징 되지 않은 상태에서 사업체를 인수하려고 한다. 즉 모든 법적 서류절차 및 인수관계가 끝나지 않았는데 매매 대금을 먼저 주고 빨리 사업체를 운영하려고 하는 경향이 있다.

특히 리스 서류가 지연되면 끝날 때까지 조급해하지 말고 기다려야 한다. 심한 경우 다른 절차는 다 끝났는데 사업체의 임대조건에 관한 리스 서류가 1~2개월 지연되는 경우도 종종 있다. 리스 서류가 빨리 진행되지 않는다고 편법으로 리스 사인도 안하고 사업체를 먼저 운영하면 나중에 엄청난 경제적 손실을 입는다. 리스 서류에 사인을 하지 않았으면 다소 경제적인 손실이 되더라도 기다려야 하며, 리스 협상이 안 되면 과감히 사업체 인수를 포기해야 한다.

02 | 이민 초보자의 재정계획

요즘은 의학정보가 많이 보편화되어 몸에 필요한 영양소인 지방에도 좋은 지방과 나쁜 지방이 있다는 것이 알려진 지 오래다. 좋은 지방은 주로 생선류와 식물에서 섭취되며, 나쁜 지방은 고기나 마가린과 치즈 같은 가공식품에 많다.

마찬가지로 재정에도 좋은 부채good debt가 있고, 나쁜 부채bad debt가 있다. 나쁜 부채가 전혀 없을 수는 없지만 재정계획의 중심은 좋은 부채를 축으로 이루어져야 한다. 특히 이민 초기에 부채 관리를 잘못하면 나중에 채무변제 때문에 이민생활 자체가 어려워진다. 부채 관리의 지혜가 필요하다.

미국에 이민 오면 사고 싶은 것들이 너무나 많다. 낭만적인 고급주택들뿐만 아니라 한국 가격의 50%도 안 되는 고급 차량들을 보면 강한 구매충동을 억제하기 어렵다. 이런 유혹을 잘 참아야 한다. 한 달차량 유지비 200~300불 늘어나는 것을 신중하게 생각해야 한다. 주택도 사업체가 안정된 다음에 구입하는 것이 정석이다.

아파트에서 월세 2,000불 지불하는 것보다 주택을 구입해서 매달 2,000불을 내면 좋은 주택에서 편하게 살 수 있고, 또한 투자로도 좋을 것 같은데 실은 그렇지 않다. 세금을 보고할 때 엄청난 차이가 있다는 것을 모르는 경우가 허다하다. 일단 집을 소유하면 모기지 페이먼트 mortgage payment 기록이 IRS로 간다. 따라서 세금도 모기지 페이먼트와 균형 있게 충실히 보고해야 한다. 차량 구입도 한 달에 200불만 주면 좋은 차를 구입하는데 왜 싼 차를 고집하느냐고 의문을 가질 수 있다. 그러나 미국은 차량 보험료가 비싸고, 고급 차량은 유지비가 많이 든다. 특히 자동차 융자금은 이자율이 높고, 투자가치가 없는 소모성 낭비이기 때문이다.

Tip

현금 흐름 관리cash flow management

비즈니스가 커질수록 웬만한 전문가가 아니면 한 달 정확한 수입이 얼마인지를 알기가 어렵다. 특히 제조업이나 도매업 같은 분야는 한 번에 움직이는 돈의 단위가 크기 때문에 잘못하면 수중에 많은 현금이 있다고 쓰기 쉬운데, 조심해야 한다. 수중에 현금이 있다는 것과 순수입이 다른 경우가 허다하다. 리커나 마켓 같은 업체들도 수입의 90% 이상이 현금이기 때문에 현금 관리를 잘 해야 한다. 현금이 늘어나도 가게 안의 물건 재고가 줄어들면 순수입이 늘어나는 것이 아니기 때문이다. 그런 의미에서 미국에서는 비즈니스가 안정된 다음 부동산이나 다른 투자를 하라고 권하고 싶다. 하지만 한국에서와 같이 계속해서 주택가격이 오를 것 같은 착각으로 미국에 와서 사업체를 구입하자마자 나머지 돈으로 주택을 구입하는 이민초보자들이 많다. 물론 잘되는 경우보다 어려움에 처한 경우들을 많이 본다. 미국의 주택은 다운할 돈(집값의 약 10~20%)만 있으면 언제든지 구입할 수 있다는 것을 명심하라. 특별한 경우를 제외하고는 주택은 비즈니스 운영 후 2~3년 뒤에 구입하는 것이 지혜이다.

좋은 부채good debt

부동산에 관련된 모기지는 대체로 좋은 부채에 속한다. 이는 주로 이자와 원금을 함께 갚아가는 것으로 부동산 투자를 통해 재산을 늘려가는 좋은 방법이다. 하지만 노 다운no down이나 레버리지leverage가 심한 라인 오브 크레딧line of credit(집을 여러 번 저당

잡고 은행에서 많은 자금을 융통하는 것)은 좋은 부채가 아니다. 보통 20%의 투자가 있고 나머지 80% 정도의 모기지가 있을 때 좋은 부채의 균형이 이루어진다. 하지만 아무리 좋은 부채라도 무리하게 받으면 악성부채로 변한다는 것을 명심해야 한다. 특히 지금과 같이 부동산 시장이 불안할 때는 부동산의 90% 이상의 모기지는 아주 위험하다. 즉 부동산 구입시 매매대금의 10%만 지급하고 나머지 90%를 은행에서 융자하는 경우를 말한다. 2005년부터 많은 한인들이 부동산을 4~5개씩 무리하게 구입했는데, 빨리 처분하거나 해결하지 않으면 큰 어려움에 직면할 것이다. 모기지 페이먼트는 수입의 30% 정도가 적당하다. 한인들의 경우 소비성향이 미국 사람들보다 낮기 때문에 40%까지도 가능한 경우가 있지만 가급적 모기지 페이먼트는 총수입의 1/3을 넘지 않도록 조심해야 한다. 예를 들어 한 달 수입이 5,000불이면 월 주택융자금은 1,500불 정도가 적당하고, 2,000불을 넘으면 위험하다.

나쁜 부채bad debt

나쁜 부채의 대표적인 것이 자동차 융자다. 이민 초년생들은 고급차라는 유행병과 사치심 때문에 이자율이 높은지도 모르고 차를 구입하는 경우가 많다. 그러나 미국에서는 자동차 융자금만이 아니라 보험료, 차량 수리비를 감안하면 차량관리 비용으로 막대한 지출을 한다. 좋은 차를 타고 싶으면 중고차를 구입하는 것이 지혜이다.

사업체 구입시 은행에서 융자한 사업체 연관 부채도 실은 투자용이지만 대부분 이자율이 높기 때문에 빨리 갚아야 하는 나쁜 부채에 속한다.

신용카드 빚은 나쁜 부채 중에서도 악성부채worst debt에 속한다. 대부분 이자율이 높고, 연체율도 비싸며, 조건이 아주 나쁘다. 이민 초년생들에게도 각종 신용카드를 신청하라고 많은 은행에서 연락이 온다. 신용카드가 많아질수록 재정적으로 어려움에 처할 위험이 높아지므로 신용카드는 2개(가스 신용카드와 일반 신용카드) 이상 갖지 않도록 주의한다.

03 | 캘리포니아주의 한인 상권

미국에서 한인 상권을 이해하는 것이 매우 중요하다. 간단히 말하면 주요 사업체들이 어떻게 밀집되어 있으며, 어떻게 발전 성장해 가는지를 말한다. 가장 쉬운 한인 상권은 한인들의 사업체들이 밀집해 있는 지역을 말한다. 그러나 오래된 상권은 쇠퇴하기도 하고, 새로운 상권지역이 부상하기도 한다. 그러므로 어떤 상권을 골라 사업체를 시작하는가가 매우 중요하다. 캘리포니아주의 한인 밀집지역 상권을 간단히 설명한다.

1. LA 다운타운의 한인 상권

LA에서 한인들이 많이 거주하는 곳은 LA 코리아타운 부근과 행콕 파크Hancock Park, 해변 지역의 가디나Gardena와 토렌스Torrance(학군 좋음), 내륙으로 들어와 91번 FWY와 605 FWY가 만나는 부근의 세리토스Cerritos 주변(교통이 편리하고 학군이 좋으나 아파트가 많지 않다), 글렌데일Glendale, 하시엔다 하이츠Hacienda Heights(중국인들의 상권도 강한 지역임), 라 카나다La Canada(고급 지역임), 발렌시아Valencia(LA 북쪽의 새로 개발된 지역으로 한인들이 많이 몰리기 시작했다)와 밸리Valley(LA 서북쪽의 다소 더운 지역임) 지역의 몇 도시들이 있다. 이곳에 약 50~60만 명의 한인들이 거주하고 있다. 그리고 LA 코리아타운에서 1시간 내의 주변 도시들에 약 20~30만 명이 거주하고 있다.

주변에 UCLA와 USC의 유명한 두 종합대학이 있다. 약 15,000개의 한인 업소들이 올림픽Olympic, 버몬트Vermont, 웨스턴Western, 윌셔Wilshire 거리를 중심으로 몰려 있으며, 동서남북으로 계속 성장하고 있다. 코리아타운만 해도 〈아씨〉, 〈한국〉, 〈한남〉과 같은 대형 체인 한인 마켓들이 약 10개 있으며, 코리아타운에서 약 20~30분 떨어진 LA 다운타운 주변의 한인 밀집도시들에도 이들이 세운 지점 대형마켓들이 곳곳에 들어서 있다. 약 30개(600~1,000평)의 대형 한인 마켓들이 LA와 주변도시에 있는데, 계속 증가하고 있는 추세다.

2008년 들어 대형 한인 마켓에 지각변동이 일어나고 있다. 동부에 본부를 두고 있는 H마켓이 LA의 외곽인 다이아몬드 시티로 진출해 (1,500평 규모) 성공리에 운영되고 있다. 이들은 오렌지카운티의 한인 밀집지역인 어바인Irvine에도 오픈 예정이다. H마켓은 미국 서부의 한인 밀집지역마다 회오리바람을 일으키면서 기존의 대형 한인 마켓들을 공포분위기로 몰고 있다. 이에 따라 한인 상권도 H마켓을 중심으로 급속히 변화하고 있다.

LA 코리아타운은 서부 지역에 있는 한인들의 중심지일 뿐만 아니라 미국 전역과 세계를 통해 한인 이민자들의 중심지 역할을 하고 있다.

웨스턴Western과 올림픽Olympic 코너에 있는 대형 몰인 코리아 플라자는 관광지로도 각광받고 있다.

LA에는 코리아타운 말고 또 하나의 거대한 한인 상권이 있는데, 이는 자바Jobber 또는 LA 다운타운이라고 하는 지역이다. 올림픽Olympic, 산 페드로San Pedro, 브로드웨이Broadway, 3번가3rd st와 남쪽으로 15번가15th st까지를 중심으로 한 거대한 도매업 및 제조업 상권이다. 아직 한인들이 집중하는 상권은 여성 의류와 잡화 분야이지만 다른 도매업 분야에도 계속 영역을 확대해가고 있다.

LA 의류제조 도매업의 약 70%를 한인들이 장악하고 있는데, 창업과 도산의 악순환을 반복하면서도 매년 5% 정도씩 성장하고 있다. 중국산과 해외 제조outsourcing로 인해 1980~1990년대와 같은 호황에 대한 전망은 불투명하지만, 한인들이 계속 상권을 유지해야 할 분야이다. 관련 산업체들이 많은 데다 아직도 승산 있는 제조업 분야이기 때문이다. 그리고 1970~1990년까지 20년간 한인들에게 큰 이익을 주었던 봉제 분야는 이제 베트남 이민자들과 해외 제조로 넘어가고 말았다.

2. 오렌지카운티의 한인 상권

오렌지카운티 지역의 가장 큰 상권은 원래 코리아타운이 시작된 가든 그로브Garden Grove였으나 2005년에 들어오면서 풀러턴Fullerton의 한인 타운이 폭발적으로 성장하고 있다. 가든 그로브의 코리아타운은 낙후한 지역으로, 대부분의 한인상가 건물들이 오래되었는데 최근 증축과 리모델링을 거치면서 새로운 모습으로 거듭나고 있다. 약 2천 개의 한인사업체들이 가든 그로브 도로Garden Grove Blvd 선상으로 브룩허스트Brookhurst부터 비치 도로Beach Blvd를 중심으로 몰려 있고, 근접한 주변 도로에도 집중되어 있다. 하지만 가든 그로브에 거주하는 한인들은 많지 않고, 주로 이민 초년생들이 코리아타운을 중심으로 아파트에 많이 거주한다. 코리아타운에서 사업체를 운영하는 대다수의 한인들은 가든 그로브에서 약 20분 정도 떨어진 풀러턴, 애너하임 힐Anaheim Hil, 오렌지, 어바인과 미션 비헤호Mission Viejo 등지에서 출퇴근한다.

가든 그로브에서 약 20분 북쪽에 위치한 풀러턴은 도시 곳곳에 새 건물들이 많이 증축되고 있으며, 한인 사업체들은 주로 비치 도로와 맬번Malvern을 중심으로 밀집하여 증가하는 추세이다. 또한 애너하임 힐과 요바 린다Yorba Linda에는 새로운 주택들이 많이 들어서면서 한인 이민자들이 급증했지만(약 15,000명) 아직 한인 상권의 형성은 저조한 편이다. 물론 가든 그로브까지 약 20분이면 갈 수 있는 가까운 거리이지만 고속도로를 타고 가야 하는 번거로움 때문에 한인 상권의 개발이 지연되고 있다. 또한 부동산 가격도 비싼 지역이라 한인 상권의 개발이 만만치는 않다.

오렌지카운티 남단에 위치한 어바인에는 UC계열 중 가장 빨리 성장하는 대학 중의 하나인 어바인 종합대학이 있으며, 2005년부터는 한국에 좋은 학군과 거주환경으로 소문이 나면서 한인 조기유학생들이 급증하고 있다. 이에 편승하여 한인 상가들도 증가하는 추세인데, 부동산이 비싸고 임대료가 높은 지역이라 아직 가든 그로브와 풀러턴 같이 한인 상가들만 밀집해 있는 코리아타운은 형성되지 않고 있다. 한인 대형식품점을 중심으로 몇 개의 한인 상가들이 지속적으로 증가하는 추세이며, 대부분 미국 상가 틈새를 찾아들어가고 있다. 어바인에는 약 400개 정도의 한인 사업체들로 급성장하고 있다. 어바인 한인 상권의 약 50%는 쿨버culver와 월넛walnut 거리를 중심으로 몰려 있고, 2008년 후반기에 오픈한 H마켓이 들어선 알톤Alton과 바랑카barranca 거리의 서북 코너로 약 30개의 한인 사업체들이 새롭게 문을 열었다. 최근에는 2명의 한인 시의원이 탄생했으며, 2009년에는 한인시장까지 탄생하여 한인들의 정치력 신장에 큰 활력이 되고 있다.

3. 리버사이드 카운티의 한인 상권

원래 내륙지역인 리버사이드 카운티Riverside County는 온도가 높고 코리아타운에서 나오려면 교통이 불편해서 한인들의 거주 지역으로 환영받지 못하던 곳이다. 그러나 오렌지카운티와 LA 카운티의 주택 가격이 폭등하면서 한인들이 한두 명씩 저렴한 전원주택을 찾아 리버사이드 지역으로 몰리기 시작했다.

한인 상권이 가장 빨리 성장하는 곳은 리버사이드와 오렌지카운티 입구에 있는 코로나Corona이다. 이곳은 오렌지카운티에서 30분 이내로 비교적 가깝고, 새 집들이 많이 들어서면서 2000년 무렵부터 한인들이 몰려들기 시작했다. 아직은 약 200개 정도의 한인 업체들이 산발적으로 몰려 있지만 다른 지역보다 부동산 가격이 저렴하므로 한인 상권의 성장이 가속화될 전망이다. 남가주 지역에 처음 정착을 시도하는 분들에게 추천하고 싶은 지역이다. 물론 학군은 다른 지역에 비해 다소 약하지만 주민들과의 유대관계가 다소 부드럽다. 문제는 다른 지역에 비해 남가주 지역에서 부동산 가격이 급속히 하락하고 있어 앞으로 2~3년간은 어려울 것이다. 2005년에 비하여 2008~2009년의 부동산 주택 가격이 약 30~40% 하락할 것으로 전망된다. 하지만 10년 정도의 장기적인 안목을 가진다면 코로나 지역은 부동산 투자하기에는 꽤 적합한 지역이다.

현재 리버사이드 카운티와 샌버나디노San Bernardino 지역에 2만 명 정도의 한인이 거주하는 것으로 추정된다. 특히 리버사이드에서도 외곽지역인 샌버나디노, 모레노밸리Moreno Valley, 빅토빌Victorville, 바스토우Bastow 등에도 한인들이 퍼져나가고 있는데, 농장이나 기도원 또는 전원 음식점 등을 목적으로 외곽지역의 농경지를 구입하고 있다. 지금까지는 단기투자를 목적으로 구입했는데, 장기를 바라보고 넓은 농경지를 구입하여 농업 분야에 도전해보는 것도 좋다. 메탄올 같은 새로운 연료의 개발로 농지에 대한 수요가 증가할 것으로 전망된다. 아직 전반적인 한인 상권은 미약하며, 완만한 추세로 형성 중에 있다.

4. 샌디에이고 카운티의 한인 상권

샌디에이고에는 2만 명 내외의 한인들이 거주하는 것으로 알려졌다. 샌디에이고는 멕시코의 티후아나Tijuana 지역과 접해 있는 관계로 한국의 전자업체 지사들의 직원 가족들이 많이 거주한다. 2007년에 대형 한인 마켓이 오픈함으로써, 주말이면 오렌지카운티까지 식품을 사러 와야 했던 번거로움도 없어졌다.

샌디에이고의 한인 상권은 주로 콘보이 거리Convoy St를 중심으로 오퍼투니티 도로Opportunity Rd, 러프너 거리Ruffner St, 엔지니어Engineer, 엘카미노 레알 도로El Camino Real Rd 등에 약 500개의 한인 상권이 형성되어 있다. 상권 규모는 오렌지카운티의 약 20%, LA 코리아타운의 약 2~3% 정도이지만 계속 증가하는 추세이다. www.SDsaram.com에 들어가면 샌디에이고 한인 타운과 거주환경 및 중요 정보들을 접할 수 있다. 샌디에이고는 기후도 온화하며 아직 한인 타운이 형성되는 단계

이기에 잘 연구하고 들어가면 높은 이윤을 남길 수 있는 사업체들을 찾을 수 있다. 한인들을 상대로 사업을 할 것인지, 남미계 이민자들인지 아니면 미국 주류 백인들을 상대로 할 것인지를 우선 정해서 사업체들을 연구해보면 좋다.

5. 샌호세, 샌프란시스코, 오클랜드의 한인 상권

캘리포니아주 중북부 지역은 아무래도 IT 산업의 전진기지로 인해 한인 이민자들의 교육수준이 높고, 직장에서 일하는 한인들이 많다. 보통 한인 밀집지역에서는 70% 정도가 자영업에 종사하는데 비해 샌호세San Jose 지역은 IT 관련 직장에서 일하는 한인들이 50% 정도 된다. 월급은 보통 1만 불 정도 되지만 샌호세 지역의 아파트값은 LA 고급 지역보다 오히려 비싼 편이라 생활비가 많이 들어간다.

샌프란시스코San Francisco는 게리 거리Gary St를 중심으로 약 10블럭에 걸쳐 한인 타운이 형성되어 약 4만 명의 한인이 거주하고 있으며, 남쪽으로 한 시간 거리인 샌호세 지역에 5만 명, 동쪽 내륙인 오클랜드Oakland에 약 4만 명으로, 도합 13~15만 명의 한인들이 샌프란시스코 주변 지역에 거주하는 것으로 알려졌다. 정확한 한인 상권의 규모는 알려지지 않았지만 약 1,500개의 한인 사업체들이 있는 것으로 추정된다.

이 지역의 한인 상권은 오렌지카운티보다는 다소 약하지만 규모는 약 80%로 근접해오고 있다. 대한항공과 아시아나항공이 직항으로 서울까지 연결되며, 한인 타운을 제외한 지역에서는 세탁소, 그로서리 및 카페테리아 계통의 사업체에 많이 종사하는 것으로 알려졌다.

04 | 사업체를 차릴 것이냐, 취업을 할 것이냐?

초보 이민자들이 미국에 와서 취업하는 것은 쉬운 일이 아니다. 그러나 전문기술이 있으면 취직도 권장할 만하다. 치과기공기술이 있다든지 아니면 간호사 자격증이 있으면 미국에서도 대우받으면서 직장에 다닐 수 있다. 이민 초기 단기간, 즉 5년 미만은 재정적으로 넉넉지 못하겠지만 부부가 함께 취직한다면 5년 이상만 되면 봉급도 올라가고 병원 같은 복지혜택이 좋아서 장기적으로는 전망이 있다. 문제는 영어인데, 영어가 약해도 자격증이나 전문기술이 있으면 아시아인들은 부지런하기 때문에 취직하기가 어려운 것은 아니다.

공부할 수 있는 나이의 한인 이민자들은 변호사, 공인회계사, 간호사, 물리치료사, 치과기공사, 한의사, 의사 같은 전문자격증을 위해 공부해보는 것도 추천한다. 월급은 적지만 장기적 안목으로 승진과 복지혜택을 누리는 공무원도 권할 만하다. 공무원 취업에 관한 정보는 웹사이트에 잘 나와 있으며, 영어가 다소 부족해도 시험성적이 좋으면 상관없다.

하지만 간호사를 제외한 대부분의 전문기술들은 자격증을 미국에서 쓸 수도 없고, 또한 취직해도 임금이 아주 적을 수 있다. 한인 이민자들의 70% 이상이 자영업으로 사업체를 운영하고 있다는 통계만 봐도 알 수 있다. 어쨌든 한 달 수입이 세금공제 후 최소 4,000불은 되어야 남가주 한인 밀집지역에서 4인 가족이 간신히 아파트를 임대해서 정착할 수 있다. 이것은 연봉이 최소 6만 불 이상은 되어야 하는데, 취업해서 벌려면 큰 회사에 들어가지 않고는 불가능한 액수이다.

대부분의 한인 이민자들은 일단 사업체를 시작한다. 그러나 월

5,000불의 순수입을 확보하려면 보통 15만 불 이상을 투자해야 한다는 부담이 있다. 이민자들은 주로 한국에서 처분한 집값을 미국 정착금으로 활용하고 있는 실정이다.

비즈니스 구입

01 비즈니스 학습의 중요성

남가주의 사설학원 중 KAPLAN이란 학원이 있는데, 서울에도 지점이 있으며, 미국 전역에 지점을 두고 SAT를 포함하여 모든 대학원 시험과 변호사 시험까지 가르치는 학원이다. 이 학원에서는 학생들을 가르치는 강사들을 위한 트레이닝 코스가 있다. 강사 후보자들은 대개 하버드, 스탠포드, UCLA, UC 버클리 등을 졸업한 우수 대학원생들로 구성되어 있다. 강사 훈련 코스는 3시간 강의가 다섯 번의 수업으로 되어 있다. 하지만 학원은 후보자들에게 3시간 훈련 수업을 위해 8시간을 준비해야 한다고 권고한다. 강사 후보자들은 일단 다섯 번의 훈련을 마친 후에 일주일에 6시간 정도의 파트타임으로 근무하게 되어 있다. 이 학원에서는 6시간 강의를 준비하기 위하여 훈련을 마친 강사들에게 집에서 20시간을 준비하라고 요구한다. 그리고 20시간의 준비

시간에 대해서도 시간당 최소한의 임금을 지불해준다.

한국에서 공부할 때를 떠올려보라. 밤늦게까지도 부족하여 새벽에 일어나 공부한 기억이 있을 것이다. 그렇게 해도 좋은 대학과 직장을 잡는 것이 쉽지 않다. 그런데 비즈니스를 구하는 데는 대부분 그만한 시간과 정성을 쏟아 준비하지 않는다. 물론 시간과 정성을 쏟는다고 해서 좋은 비즈니스를 찾게 되는 것은 아니다. 하지만 많은 한인들이 너무나 쉽게 비즈니스를 찾으려 한다. 돈만 많이 벌린다 싶으면 아무것이나 하려고 덤벼든다.

비즈니스의 실패와 성공에는 반드시 이유가 있다. 한인들은 생각보다 즉흥적인 결정을 많이 한다. 무계획과 준비부족 상태에서 비즈니스에 덤벼드니 실패하는 것이다. 비즈니스를 보는 안목이 없기 때문에 실패하고, 어떻게 비즈니스를 운영해야 하는지 모르기 때문에 손해보고 팔 수 밖에 없는 것이다. 자신의 비즈니스 체질에 맞는 것을 선택해 충분한 재정 계획을 세우고, 훈련을 통해 배운 다음 비즈니스를 구입하면 완전히 다른 결과를 갖고 온다. 비즈니스를 공부하자. 학습한 만큼 효과가 있다.

1. 경쟁이 심해졌다

1960년대에는 호수에 그물만 던지면 많은 고기들이 잡혔다. 1980년대에는 신중하게 그물을 던지면 많은 고기들을 잡을 수 있었다. 하지만 이제는 아무리 신중하게 그물을 던져도 고기들이 그물을 보고 도망가는 시대로 변했다. 그만큼 투자에 비하여 소득이 적어졌고, 속고 속이는 경쟁시대가 되었다. 이제 준비 없이 미국에 와서 닥치는 대로 열심히 일해서 돈을 모으던 시절은 완전히 지나갔다. 밤낮 가리지 않고 일할 수 있는 분야들은 다른 아시안 소수계와 남미 계통의 이민자들이 점령했다. 한인 이민자들은 과연 얼마의 준비를 하고 미국에 오는가? 준비 없이 미국에 오면 준비가 안 된 만큼 수업료를 내야 한다.

그래서 그런지 요즘은 미국보다 동남아로 이민가고, 조기유학도 간다. 한인들이 몰려 있는 미국 서부의 생활비와 학비가 동남아에 비해 (태국이나 필리핀) 거의 10배 정도 된다. 미국 중부도 만만치 않아 동남아에 비하여 5배 이상이 된다. 하지만 동남아에 비하여 미국의 영어교육이나 생활환경은 수준급이다. 수업료가 비싼 만큼 질 좋은 비즈니스 수업과 학교 수업을 받을 수 있다는 말이다.

해마다 3,000가정 이상의 한인 이민자들이 형제나 가족초청으로 영주권을 받고 미국으로 이민을 온다. 그리고 L 비자, 또는 E 비자를 통하여 3,000가정이 미국에 정착하고 있고, 방문이나 유학 또는 다른 전문 직종으로 정착하는 사람들이 3,000가정에 이른다. 미국 입국자 중 50% 정도가 캘리포니아 지역에 머무른다고 할 경우 매년 4,500가정이 캘리포니아주에 정착한다는 통계가 나온다. 이들 중 70%가 비즈니스를 찾는다면 약 3,150가정이 매년 캘리포니아주에서 비즈니스를 찾는 셈이다. 이는 하루에 10가정 정도가 비즈니스를 찾고 있다는 말이다. 다른 주로부터 유입과 그냥 눌러앉은 사람들을 감안한다면 실제는 이보다 훨씬 많은 숫자가 캘리포니아주에 정착한다. 게다가 중국, 베트남, 필리핀과 남미 계통의 이민자들은 한인들보다 훨씬 많다.

한인들 간의 경쟁은 물론 다른 소수 민족들과의 경쟁, 그리고 백인들과의 치열한 경쟁 속에서 살아남기 위해서는 미국의 비즈니스를 잘 학습하고 준비해야 한다. 나만 비즈니스를 찾는 것이 아니고 수많은 이민자들이 경쟁하면서 찾는다. 그러므로 빠른 기간 안에 좋은 비즈니스를 찾기 위해서는 미리 준비를 해야 한다.

2. 정착에 걸리는 기간이 길어진다

정착이란 이민 생활비를 충분히 충당할 수 있는 안정된 사업체와 거주할 주택을 소유한 상태를 말한다. 10년 전만 해도 미국에 이민 와서 성실히 일하면 5년 내에 정착이 가능했다. 하지만 최근에는 경쟁 때문에 열심히 일만 해서는 정착하기가 쉽지 않다. 미국 이민 5년이 지났는데도 주택은 고사하고 아파트 생활비조차 충당 못하는 사업체를 운영하는 사람들이 늘어간다. 거품 사업체들을 비싼 권리금을 주고 잘못 구입했기 때문이다. 이민 초년생들은 어떤 사업체가 매출에 거품이 있는지, 아니면 전망이 없는지를 금방 파악할 수 없다. 경쟁상대를 잘 파악하고 비즈니스를 전문화시켜 일하지 않으면, 비즈니스의 안정과 확장은 어렵다.

02 | 인내와 준비가 더욱 강조되는 미국 비즈니스

성격이 급한 한인 이민자들은 어떻게 하면 많은 돈을 빨리 벌 수 있는가를 추구한다. 특히 한국에서 갓 이민 온 사람들은 한탕주의를 모색한다. 돈을 버는 비법에 대한 책들을 섭렵하지만 일반적으로 돈을 버는 비법은 없다. 물질을 모으는 천부적인 재능을 가진 소수를 제외하고는 대부분 땀과 근면의 대가이다. 하지만 좋은 정보를 접한다면 문제는 다르다.

1. 실패는 성공의 어머니, 실패를 기회로 삼아라

누구나 실패를 싫어하고 성공하기를 좋아한다. 하지만 실패 없는 성공이 없다는 것을 명심해야 한다. 오늘날 세계에서 가장 많이 판매되는 아스피린도 원래 염료로 개발됐다가 실패한 제품을 활용해 만들어졌다. 가장 흔한 문구인 포스트잇Post It도 당초 접착제로 개발되었다가 접착력이 약해 실패했지만 한 직원이 기발한 아이디어를 제공하면서 대성공 제품이 되었다. 실패의 책임추궁만 하기보다는 창조적인 성공의 발판으로 삼을 수 있도록 낙심하지 않고 도전하는 자세가 중요하다.

2. 실패에 대한 철저한 원인규명이 있어야 한다

대부분 실패하면 책임추궁부터 시작하지만 원인규명이 중요하다. 실패한 원인이 철저히 분석되면 이것이 성공을 위한 초석이 된다. 누구나 성공이란 단어를 좋아하고 실패란 단어는 싫어한다. 하지만 성공 신화 뒤에는 반드시 실패의 교훈이 있다.

왜 실패했는지에 대한 철저한 원인규명이 이루어지면 이미 50%는 성공한 것이다. 성공은 실패를 밑거름으로 해서 만들어지는 것이다. 실패의 철저한 원인규명이 이루어질 때, 더 이상 좌절과 방해물이 아닌 오히려 기업을 성공으로 인도하는 창조적 실패가 되며, 기업의 소중한 자산이 된다.

3. 비즈니스를 계속 실패하는 사람들을 위한 조언

연속적으로 실패하는 사람들은 대개 비즈니스 감각이 약해서 그런 것이다. 이런 사람들은 실은 비즈니스를 하면 안 된다. 하지만 자신의 적성에 맞는 비즈니스를 운영하면 성공할 확률이 높아진다. 먼저 사업가로서 자신의 적성을 검토해보자. 그런 점검을 통해 비즈니스에 관한 자신의 장점이나 단점들이 드러날 것이다. 단점은 보완하고 장점을 살리면 다음 비즈니스에서 성공할 수 있다.

일반적으로 성격이 소극적이고 대인관계가 약한 사람들은 제조업이나 도매업 분야가 맞지 않는다. 소매업과 달리 제조업이나 도매업은 많은 사람들을 만나 정보를 교환하고, 또한 과감한 돌진이 필요할 때가 많이 있는데, 체질상 맞지 않기 때문이다. 반대로 성격이 적극적이고 개척정신과 모험심이 강한 사람들은 소매업보다는 제조업이나 도매업 분야가 더 적성에 맞는다. 이런 사람들은 기본적인 정보만 알고 있으면 도매업이나 제조업을 잘 운영할 체질이다.

성격이 꼼꼼하고 큰일보다는 사소한 일에 관심을 두는 사람들은 샌드위치나 주스 바, 또는 꽃집이 적성에 맞는다. 그런 곳들은 하나하나 신경을 쓰면서 성실하게 장사하면 성공할 수 있다.

4. 미국에 거주하는 가족의 성공담은?

미국을 방문하여 오랜만에 가족들이나 친구들을 만나다보면 자연히 미국에 와서 어떻게 성공했는지 성공담을 듣게 된다. 미국 생활을 이해하고 깨닫게 되는 좋은 시간이다. 그들의 성공한 모습을 보면서 나도 그렇게 될 것이라는 자신감과 포부가 들어온다. 그것 자체만으로는 잘못된 것이 없다.

하지만 많은 경우 오래 전에 정착했던 사람들은 급격히 변하는 미국 사회를 이해하지 못하고 전통적인 방법만 제시한다. 다시 말해 마켓을 운영하는 친척들은 마켓을 해야만 영어의 어려움 없이 쉽게 돈을 번다고 말한다. 세탁소를 운영하는 친척은 세탁소를 운영해야만 주말

시간을 가족과 보내면서 주일날 교회를 갈 수 있다고 권한다. 샌드위치 숍을 운영하는 사람은 음식장사가 불경기를 타지 않고 안정된 사업이라고 하며, 풀장 청소를 하는 사람은 종업원 안 쓰고 소자본으로 속 편하게 혼자 하기에는 풀장 청소가 제일이라고 한다. 그래서 그런지 한인 이민자들의 비즈니스는 마켓, 음식점, 세탁소와 옷가게 같은 것에만 몰려 있다. 하지만 가족이나 친척의 성공담을 나에게 적용시키기에는 문제점들이 몇 가지 있다.

● 성공담은 이제 옛말이다

2008년 말 현재, 형제 초청의 경우는 이민 신청에서 비자를 받기까지 약 14~15년이 걸리고, 이민 와서 시민권을 받기까지 최소한 5년이다. 그러므로 초청한 형제가 미국에 온 시기와 초청자가 미국에 도착하는 시기는 최소한 15~20년의 시차가 있다. 미국에 먼저 와서 거주하는 형제의 성공담은 옛날 얘기이고, 15~20년 전에 성공한 경험이나 방법은 이제 더 이상 통하지 않는다. 시간이 지나 구태의연한 정보는 더 이상 필요치 않은 시대가 되었다. 맨주먹으로 이민 와서 힘들게 일하면서 성공했던 추억은 이제 적용될 수가 없다.

● 권리금은 오르고 동종업체의 경쟁으로 이윤은 내려갔다

현재 한인 비즈니스 환경은 30년 전과 엄청나게 변했다. 남가주 지역의 한인 상권이 10배 이상으로 확장되었다. 20년 전만 해도 어바인 지역에 한인 사업체들은 몇 개 없었지만 지금은 수백 개나 몰려 있다. 순두부만 전문으로 하는 음식점들만 해도 5개 업체이다 보니 동종업체 간의 경쟁도 심하다. 그리고 거의 모든 비즈니스 권리금이 20년 전

보다는 두 배 이상 뛰었다.

권리금만 오른 것이 아니다. 동종업체 간의 경쟁이 심해졌다. 이런 어려운 상황 속에서 초청한 미국의 가족은 자신이 지금 하고 있는 분야밖에 모른다. 새로운 아이디어나 사업체의 필요성에 대해 둔감하니 좋은 정보를 제공해줄 수 없다.

● 새로운 개념의 차별화된 업체들이 많이 생겼다

30년 전에는 오렌지카운티에 한국 제과점이 없었다. 25년 전에 한국 제과점이 처음 들어선 이래 지금은 20개 정도의 한국 제과점이 있다. 또한 10년 전부터 대형 한인 마켓을 끼고 하나둘 들어서던 카페식의 한국 전통찻집이 이제는 곳곳에 성행하고 있다. 이곳에는 한국의 다방과 같은 만남의 장소가 없는 관계로 한국에서 수입한 찻집이 인기를 더해간다. 특히 각종 과일들과 얼음을 갈아 만든 빙수제품은 인기가 좋아 다른 아시아인들도 즐겨 찾는 메뉴가 되었다.

이렇게 한인을 상대로 한 사업체들은 지난 30년간 급성장과 변화를 거쳐 왔지만, 미국인을 상대로 한인들이 운영하는 사업체들은 큰 변화 없이 완만한 성장세를 유지해왔다. 하지만 지나친 과열경쟁으로 가발 사업은 오래 전에 사양 사업으로 전락했고, 옷가게는 구조조정을 거쳐 다시 완만하게 성장하는 추세이다. 이제는 미국에 거주하는 가족들의 옛 성공담에 기댈 것이 아니라 달라진 환경에 맞는 비즈니스를 연구하고 새롭게 창출해가는 것이 새로 이민을 오는 한인들에게 필요한 준비와 자세인 것이다.

03 | 사업체 탐방 기록서

체계적인 비즈니스 학습을 위해 다음 표를 활용해서 각 사업체의 중요한 10가지 체크포인트를 점검해보자. 비즈니스 학습을 위해 방문하는 각 사업체마다 한 장의 노트에 일목요연하게 정리한다. 우선 상호를 첫줄에 기입하고, 다음 줄에는 주소, 그 밑으로 부동산과 셀러의 전화번호를 적는다. 한 업체마다 한 장씩 따로 적는 것이 좋다.

1. 사업체 탐방기록서 설명

사업체 이름과 주소를 적고, 부동산 에이전트의 전화번호와 셀러의 전화번호를 받아 기록한다. 셀러의 전화번호는 물어보기보다는 사업체에 있는 명함을 달라고 하거나, 명함철에 들어있는 사업체 명함을 가져도 된다. 그리고 셀러나 부동산 에이전트가 주장하는 사업체 정보들을 셀러/에이전트 입장이라고 쓴 줄에다 ❶부터 ❿까지 항목별로 간단하게 적는다. 다음은 기록하는 요령이다.

- (A)줄을 살펴보자. 먼저, 권리금을 셀러나 부동산 에이전트가 주장하는 대로 ❶에 적는다. 바이어의 입장에서는 아직 사업체를 모르기 때문에 일단 셀러 쪽에서 원하는 아직 조정하지 않은 금액을 적는다. 예를 들면 세탁소를 보는데 300K(K=1,000)라고 셀러 쪽에서 말한 권리금을 기록한다.
- 리스/임대 항목 오른쪽에 3/5, 3,400이라고 적혀 있는데 3은 현재의 리스가 3년 남은 것이고, 두 번째 숫자 5는 5년 옵션, 3,400은 현재의 임대료를 말한다.

DBA(상호): _____

Address(주소): _____

Tel(전화번호): 에이전트: _____ 셀러: _____

조사항목	(A) 셀러/ 에이전트	(B) 조정 항목	(C) 바이어	(D) 비교/ 점검
❶ 권리금	300K	-----	-----	-----
❷ 리스/임대	3/5, 3,400	3/5, +50	-----	주인이 까다로움
❸ 매출	23K	−1,000	22,000	계절적 변동?
❹ 주요 경비	15K	+500	15,500	-----
❺ 순이익/ 마진	8K	−1.5K	6,500	-----
❻ 장비와 시설	내부시설은 나쁨 기계 3년 된 새 것	-----	-----	-----
❼ 운영	부부가 F, 4종	남편 F 아내 P 종업원 4.5	-----	-----
❽ 경쟁	길 건너 1, 1마일 2	-----	-----	-----
❾ 지역/위치	백인 중산, 코너	-----	-----	-----
❿ 전망	좋다	-----	-----	-----

Comments: _____

_____

- 매출 23K라고 쓴 것은 셀러가 주장하는 월매출이 23,000불임을 말한다.
- 주요 경비난에 셀러나 에이전트가 주장하는 총 경비 15,000불을 적는다. 종종 이 경비는 에이전트가 갖고 있는 리스팅 정보란에 들어가 있다. 즉 고객들을 위해 에이전트가 셀러에게 받은 사업체의 매출과 주요 경비가 적혀 있는 한 장의 서류를 말한다. 이 용지는 대부분 에이전트가 만들어 사업체를 탐사하는 예비 바이어들에게 주게 되어 있다. 셀러나 에이전트가 말하는 금액이나 용지에 적혀 있는 총 경비를 적으면 된다.
- 월 총매출에서 총경비를 공제한 후 남는 순이익을 적는다. 이것도 셀러나 에이전트가 정보를 주는 대로 적으면 된다.
- 장비와 시설 및 내부 장식에 관하여 간단한 언급을 한다. 세탁소에서 가장 중요한 장비는 옷을 빠는 기계과 옷을 다리는 장비들이다. 장비들의 해당연수(3년)를 간단히 메모하고, 내부 장식은 지저분해서 나쁘면 손을 봐야 함, 또는 나쁘다고 메모하면 된다.
- 운영에 관한 것이다. 부부가 풀타임으로 일하면 F로 약자를 쓰고, 종업원들의 숫자를 쓰면 된다. 종업원 비용이 한 달에 얼마 나가는지를 질문해 운영난에 적으면 좋다.
- 경쟁업체에 관한 것을 간단히 적는다. 건너편 쇼핑센터에 경쟁 세탁업체가 하나 있고, 약 1마일 내에 다른 2개의 세탁소가 있으면 그 내용을 간단히 메모한다.
- 세탁소가 있는 지역을 쓰고 위치를 메모할 것. 즉 백인 중산층 지역인지 백인 상류층 지역인지를 쓰고, 세탁소가 쇼핑센터의 어느 위치에 있는지를 메모한다.

● 셀러가 느끼는 전망을 쓴다. 전망이 좋으면 좋다고 메모하면 된다.

마지막으로, Comments 줄에는 사업체를 학습하고 난 후에 자신이 느낀 장점 및 단점을 쓰고, 앞으로 조사해야 할 중요사항들이 있으면 적고, 소감도 간단히 메모한다.

그리고 (B), (C), (D)는 (A)의 결과가 좋은 경우에만 적으면 된다. 즉 (A)줄에 있는 항목별 ❶부터 ❿까지의 사항들을 점검해봤더니 괜찮은 것 같아 조사해야 하는 경우를 말한다. 그러나 (A)줄에 있는 10개의 항목을 보니 사업체의 내용이 형편없어 다른 사업체를 찾아봐야 할 경우는 (B), (C), (D)줄의 내용은 필요 없다.

만일 (A)줄의 10개 항목을 다 기입하고 보니 사업체가 매출에 비해 권리금도 저렴하고 구입할 의사가 있으면 사업체를 좀 더 자세히 알아봐야 한다. 이럴 경우 조사가 진행됨에 따라 (B)의 조정항목들을 기입하면 된다.

(B)줄에는 위에서 아래로 조사와 확인을 통해 조정되는 정보들을 기입하면 된다. 예를 들어 매출 장부를 보니까 실제 매출은 23,000불이 아니고 22,000불이었으면 −1,000을 조정항목에 기입하는데, (C)줄의 ❸에 22,000(23,000−1,000)이라고 적으면 된다.

또한 주요경비를 조사해 보니까 셀러가 언급하지 않았던 경비가 나타나서 원래 셀러가 주장했던 (A)칸의 주요경비 15,000불이 실제로는 15,500불로 늘어난 경우는 (B)줄에 주요경비를 찾아 늘어난 경비 +500을 조정해주면 실제 총 경비는 15,500(15,000+500)불로 늘어난다. 이럴 경우 총매출은 1,000불 줄어들고, 총 경비는 500불이 늘어나 반대로 순수입은 총 1,500불이 줄어들어 순이익이 결국 6,500(8,000−1,500)불로 줄어들었다.

(D)줄에는 ❶부터 ❿까지 10개 점검사항 중 더 조사해야 할 항목이라든지 검토해야 할 것들이 있으면 그런 내용을 메모해놓는 곳이다. 예를 들어 ❸의 매출에 관하여 계절적인 격차를 조사해봐야겠으면 그런 내용을 메모하고 나중에 조사한다.

2. 사업체 탐방기록서의 중요성

사업체 탐방기록서를 작성하려면 처음에는 다소 어색하고 시간도 많이 걸리는 데다 미처 물어보지 못한 항목도 발생한다. 하지만 미비한 사항은 나중에 전화로 물어보면 되니까, 반드시 셀러와 부동산 에이전트 전화번호를 기록해놓아야 한다.

그렇다면 애써 사업체 탐방기록서를 작성하는 이유는 무엇인가?

첫째, 10개 중요 점검사항을 정리해놓으면 사업체와 사업체 간의 비교는 물론 어떤 사업체가 더 좋은 조건인지를 쉽게 구분할 수 있다. 즉 사업체의 비교분석이 아주 간편해진다. 예를 들어 A세탁소는 권리금이 250,000불인데 매출이 19,000불에 순수입이 7,000불이고, B세탁소는 300,000불의 권리금에 매출이 23,000불인데 임대료가 다소 비싸지만 순수입은 8,000불이라고 할 경우 A세탁소와 B세탁소 중 어떤 세탁소가 더 좋은 매물인지가 금방 판단이 안 선다. 만일 C세탁소는 권리금이 350,000불이며 매출이 23,000불인데 임대료가 다소 저렴해서 순수입이 9,000불이라고 하면 더 복잡해진다.

실제로 세탁소를 구입하려는 사람들은 최소한 몇 십 개의 세탁소 매물을 살펴본다. 그러나 대부분의 바이어들은 사업체를 본 후 간단히 메모만 하고, 다른 사업체들을 탐방한다. 그리고 다른 사업체에 가서도 몇 가지 중요사항들만 메모하거나 머리로 기억하고는 지나친다. 그렇다보니 동종의 많은 사업체를 보면 볼수록 혼동된다는 사람들이 나오는 것이다. 매물로 나온 사업체 탐방시 중요한 것은 위에 언급한 대로 10개 체크포인트에 맞춰 중요한 사항들을 점검하고, 또한 기록 분석하면서 학습하는 것이다.

둘째, 동종의 다른 사업체들을 방문해 10개 체크포인트를 기준으로 분석하기 때문에 큰 실수 없이 많은 사업체들을 빨리 분석할 수 있다. 즉 다른 사항들은 무시하고 10개의 체크포인트만 점검해도 아주 좋은 매물을 고를 수 있다. 또한 하자가 있는 사업체들은 10개의 체크포인트를 점검하는 동안 문제가 무엇인지 일목요연하게 밝혀진다.

셋째, 동종의 사업체들을 분석할 때 매출에 따른 권리금과 순수입 관계가 명확해지기 때문에 거품이 들어있는 사업체가 어느 사업체인지를 쉽게 구분할 수 있다. 보통 권리금과 매출, 순수입의 관계는 대부분 정비례하는데 이런 분석이 빨라지고 정확해지므로 셀러와 가격 협상을 할 때도 유리한 위치에서 협상함으로써 거품을 제거하고 좋은 가격에 사업체를 구입할 수 있다.

넷째, 좋은 매물이 나오면 바로 몇 시간 만에 파악할 수 있다. 즉 10개 체크포인트 별로 체계화된 점검을 했기 때문에 처음 보더라도 좋은 매물인지를 신속 정확히 파악한다. 따라서 좋은 조건과 가격으로 신속하게 오퍼를 쓸 수 있다.

보통 한인들도 그렇고 대부분의 비즈니스 매물들이 매상은 다소 거품이 있고 운영 경비는 임대료, 종업원 비용, 보험 및 한두 가지 중요한 것들만 대충 기입해서 대부분 축소시키는 경향이 있다. 다시 말해 매상은 다소 증가시키고 운영 경비는 실제 경비보다 적게 말하니까 실제 순이익은 큰 차이가 벌어진다.

3. 사업체 탐방은 빠른 기간에 집중적으로 할수록 좋다

미국에 도착하자마자 하루 스케줄을 짜놓고 피곤해도 아침부터 저녁까지 부동산 에이전트나 판매자들을 만난다. 운전을 못한다고 핑계대지 말고 버스를 타거나 아니면 친지들의 도움을 빌어서라도 비즈니스 현장을 체험한다. 그리고 위와 같이 각 사업체마다 10개 체크포인트를 비교 분석해보면 어떤 사업체가 좋은 조건의 사업체인지를 금방 파악할 수 있다. 미국에서는 부동산 사무실까지만 가면 부동산 에이전트가 친절하게 각 지역을 다니면서 각종 사업체들을 소개해주는데, 돈으로 살 수 없는 귀한 경험들을 체험할 수 있다. 또한 친척이나 친구들이 운영하는 사업체에 가서 직접 파트타임이나 풀타임 종업원으로 몇주일 체험해보는 것도 큰 도움이 된다. 사업체들을 집중적으로 보지않고 시간이 있을 때에만 여유있게 보는 것은 금물이다. 그 이유는 사업체를 분석하는 능력이 향상되지 않고 분산되어 어떤 사업체들이 좋은 사업체인지 금방 판단하는 판단감각이 약해지기 때문이다.

4. 1일 탐방 스케줄을 부동산 에이전트와 상담하라

세탁소를 구입하는데 관심이 있으면 신문(미국 전역에 미주 중앙일보와 한국일보가 있음)을 통해, 또는 친구나 친척의 도움을 빌어 그 지역에 매물로 나온 세탁소들을 살펴본다. 투자금이 150,000불이면 100,000~250,000불까지의 세탁소들을 봐야 한다. 부동산 에이전트에게 150,000불 세탁소만 보겠다고 해서는 안 된다. 사업체는 은행융자도 할 수 있고, 또한 오너 캐리owner carry(주인이 구매자에게 개인적으로 판매를 촉진하기 위해서 판매대금의 일부를 융자해주는 경우)도 있기 때문에 다양한 세탁소들을 살펴봐야 한다. 남가주 지역은 최소한 수십 개의 리스팅이 나와 있다. 우선 부동산 에이전트를 통해 지역별로 시간표를 짜면 하루에 10개 정도까지 볼 수 있으니, 며칠 동안에 30~40개의 리스트를 볼 수 있다.

5. 탐방기록을 잘 정리해야 한다

사업체 리스트를 갖고 있는 에이전트들은 대부분 그 사업체의 총수입과 임대료, 그리고 주요 경비에 관한 재정기록을 정리한 서류가 있다. 만일 에이전트가 프린트된 사업체 수익과 경비기록이 없더라도 임대와 리스 관계를 반드시 물어 노트에 기록으로 남긴다. 사업체 이름과 주소, 매출 및 임대와 리스 조건을 기록한 후 반드시 사업체가 위치한 장소를 간단히 설명해 놓는다. 그리고 에이전트나 주인이 말하는 월 순수입을 꼭 기록해서 한 페이지로 정리한다. 사업체마다 이렇게 기록하다 보면 자신도 모르는 사이에 중요 정보를 비교분석하게 되면서 사업체의 운영 및 전망을 신속히 판단할 수 있는 능력이 향상된다.

탐방기록은 꼭 탐방기록서를 갖고 다니거나 노트를 갖고 다니면서 잘 정돈해 놓아야 한다. 잘 정돈할수록 사업체를 분석하는 능력이 향상된다. 조그만 종이쪽지에다 메모 식으로 몇 자 적었다가 버리는 식으로 탐방기록을 소홀히 하는 사람은 결코 성공할 수 없다. 한 사업체를 방문할 때마다 이곳이 바로 이민정착의 성공이 달려 있는 중요한 현장학습장임을 명심하여 위에서 언급한 대로 기록과 정돈을 잘 해야한다.

04 │ 자신의 재능을 무시하지 말 것

많은 한인들이 이민이라는 특수상황에서 자신의 경험과 소질을 무시한 채 사업체를 물색한다. 물론 전혀 다른 나라이기 때문에 자신의 능력과 재능을 고려한 사업체를 찾는 것이 어려울 수도 있겠지만, 개인의 소질과 역량을 무시해서는 안 된다. 한약도 체질에 따라 처방이 다르다고 하는데, 비즈니스도 개인의 재능과 체질에 따라 달라지는 것이 좋다. 자신의 재능과 사업체의 성격이 맞을 때 엄청난 시너지 효과를 거둘 수 있기 때문이다.

a. 사자형 – 매일 꼼꼼하게 일하는 스타일이 아니라 한탕 하고 쉬는 형이다. 큰 투자나 성공을 계획하고, 남이 크게 성공한 것이 있으면 나도 할 수 있다고 계획하고 준비하는 형이다. 각종 제조업과 부동산 투자, 디벨로퍼, 벤처, 무역 계통, 주식 중개인을 추천한다.
b. 개형 – 직장생활을 충실히 하고, 상사의 지시에 순종한다. 장래보다는 하루하루의 일과에 열심이므로 업체 운영시간이 길어도

불평하지 않는다. 주로 소매업에 적당하며, 보험 중개인과 같은 직장생활도 잘 적응할 스타일이다. 세탁소, 음식점, 리커 스토어를 추천한다.

c. 황소형 - 자신의 사업체를 운영하며 육체적으로 힘들어도 묵묵히 지속적으로 일하는 사람으로, 가드닝gardening, 정원 공사 landscaping, 리모델링, 수영장과 사무실 청소를 추천한다.

d. 양형 - 성격이 소극적이고 얌전한 사람들로 미국인 상대보다는 한인 상대의 사업체에 적당하다. 샌드위치 숍, 세탁소, 커피 숍, 보험 중개인, 회계사를 추천한다.

e. 배짱이형 - 각종 서비스업에 종사하는 사람으로 정기적으로 일하기 싫어한다. 한국도 그렇지만 미국에서 이런 사람들은 적응하기 어렵다. 매일 규칙적으로 일할 수 있는 직장이나 사업체를 찾아야 한다. 관광업, 여행 가이드, 융자 전문가, 부동산 중개인, 각종 연예계 사업을 추천한다.

05 | 어떤 사업체를 구입할 것인가?

1. 적성에 맞는 것이나 좋아하는 사업체를 연구하라

자신의 적성에 맞는 사업체를 운영한다면 그보다 복된 사람은 없다. 하지만 자신이 좋아하고 적성에 맞는 사업체를 구하기가 힘들다보니 다들 남들이 하는 손쉬운 일에 뛰어든다.

조사기관에 따라 통계가 일정치 않지만 2008년 미국에 약 1,600만 개의 사업체들이 있는 것으로 조사되었다. 이 중 한인들이 주로 종사하는 사업체들은 100개가 못되고, 주로 50여 가지의 사업체에 집중되어 있는 편이다. 자신의 재능과 관심 분야를 절대 무시하지 말라.

2. 자신의 재정계획에 맞는 사업체를 찾아라

목표가 확실하면 사업체 찾는 것은 그다지 어려운 일이 아니다. 몇 가지 사업체로 한정되기 때문이다. 돈을 많이 벌기 원하는 사람들이 있는가 하면, 돈보다는 취미생활이나 신앙생활에 충실하기를 원하는 사람들이 있다. 무엇보다 가족과 상의하여 가족의 필요와 아이교육에 기준하여 사업을 선정해야 한다. 특히 초등학교나 중학교 아이들이 있는 사람들은 어릴 때 아이들과 함께 많은 시간을 보내는 것이 재물을 모으는 것보다 훨씬 소중한 것임을 명심해야 한다.

3. 전망이 있는 사업체를 찾아라

성공한 모델이 있으면 철저하게 분석한 후에 모방하는 것이 중요하다. 성공한 사업체들은 우연히 성공한 것이 아니다. 요즘과 같은 경쟁시대에서 성공한 모델은 성공할 만한 사업체의 전망이 있었기 때문이다. 성공한 모델을 찾아서 특별히 수익성을 잘 분석한 후에 접목시키면 성공은 거의 확실하다. 수익성을 포함한 회계자료는 사업가에게 가장 중요한 능력 중의 하나이다. 회계를 모르면 경영자가 될 수 없다. 최소한의 회계자료를 분석할 수 있는 능력을 배양해야 한다.

아무래도 노동력 중심의 사업체보다는 창조적인 상상력을 키워 아이디어로 돈을 버는 사업이 유망하다. 많은 자본이 없어도 아이디어가 좋으면 도전해볼 수 있는 사업체들이 많다. 한인들이 쉽게 할 수 있는 요즘 한창 떠오르는 사업체로는 주스 바, 차별화된 요구르트 숍, 스시 전문점, 게임 숍 등이 있다.

주스 바에는 건강을 염려한 백인들과 중고등학교 여학생들이 몰리고 있다. 권리금은 비싼 편이지만 운영하기가 쉬워 성행하고 있다. 대부분 프랜차이즈이지만 아직 초창기이기 때문에 프랜차이즈를 받기도 쉽고, 이민 초년생들도 쉽게 운영할 수 있을 정도로 복잡하지 않다.

요즘 한인이 새로 개발한 요구르트 전문점 〈Cherry on top〉이 아시아인들은 물론이고 미국인들에게도 인기이다. 차별화된 요구르트와 새로운 맛으로 개발된 아이스크림들이기에 잘 팔린다. 손님들이 자신의 취향에 따라 요구르트의 종류와 토핑topping을 첨부해서 먹을 수 있는 편리함이 있기 때문이다.

건강식을 찾는 미국인들에게 스시롤sushi roll 집이 성행하고 있다. 대부분 10불 미만의 저렴한 메뉴로 구성되어 있는데, 백인들은 물론 인종에 상관없이 좋아해서 지역과 장소만 웬만하면 주말에 자리가 없을 정도이다. 하지만 한인들끼리 치열한 경쟁으로 웬만한 지역에는 다 들어가 있어 포화상태이다. 자리만 잘 잡으면 앞으로도 좋은 사업체로 전망이 있다.

컴퓨터 게임은 아주 다양해지고 많은 새로운 게임이 개발됨에 따라 가정마다 야단이다. 상당히 비싼 편이지만 아이들이 조르면 안 사줄 도리가 없을 정도로 인기이다. 몇 개의 게임 숍들이 독점하다시피 운영하는데 어떻게 기존시장을 뚫고 들어가느냐 하는 것이 관건이다. 새로운 게임이 많이 나오므로 중고 게임을 잘 구입하면서 게임 숍을 운영하면 승산이 있다.

4. 창업기회도 살펴라

한인들이 대규모로 밀집해 있는 대도시 지역에서 뜨는 사업체들을 갖고 다른 주나 외곽지대로 나가서 기존업체의 지점을 내거나 유사업종을 창업하면 성공할 확률이 높아진다. 그 이유는 이미 검증된 제품을 창업하면 승산이 매우 높기 때문이다. 그리고 미국에서도 한국 음식점들이 여러 모양으로 번창하고 있는데, 한국에서 인기 있는 음식점들을 그대로 도입해도 되고, 아니면 다소 변형해서 이곳에서 선을 보여도 좋다. 새로운 개념과 기존의 메뉴를 약간 변형시킨 차별화된 메뉴로 새로운 음식점 문화를 창출할 수 있다. 예를 들면 Noodle.com같은 국수전문점을 연구해서 각종 국수를 활용한 요리를 판매하는 것도 좋다.

5. 사업체 종류의 윤곽이 드러나면 도매업을 살펴라

미용재료에 관심이 있으면 소매업에 물건을 공급해주는 업체들을 탐방해보라. 도매업을 탐방하면 소매업보다 높은 단계의 좋은 정보를 접할 수 있다. 수직관계에 있는 관련 업체를 살피면서 정보를 확충한다.

옷가게 소매업을 하고 싶으면 일단 의류 도매업이나 제조업체들을 탐방하여 시장 전망을 살펴라. 살아있는 정보들을 접한다. 또한 큰 백화점들을 돌아다니면서 지역 몰Regional Mall 안에 있는 유명 체인점들의 영업 상태를 살펴라. 가장 매출이 높은 날은 토요일이다. 토요일에 백화점 매장과 유명한 체인점들의 손님만 살펴봐도 고객들의 취향과 어떤 스타일의 옷들이 잘 팔리는지 알 수 있다.

의류 무역 쇼apparel trade show에 참석하면 의류제품의 세계 동향과 디자인 및 재료에 관한 전반적인 정보를 한 곳에서 얻을 수 있다. 남가주에서는 가까운 라스베이거스Las Vegas에서 각종 무역박람회가 자주 열린다. 1~2일의 숙박료와 입장료(30~50불)만 준비하고, 열정만 있으면 된다.

요구르트 숍을 하고 싶으면 매물로 나온 요구르트 숍만 살펴볼 것이 아니라 재료를 공급하는 도매업들이 몰려 있는 LA의 버논City of Vernon을 방문하라. 요구르트 시장에 관한 폭넓고 전반적인 정보들을 빠른 시간에 탐색할 수 있다. 또한 요구르트 제품이나 아이스크림 제품들을 모아놓고 전시회를 하는 트레이드 쇼에 참석하면 새로운 프랜차이즈와 업계 최신 동향을 한눈에 살펴볼 수 있다.

전자제품을 판매하는 소매업에 종사하고 싶으면 전자제품 쇼에 가보라. LA, 뉴욕, 라스베이거스, 시카고, 휴스턴 등 주요 대도시를 중심으로 분기별로 열리는데, 이런 전자 쇼에 참석함으로써 전자업계의 동향을 쉽게 학습할 수 있다.

6. 사업체의 10년 후를 예상하라

이민 초기에 사업체를 구입하면 평생 동안 그 사업체만 운영할 것 같지만 여러 이유로 7~8년에 한 번씩은 사업체를 바꾸는 이민자들이 대부분이다. 그때마다 새로운 사업체를 찾는다는 것은 매우 피곤한 일이다. 사업체를 택할 때는 현재의 모습만 보지 말고 10년 후를 생각해 보는 습관을 가져야 한다. 이민 환경이 급변하고, 새로운 사업 분야가 수시로 창업되고 있다. 우선 먹고 사는 것이 급하지만 새로운 제품이나 서비스를 통한 사업군의 앞을 내다볼 수 있는 능력이 있어야 한다.

06 | 사업체 구입의 우선순위

이민 초년생들은 이해가 잘 안되겠지만 다음과 같은 우선순위를 갖고 사업체를 구입해야 한다. 사업체의 규모가 아주 작거나 벼룩시장같이 권리금이 거의 없는 특수형태의 사업체들은 예외지만 사업체의 규모가 크면 클수록 다음 사항들을 준수하여 구입해야 나중에 판매 시에도 문제가 없다. 매출이 좋은 사업체를 저렴한 권리금을 주고 구입했다고 해서 좋은 사업체를 구입한 것은 아니다. 사업체의 매출이나 순수입보다 중요한 것은 리스와 사업체의 전망 등이다. 특별히 앞으로 몇 년간 불경기가 예상되는 가운데 우선순위를 잘 지켜 사업체를 구입하는 것이 지혜이다.

1. 리스는 사업체의 생명이다

리스 조건이 나쁘면 아무리 사업체의 수익이 좋고, 권리금이 싸도 구입해서는 안 된다. 이것은 시간을 갖고 협상 방법을 연구해야 하는 문제이다.

예를 들어 부동산 에이전트를 통해 세탁소를 봤는데, 매출이 15,000불인데 판매가격이 120,000불로 저렴하게 나왔다. 이 세탁소는 판매가격이 매출의 8배 밖에(120,000불/15,000불) 안되므로 보통 세탁소가 총매출의 10배 이상에 거래되는 것을 감안하면 아주 싸게 나온 것이다. 매장이 깨끗하고, 기계들도 새 것이다. 그런데 리스(5년 기간)가 거의 끝나가는 상황이고, 현재 임대료는 3,000불이다. 사업체 주인은 리스가 6개월 있으면 끝나기 때문에 빨리 싸게 인수한 후에 건물주와 다시 리스를 하면 한 달에 몇 백 달러밖에 올라가지 않기 때문에 아주 좋은 조건에 세탁소를 구입하는 것이라고 귀띔을 해준다.

● 연구 - 이 사업체는 서두르지 말고 시간을 갖고 리스 협상조건을 찾아야 한다. 세탁소의 특징은 매출에 기복이 없는 데다 토요일은 오후 일찍 닫고, 주일은 열지 않기 때문에 기계만 웬만하면 권리금이 거의 공식적으로 10배 이상이다. 그런데 왜 위의 세탁소는 싸게 매물로 나왔을까? 이유는 리스가 불안정하기 때문으로 추측된다. 통상적으로 사업체의 리스는 만료되기 6개월 전부터 다시 협상한다. 위의 사업체 주인은 아마 건물주와 임대료 협상이 제대로 이루어지지 않은 것 같다. 다시 말해 주인이 렌트비를 많이 올리겠다는 암시를 준 것이다. 그러므로 일단 싸게 내놓고 관심 있는 고객이 생기면 협상을 통해 탈출을 시도하려는 것이다. 현재 임대료가 3,000불이면 재계약시는 4,000불 이상도 쉽게 될 수 있다. 주인이 높은 임대료를 주장하니까 현재 사업체 주인이 재계약을 못하고 있는 상태에서 싸게 판매해보려는 매물이다. 이런 사업체들은 이번에 리스 협상이 제대로 된다고 해도 다음 5년이나 10년 뒤에 또 문제가 생길 수 있다. 그러므로 리스 협상시 단지 5년만을 생각해서는 안되고, 리스옵션에 관한 부분들을 잘 챙겨서 다소 경비가 들어가더라도 변호사의 도움을 받아 리스를 협상하는 것이 순서이고 현명한 절차이다. 가격이 싸다고 덥석 물었다간 시간과 돈과 에너지만 낭비하고 포기하게 된다.

● 협상 방법 - 오퍼를 하면서 새로운 리스를 중심으로 매매계약서를 작성한다. 즉 새로운 리스를 할 경우 현재 임대료에서 월 300

불 이상(기존 렌트비의 10%) 올라가지 않으며, 만일 새 리스의 임대료가 그것을 초과하면 계약을 취소하고, 계약시 보증금은 금방 환불한다는 조건을 제시하면 좋을 것 같다.

그리고 현재의 사업체 매출과 전망을 살펴본다. 현재 매출이 새 주인이 운영할 때 어느 정도 올라갈 수 있을 것인가와 주변의 환경이나 거주민 이동으로 인해 장래 매출에 어떤 영향을 줄 것인가를 예측해야 한다. 이를 제대로 파악하는 것은 쉽지 않지만 동종 사업체를 답사하다 보면 앞으로 얼마나 더 사업체 매출을 올려놓을 수 있는지를 알 수 있다.

2. 사업체의 전망이 매출보다 중요하다

사업체를 구입할 때는 반드시 몇 년 뒤에 다시 팔 것을 생각해야 한다. 즉 내가 앞으로 5년 정도 운영하다가 다시 팔 경우, 기존에 구입한 권리금보다 더 많은 금액을 받고 사업체를 판매하는데 어려움이 없어야 한다. 이것을 전망이라고 한다. 물론 운영이 안 되어 망해가는 사업체를 새로운 주인이 들어와 성공리에 매상을 올릴 수도 있지만, 거의 특수한 경우를 제외하고는 없다. 특히 사업체의 투자가 크면 클수록 다각적인 방면으로 연구해야 한다. 이민 초창기에는 첫 사업체에 평생 목숨 걸고 일할 것 같지만 몇 년 지나면 여러 이유로 다른 사업체로 전환하거나, 아니면 동종의 큰 사업체로 바꾼다. 이런 상황에서 판매하기 어려운 사업체를 붙잡고 있으면 아주 고역이다. 처음 사업체를 구입할 때부터 몇 년 뒤 사업체를 판매할 경우에 장래 바이어가 좋은 조건에 구입할 수 있는지를 예측해야 한다. 그러기 위해서는 사업체를 둘러싼 주변 환경이나 장기전망 등을 모색해봐야 한다.

예를 들어 백인 지역에서 아주 잘되는 세탁소를 봤다. 세탁소는 생긴 지 2년 밖에 안된 세련된 쇼핑센터에 위치해 있었고, 월 평균 매출이 39,000불이고, 판매가격은 600,000불이다. 임대료는 4,700불이며, 매장 규모는 2,200sqft이다. 리스도 4년 남아있고, 옵션으로 5년을 더 갖고 있었다. 기계도 물론 1년밖에 안된 새 것이다.

그런데 쇼핑센터는 큰길이 만나는 교차로의 제3코너에 위치해 있고, 제1코너는 빈 땅으로 남아있다. 주변지역은 중산층의 백인들이 계속 유입되고 있었고, 3코너에 다른 세탁소들이 없기 때문에 이 세탁소가 독점하면서 번창하고 있었다.

- **연구** – 이 사업체의 단기 전망은 좋지만 장기 전망은 그리 밝지 않다. 기존 주인은 사업체를 1년 전에 창업해 독점하면서 최고의 매출을 올리고 있다. 앞으로 1~2년은 매출이 더 올라갈 수도 있지만 이렇게 좋은 지역에서 혼자 독점하는 세탁소를 계속 그냥 놔두지 않을 것이다. 1~2년 사이에 경쟁업체가 길 건너 빈 땅에 들어오거나 가까운 개발지역에 들어서면 매출은 급감할 것이다. 새로 창업하면 고객을 확보하기 위해 할인정책과 가격경쟁을 할 것이 분명하므로 매출이 떨어지고, 순이익도 급락할 것이 뻔하다. 판매가격도 저렴한 편이 아니므로 이 사업체는 장기전망이 없다. 임대료가 4,700불이면 매출에 비해 저렴한 편이지만, 이것은 매출이 높기 때문이다. 그러므로 이 사업체는 한창 잘될 때의 권리금인 600,000불에 구입하면 안 된다. 몇 년 뒤에 팔려고 하면 매출이 떨어져 싸게 팔아야 하므로 몇 십만 달러의 손실을 볼

수 있는 위험 가능성이 높다. 그러므로 구입에 관심이 있으면 주인에게 전망 등을 설명하면서 상당한 가격인하를 시도해야 한다. 약 2,200sqft의 세탁소를 새롭게 차리려면 기계나 실내장식 등에 따라 다르겠지만 보통 200,000~250,000불 정도이다. 1년 운영해서 매상이 좋으므로 600,000불에 판매하는 것이다. 셀러는 1년 동안 잘 운영하고 최소한 300,000불 이상의 이윤을 챙기게 된다. 하지만 바이어 입장에서는 판매가격을 상당히 하향조정을 하려 하지만 셀러의 입장은 잘되는 업체이므로 판매가격의 인하가 현실적으로 어렵다. 그러므로 이런 사업체들은 재정적으로는 여유가 있지만 다소 사업체 장기안목이 약한 구매자들이 선호하여 구입하게 된다.

3. 매출 점검은 철저히

아무리 철저히 점검해도 속이려고 하면 도리가 없겠지만, 그래도 절차에 따라 조사하면 큰 실수는 하지 않는다. 리스 같은 다른 중요한 조건들에 하자가 없다면 실제 점검한 매상이 셀러가 주장한 것의 90%만 되면 잘된 것이다. 10년 전만 해도 대부분의 사업체들은 오퍼를 하고 바로 매출 점검을 했다. 그러나 요즘은 정식으로 계약체결을 하고, 에스크로를 연 후에 매출 점검을 하거나 아니면 사전에 매출 점검을 하고 에스크로를 여는 경우로 양분된다.

하지만 에스크로를 연 후에 매출 점검을 하면 바이어도 쉽게 계약체결을 무효화하기가 어려워진다. 그러므로 일단 오퍼가 받아들여지면 에스크로 전에 필요한 매출서류들을 점검한다. 점검할 서류들은 물건 구입 영수증, 1일 계산대 매상기록daily cash register tape, 판매 세금보고서 등을 보면서 윤곽을 잡는다. 실제적으로는 서류상으로 간단히 매상 점검을 한 후에 에스크로를 열고 매장에서의 매상 점검을 에스크로 기간에 하는 경우가 대부분이다.

서류를 보더라도 실제 매출을 정확히 알 수 없는 경우가 대다수이지만 대충 비슷하면 에스크로를 열고 일주일 동안 매장 점검을 통해 구체적인 매출을 점검한다.

이때 계절적인 매출변동도 염두에 두어야 한다. 여성용 옷가게는 성수기와 비수기의 매상이 200~300%까지 차이가 날 수 있다. 모텔이나 호텔도 장소와 지역에 따라 계절적으로 투숙객의 매상이 20~30% 정도 차이가 있다. 장난감이나 선물세트는 계절에 따른 매상 차이가 가장 큰 사업체 중 하나인데, 가장 바쁜 크리스마스의 한 달 매상이 연매상의 30~50% 이상을 차지하는 경우도 있다. 세탁소의 경우는 겨울철에 매상이 올라가는데 한가한 여름철과 비교해보면 약 20~30% 차이가 있다. 하지만 샌드위치 숍은 연중 매상 차이가 별로 없는 업종 중의 하나이다. 다만 고급 사무실이 집중되어 있는 곳에 위치한 샌드위치 숍의 경우, 여름 휴가철이 되면 많은 고객들이 휴가를 떠나 매상이 다소 줄어들 수도 있다.

4. 순이익 계산을 제대로 해야 한다

사업체를 팔고자 하는 사람은 흔히 매출은 부풀리고, 경비는 줄여 말한다. 그래서 실제 맡아 운영해보면 주인이나 부동산 에이전트가 말한 것보다 순이익이 상당히 적은 경우가 대부분이다. 그것은 주인이나 에이전트들은 사업체 지출경비 중 중요 경비만 언급할 뿐 자세한 경비 내역을 말하지 않기 때문이다. 그러므로 구매자는 셀러가 경비를 말해

주지 않았다고 불평할 것이 아니라 최소한 구입하려는 사업체 업종의 연관된 제반경비를 알고 있어야 하며, 사업체의 규모에 따라 셀러가 언급하지 않은 경비를 예상할 수 있어야 한다.

샌드위치 숍의 경우, 주인들은 샌드위치 재료비, 종업원 임금, 세일즈 택스, 전기와 전화비 등을 말한다. 그러나 실제로는 매달 장부를 정리해주는 회계사 비용(월 50~100불)과 보험(연 1,000불), 종업원 세금(전체 종업원 임금의 약 10%), 보안 시스템(월 30~50불) 같은 상당한 금액이 빠져 있다는 것을 알아야 한다. 예를 들면 파트타임 종업원 비용이 2,000불이라면 따로 고용주가 부담해야 할 종업원 임금 세금이 월 200불 정도 예상해야 한다. 또한 보험비용도 사업체에 따라 비즈니스 보험이 있는가 하면 종업원 상해보험까지 들어야 하는 경우가 있는데, 이런 식으로 한 가지씩 따지면 월 500불 정도는 경비가 축소되어 있다는 것을 예상해야 한다. 보안 시스템도 매달 납부하기보다는 분기별로 3개월에 한 번씩 내기 때문에 많은 셀러들이 경비로 계산해놓지 않는다. 그러므로 바이어는 회계사의 도움을 받아 어떤 경비들이 더 들어가는지를 예측해야 한다. 경비가 늘어난 만큼 순매출에서 추가로 지출해야 하기 때문에 주인이 말한 것보다 순이익이 10~20% 줄어든다는 것을 예상하면 안전하다.

그래도 한국 이민자들은 아랍계 이민자들보다 매출이나 경비에 대한 정보를 엉뚱하게 말하지는 않는다. 그들은 100~200%까지 매출을 부풀리기도 한다. 가급적 이민 초보자들은 특별한 경우를 제외하곤 아랍계 이민자들에게 사업체를 구입하지 않는 것이 현명하다.

5. 프랜차이즈는 열심히 일하는 것만으로 안 된다

이민 초년생들에게 프랜차이즈는 매출에 비해 권리금이 저렴해도 권하고 싶지 않다. 프랜차이즈 운영은 간단할 것 같지만 생각보다 어렵다. 프랜차이즈는 주인이 경비절감을 위해 경영방식을 마음대로 바꿀 수 없고, 단지 프랜차이즈 본사가 지시하는 대로 해야 하는 단점이 있다. 몇 년 뒤 프랜차이즈 사업체 판매시에도 본사의 허락에 의해 판매 가격이 정해지는 경우들이 있을 정도로 마음대로 사업체조차 양도할 수 없다. 그리고 프랜차이즈는 주로 종업원 운영방식이기 때문에 한국 이민 초년생들의 성실함을 살릴 수 없고, 종업원 관리도 만만치 않다. 최소 5년 이상의 미국 체험이 쌓인 후 시도하는 것이 좋다. 사업체 운영 경험이 풍부한 경우 보통 2~3개의 동종 프랜차이즈를 갖고 있으면서 주인은 각 업소를 방문하면서 돈과 종업원 임금관계만 점검하면 나머지 업무는 각 매니저들과 종업원들이 알아서 한다. 프랜차이즈를 구입한다는 것은 특정 장소에서 특정 조건하에 프랜차이즈 사업체를 운영할 수 있는 운영권만을 구입한 것이지 본사가 그 프랜차이즈의 소유권을 소유하고 있다는 것을 이민초보자들은 잘 이해하지 못한다.

6. 가정이란 우선순위를 무시하지 말라

사업체를 찾다보면 마음에 드는 사업체를 구하기가 쉽지 않다. 따라서 조급한 마음에 원래의 이민 목적과 타협하게 된다. 아이 교육을 위해 정착한 가정은 아이 교육을 우선으로 해야 한다. 사업체를 정할 때도 아무리 수익이 많고 좋아보여도 그 사업체가 아이 교육에 지장을 줄 것 같으면 과감히 포기하라. 원하는 사업체를 못 찾고 시간이 지나면 조급해질 수도 있지만 미국은 좋은 정보만 접하면 할 만한 사업체들이 널려 있다. 돈을 목표로 미국에 왔다 하더라도 의식주에 너무 신경 쓰지 말고 아이 교육에 전념해야 한다. 조급한 마음에 1~2년만 운영하고 전업해서 다른 사업을 한다고 타협하는 것은 달콤한 유혹일 뿐이다. 평생 리커 스토어에서 벗어나지 못하는 이웃들이 너무 많아 안타깝다.

07 | 배우자를 적극 활용하라

1. 아내가 소유한 능력이 미국에서는 중요하다

한국과 달리 미국에서는 아내의 비즈니스 내조가 절대적이라 해도 과언이 아니다. 처음 와서 영어를 배우고 미국 사회에 적응하는 것도 대부분 아내들이 남편보다 빠르다. 또한 남편들은 전문기술이 없는 한 쉽게 취업을 못하는 반면 아내들은 오라는 곳이 많다. 그리고 남편들은 외향적이고 즉흥적이어서 비즈니스 결정에 실수하기 쉽지만 아내들은 침착하게 사업체의 문제점을 꼼꼼히 살펴보기 때문에 남편이 보지 못한 문제를 분석하거나 해결하는데 큰 도움이 된다.

또한 미국에서는 대부분의 비즈니스를 부부가 같이 운영하기 때문에 중대한 결정도 아내와 상의해서 결정하는 것이 지혜이다. 혼자 결정하여 큰 실수를 저지른 남편들을 많이 보았다. 이민 초기에 비즈니스 의사 결정을 잘못하면 가족이 미국 사회에 정착할 소중한 자산이 금방 날아간다. 남편은 모든 결정을 아내와 상의해야 하며, 반대로 아내도 적극적으로 사업체의 중요 의사결정에 참여해야 한다.

2. 부부가 지혜를 합치면 성공확률은 2배

통계에 의하면 남편이 과거의 경험이나 경력을 바탕으로 새로운 사업체를 열었을 경우 성공할 확률이 34%이고, 아내의 경험과 경력을 바탕으로 새로운 사업체를 시작했을 때 성공할 확률이 14%라는 조사가 있다. 남편과 아내의 경험을 합쳐 새로운 사업을 시작했을 때 성공할 확률이 거의 50%에 육박한다는 것을 알 수 있다.

미국에서의 사업체 운영은 생각보다 복잡하고 많은 변수가 있다. 현지 사정도 제대로 모르는 이민 초년생이 혼자 수많은 변수들을 제대로 관리하기에는 아무래도 무리이다. 아내와 남편의 협력이 절대적으로 필요한 시대이다. 이민사회에서 부부금슬과 사업체 성공확률이 비례한다는 말은 공공연한 진리이다.

3. 세금 상으로도 부부가 유리하다

아내는 일하지 않고 남편 혼자 일하면 사회안전보장국에서 67세에 지급하는 은퇴연금을 남편 혼자만 받는다. 그러나 아내가 함께 일하면서 세금보고를 공동으로 하면 아내도 자영업자 세금self employment tax을 내게 된다. 세금을 더 많이 내는 것 같지만 67세가 되었을 때 받을 은퇴연금(SSA로 받음)이 아내가 일을 안 하고 기본적인 SSI를 받을 때보다 훨씬 많아지는 혜택을 누린다. 즉 아내도 함께 일하고 임금을 받는 것이 은퇴혜택에 유리하다.

● 사례 1 – 성격이 불 같이 급한 남편은 미국에 오자마자 세탁소를 구입했다. 게다가 경상도 사람 특유의 고집으로 아내는 세탁소 근처에 얼씬도 못하게 했다. 세탁소 문을 연 지 며칠이 지났는데,

손님이 청바지를 픽업해가면서 빨래를 제대로 안했다고 불평했다. 그는 처음에는 참았는데 계속해서 고객이 불평하니까 참지 못하고 가위를 들고 나와 그 청바지를 싹둑 잘라버렸다. 그리고 청바지 값을 고객에게 던지고 들어갔다.

세탁소에서 고객의 옷을 받고 내주는 카운터는 친절한 아내들이 해야 좋다. 세탁소는 서비스업이라서 남미계 종업원들이 열심히 일을 잘해도 종종 실수가 발생한다. 남편은 안에서 약품으로 스포팅spotting을 해야 하는데, 이런 기본적인 업무분담과 운영전략을 무시하고 무뚝뚝한 남편이 카운터에 있으니 장사가 될 리 없었다. 결국 세탁소는 헐값에 처분할 수밖에 없었고, 이민 초기 짧은 시간에 10만 달러를 날렸다.

● 사례 2 - 태권도장은 한인들뿐 아니라 미국인들을 상대로 번창하고 있다. 대부분의 태권도 사범은 남편이 한다. 태권도라는 것이 발차기와 운동연습만 해주는 것 같아 아내의 도움이 별반 필요치 않을 것 같지만 실상 태권도장은 아내의 도움이 절대적으로 필요하다. 유니폼을 구입하는 것이라든지 부모를 상대로 자상하게 질문이나 상담에 응해주어야 하는데, 이런 것은 사범의 역할이 아니고 아내의 몫이다.

요즘은 태권도 사업체에도 운동 자체보다는 운영의 중요성을 간파한 대부분의 사범들이 운동연습보다는 많은 세미나에 참석하는 모습을 보이고 있다. 수강료를 받는 방법도 1달씩 받는 것이 아니고, 12개월 또는 몇 년씩 장기 계약한 후에 할인판매해서 목돈을 챙긴다. 또한 급수 단계들도 전보다 훨씬 다양화되면서 이제는 운동보다 경영혁신에 의하여 돈을 버는 시대가 되었다. 이런 경영에 관한 제반 문제는 운동만 한 남편인 사범보다는 아내가 지혜롭게 부모님들을 설득하면서 적극적으로 해야 한다.

● 사례 3 – 별로 추천하고 싶지 않은 사업체이지만 한인들이 아직도 가장 많이 운영하는 것이 리커 스토어이다. 약간의 야채와 음식을 판매하는 동네 마켓인데, 주로 각종 술을 판매해서 매출을 올리는 소매업이다. 업무시간이 길고 권리금은 비싸지만 영어를 못해도 편하고 운영이 간편해서 한인들이 즐겨 운영하고 있다. 리커 스토어는 주중에 보통 하루 15시간, 그리고 주말에는 하루 17시간 정도를 오픈한다. 그러다 보니 남편이 천하장사라도 2~3년간 긴장해서 그렇게 일하고는 지쳐 나가떨어진다. 쉽게 종업원을 구할 수 있지만 현금장사라 종업원에게만 맡기고 주인은 가게 안의 창고에서 휴식을 취할 수도 없다. 따라서 리커 스토어 운영에는 아내의 도움이 절대적이다. 아내가 몇 시간 카운터를 맡아주는 동안 남편은 부족한 잠을 자고, 도매업체에 가서 구입해야 할 물품들도 챙길 수 있다. 사업체에서 일하고, 집에 가서는 아이들 공부를 챙기고 살림도 하는 슈퍼우먼 역할을 하는 아내에게 감사해야 한다.

오퍼

일반적으로 오퍼offer(사업체 구입 조건을 제시한 계약서로, 판매자와 구매자가 사인을 하면 법적 구속력을 갖는 서류가 된다)는 사업체 구입시 매매조건을 말한다.

사업체 구입시에는 넘어야 할 산들이 많은 것을 감안할 때 비즈니스 오퍼의 중요성은 아무리 강조해도 지나치지 않는다. 그런데 90%이상의 구매자들이 오퍼는 구입하는 가격만을 제시하는 것이라고 착각하고 있다. 다른 사항들도 충분히 매매가격 못지않게 중요하다.

유명한 사업가들은 오퍼를 잘 작성한다. 왜냐하면 오퍼에 따라 사업체 구입이 성사되느냐가 결정되기 때문이다. 따라서 오퍼를 잘 작성하는 요령을 배워야 한다. 오퍼 요령을 잘 알수록 유능한 사업가가 되는 것이다. 오퍼는 간단하지 않은데 대부분의 구매자들이 즉흥적으로 오퍼를 작성하고 계약서를 쓴다. 여기에서는 준비된 오퍼planned offer를 강조하고자 한다.

오퍼는 자신의 재정 능력과 투자 규모, 사업체의 성격에 따라 다르게 작성되어야 한다. 하지만 기본적인 오퍼의 골격offer outline은 변해서는 안 되고, 또한 생략되면 나중에 큰 문제를 야기한다. 비즈니스 거래에 있어 분쟁이 많고, 성사 확률이 부동산에 비해 30% 밖에 안 되는 이유는 바로 오퍼를 확실히 쓰지 않았기 때문이다. 또한 매매거래 중에 많은 갈등과 분쟁이 생기는 이유도 오퍼를 제대로 작성하지 않았기 때문이다. 어떤 오퍼이든 기본적으로 들어가야 할 중심 골격만 알고 있으면 언제 어디서 오퍼를 작성해도 준비된 오퍼가 된다.

대부분 처음에 오퍼를 할 때는 셀러와 바이어가 처음 만나기 때문에 특별히 이상한 조건을 제시하지 않는 한 쉽게 응낙을 하는데, 매매가 점차 진행됨에 따라 서로의 이익이 상반되기 때문에 쉬운 조건도 오퍼에 없으면 안 된다고 거절하기가 십상이다. 그러므로 이번 기회에 오퍼 하는 방법을 잘 배워두자. 특히 이민 초년생들은 다음의 '오퍼 작성 8대 요령'을 잘 익혀두는 것이 좋다. 이 기본 요령은 미국뿐만 아니라 어느 국가에서든지 필요하기 때문이다.

01 | 오퍼 작성 8대 요령

성격이 급한 한인들은 한국에서 하던 대로 미국에서도 좋은 사업체가 있으면 사업체의 전반적인 상황 파악은 소홀히 한 채 그냥 가격만 낮추어서 계약하려는 습관이 있다. 준비가 충실할수록 같은 상황에서도 좋은 오퍼를 만들 수 있기 때문에 오퍼를 잘 작성하는 요령을 숙지해야 한다.

1. 사업체 판매자 배경조사 background study

판매자의 이민배경, 가족환경 및 판매 이유 등을 사전 조사함으로써 준비된 오퍼를 할 수 있다. 이는 판매자를 만나 당일 30분 내에 파악해야 한다. 아직 사업체의 운영이나 매출에 관하여 점검할 단계가 아니기 때문에 자연스럽게 판매자의 배경만 조사한다. 이런 간단한 사항을 가지고 며칠씩 고민할 필요는 없다. 우선 인사하면서 한국의 고향은 어디이며, 언제 이민을 왔는지, 유학으로 왔는지 또는 어떤 상황에서 이민을 왔는지, 그리고 가족사항을 간단히 질문한다. 아이들이 결혼했는지, 결혼했다면 몇 년 되었는지 등 조금만 신경 쓰면 자연스럽게 문의할 수 있다.

그런 다음에 판매자가 현재의 사업체를 얼마나 운영했는지, 그리고 왜 판매하는지 등을 물어본다. 이런 질문을 하며 판매자와 대화하는 것은 간접적으로 판매자의 인격이나 비즈니스 재능 등을 살펴볼 수도 있기 때문에 매우 중요하다.

오퍼 준비의 첫 단계는 왜 사업체를 판매하려고 하는지 이유를 잘 알아야 한다. 판매자가 이미 다른 사업체를 구입하고 이 사업체를 판매하는지, 장사가 안돼서 파는지 아니면 은퇴하는지, 부부가 이혼하면서 사업체를 청산하는 것인지 등을 알아야 한다. 그 이유가 확실치 않으면 감춰진 매우 중대한 문제가 있을 수도 있다. 판매자가 얼마나 오랫동안 사업체를 운영했는지도 중요하다. 이런 상황들은 리스팅 에이전트(중간 브로커)를 통하여 알 수 있고, 또한 방문하여 직접 이유를 물어보아도 된다. 그 이유에 맞는 오퍼를 하는 것이 요령이다.

주인이 1년 미만 운영한 사업체들은 뭔가 심각한 문제가 있다고 보는 것이 좋다. 그것은 대부분 매상의 급감소나 급상승이다. 리커나 마켓 같은 것들은 노련한 사업자가 1년 미만 운영하여 매출을 급증시킨 후 다시 판매하는 경우 웬만한 경험자들이 운영해도 매출이 떨어질 확률이 아주 높다. 이들은 영업실적이 좋지 않은 사업체를 단기간 운영하면서 여러 가지 방법으로 매출을 올린 다음 약간 싼 것 같이 되돌려 판다. 이런 유혹에 휩쓸리지 말아야 한다. 이럴 경우 매출은 높지만 비례하여 순이익이 높지 않다는 구조상의 문제가 있다. 그러나 현실적으로 장사는 잘 되는데 순수입이 상대적으로 높지 않다는 것은 웬만한 경험자나 전문가가 아니고는 쉽게 파악할 수 없다. 이처럼 판매자가 어느 정도의 경험자인지, 왜 파는지 등의 이유를 파악하는 것은 아무리 강조해도 지나치지 않다.

2. 사업장 환경 및 도시 조사

경험상으로 보아 사업체는 좋아도 판매자가 권리금을 깎아주면서 적극적으로 판매하려는 경우 판매 이유가 확실치 않으면 포기하는 것이 좋다. 매출에 거품이 많다거나, 아니면 사업체 운영에 큰 장애가 있기 때문이다.

예를 들면 상권의 변경으로 인한 사업체의 부진은 개인 사업체의 힘으로는 극복할 수 없는 불가항력적인 요소이며, 소비자들의 소비 패턴의 변화도 극복할 수 없는 난관들이다. 매스컴에서 보도된 대로 월마트가 어느 도시에 들어오면 그 지역의 전반적인 상권에 큰 변동이 온다. 사업체들을 구입할 때는 그 사업체만을 살펴보는 것이 아니고 시청의 도시 계획부에 가서 사업체 주변에 큰 쇼핑센터나 경쟁업체가 들어오는 계획 같이 상권 변경에 대한 장래를 조사해보는 것이 필요하다.

3. 오퍼 시기

모든 사업체들은 성수기가 있고, 비수기도 있다. 아무리 잘 되는 사업체라도 비수기에는 매출이 20~30% 내려가고, 반대로 매출이 부진한 사업체도 성수기에는 비수기보다 20~30% 올라간다. 그러므로 사업체를 구입하려면 비수기 때 오퍼를 하는 것이 좋다. 물론 좋은 사업체가 비수기까지 나를 기다릴 리가 만무하지만 가급적 사업체의 특성을 보고 비수기에 구입하면 협상에 큰 도움이 된다. 마켓과 리커는 겨울철이 비수기이고, 세탁소는 여름이 비수기이다. 옷가게는 1~2월과 10~11월이 대체적으로 비수기이다. 그리고 비수기에는 판매자들도 마음이 약해진다.

그러나 좋은 사업체가 있는데, 비수기까지 기다린다는 것은 미련할 수도 있다. 계절적인 매출 차이를 감안하여 매출을 점검할 수 있는 숫자를 제시하면 된다.

4. 오퍼 조건 중 매출 점검 조건을 상세히 적어라

이민 초년생들은 무작정 매매가격을 낮추어 오퍼하려고 하는데, 이는 바람직한 방법이 아니다. 가격만을 깎으려고 고집하다가 다른 중요한 점검사항들을 놓치거나, 매출 점검도 제대로 못하면서 사업체를 구입하게 되기 때문이다. 매출이 확실한 사업체를 구입하면 매매가격을 깎지 않아도 이득이지만 반대로 매출 점검이 제대로 되지 않은 사업체는 싸게 구입해도 손해를 보는 수가 많다. 그러므로 특별한 이유 없이 판매자가 제시한 매출을 무시하고 처음부터 권리금을 깎지 말라. 웬만하면 상대가 제시한 가격을 인정하고 오퍼를 준비해야 한다.

마켓의 경우 주요 물건을 구입한 영수증들을 분석하면 실제 매출 점검을 하지 않더라도 한 달 매출이 거의 정확히 나오기 때문이다. 하지만 대부분의 판매자들이 영수증을 안 주려 한다. 그러므로 필요한 조건들을 제시하기 위해서는 판매자의 마음을 기쁘게 해주어야 한다. 이것은 바로 판매자가 원하는 값을 준다고 제시하는 것이다. 햄버거 숍도 햄버거 고기를 산 영수증을 보면 실제 매출을 90% 이상 점검할 수 있다. 코인 런드리의 경우는 유틸리티 빌utility bill(전기세와 물세)을 보면 한 달 매출을 거의 정확히 추측할 수 있다. 물론 많은 경우 현금 수입은 감추어져 있지만, 그래도 물건 구입 영수증들이 세금보고서보다는 사업체의 상황을 파악하는데 도움이 된다.

오퍼에 적을 매출 점검사항들은 크게 두 가지이다.

첫째, 서류점검을 들 수 있는데, 다음과 같은 서류를 오퍼가 떨어지면 3일 내에 주겠다는 것을 적는다. 서류 주는 기간을 적지 않으면 서류를 받는데 몇 주가 걸려도 할 말이 없다. 사업체의 지난 3년간 세금보고와 세일즈 택스 리턴, 종업원 급여와 물건구입 영수증(최근 6개월치)을 요구한다. 마켓 같은 경우는 물건 구입량을 보면 역추적해서 월 매출을 추정할 수 있기 때문에 영수증이 매우 중요하다. 어느 정도 성의껏, 그리고 자세히 주는가에 따라 판매자의 신용과 매상의 신빙성을 예측할 수 있다.

둘째, 매장의 매출 점검에 관한 내용을 구체적으로 기록한다. 기간, 시간 및 방법 등을 1주일 혹은 2주일간, 오전 가게 오픈부터 저녁에 문 닫을 때까지의 현금출납기의 총합계를 점검한다. 매출 점검 시기는 판매자와 구매자 간의 합의에 의한다. 오퍼가 떨어지고, 에스크로 전에 할 것인지 아니면 에스크로를 연 후에 바로 할 것인지를 간단히 쓴다.

1주일을 점검할 경우 중요한 것은 매출이 원래 판매자가 말한 월 매출 20,000불의 20%가 안 되는 경우는 계약이 취소되며, 판매자의 매출 부족으로 취소될 경우 에스크로 경비는 판매자와 바이어가 50%씩 부담한다는 조항이다.

그리고 서류 점검은 사업체에서 하는 것보다는 회계사나 변호사의 자문을 구하기 위하여 24시간 정도 외부로 갖고 가겠다는 것 등을 구체적으로 오퍼 내용에 적는 것이 좋다. 물론 대부분 매출 점검이 너무 까다로우면 판매자는 매출 점검에 관한 사항들을 타협할 것이지만 자세히 적는다고 손해볼 것은 없다. 사전에 오퍼의 중요내용을 미리 준비하고 있다가 적을 때 바로 필요한 사항들을 기입하면 된다. 물론 오퍼의 내용은 사업체에 따라 다소 다르지만 70~80%는 거의 비슷한 내용이다.

5. 판매자가 주장하는 월 순수입도 오퍼에 적어라

계약서 작성시 판매자가 주장하는 매출을 정확히 적고, 판매자가 주장하는 순수입도 계약서에 적어야 한다. 대부분의 경우 실제적으로 매출 점검이나 서류 점검을 하면 매출이 줄어들면서 순수입이 적어진다. 매출이 비슷해도 경비는 많아진다는 것을 명심해야 한다. 사업체 운영에 필요한 경비들이 많은데, 대부분 판매자들은 주요 경비만 알려주고 사소한 경비들은 언급하지 않는다. 이때 준비해야 할 것이 손익계산서인데, 매출의 변화에 따른 순수입의 변동을 파악하기 위해 필요하다. 즉 매출 점검을 통하여 확실히 검증된 최저 매출과 최대 매출을 잡아 계산하는 것이다. 그 이유는 사업체들의 매출은 계절에 따른 변동이 심하고, 또한 매출에 영향을 주는 변수들이 있기 때문에 보통 2주일간의 매출을 점검함으로써 그 사업체의 정확한 매출을 예측한다는 것은 거의 불가능하다. 그러므로 최저 매출치와 최대 매출치를 잡아보는 것이 중요하다. 최저 매출치를 예상했을 때 제품원가와 경비를 제외한 순이익이 얼마인지를 살펴보고, 다시 최대 매출치를 추정하여 순이익을 알아보는 것이다. 여기서 최대 매출치는 참고삼아 알아보는 것일 뿐 최저 매출치가 매출 점검에 중요한 변수이다. 최저 매출치의 순이익이 계절적인 변동을 참조한 후에 판매자가 주장하는 순이익의 90% 안에 들어야 한다. 그렇지 않을 경우 권리금이 조정되거나 매매 계약이 취소된다. 그 이유는 판매자가 주장한 권리금은 바로 판매자가 제시한 매출과 순수입에 의거하여 형성된 것이기 때문이다. 많은 경우 판매자는 실제적으로 거품에 해당되는 권리금 부분을 하향조정하여 값을 재조정하기가 쉽다.

예를 들어 샌드위치 숍을 구입하려 할 때, 처음에 오퍼 계약서에는 월 매출 16,000불이고, 요구하는 사업체 매매가격이 160,000불이었을 경우에 만일 실제 매출이 월 14,000불이면 이에 비례하여 사업체 매매 가격도 140,000불로 내려가기 때문이다. 물론 판매자가 값을 깎아주지 않으려 하면 계약조건에 의하여 계약이 취소되며, 해약하면 된다. 오퍼만 하고 에스크로를 열지 않았을 경우 보증금을 전액 돌려받는다. 그러나 에스크로를 열고 취소가 되면 몇 백 달러 정도의 에스크로 비용은 바이어가 부담해야 할 각오를 해야 한다.

6. 융자를 해야 하면 융자 내용을 확실히 오퍼에 적어라

은행융자를 할 예정이면 다운할 금액과 은행융자를 해야 한다는 사항을 적어야 한다. 즉 융자가 나와야만 사업체를 인수한다는 '조건 subject to'을 명시해야 한다. 은행이 원하면 판매자는 세금보고서를 제공하겠다는 것도 활자화하는 것이 좋다. 충실히 준비했는데 설상가상으로 융자금액이 적은 경우는 판매자가 매매 가격의 10% 정도를 오너캐리owner carry(판매자가 구매자에게 융자를 해주는 것) 해달라는 시도도 해보면서 판매자의 심중을 떠보는 것도 좋다. 보통 판매자들은 오너캐리를 싫어하지만 경우에 따라서는 10% 정도의 적은 부분이면 승낙할 수도 있기 때문이다. 얼마를 융자할 것인지 융자금액과 이자율도 적어 놓으면 아주 좋은 오퍼가 된다. 가능하면 융자 수속에 필요한 기간도 적으면 좋다.

7. 트레이닝 기간과 훈련내용도 오퍼에 적어라

사업체의 종류에 따라 바이어는 인수 후에도 판매자의 도움이 필요한 경우가 있다. 그 때는 사업체 매매 후 판매자가 구매자의 훈련을 도와주는 기간을 오퍼에 기입하라. 오퍼 작성시 판매자는 사업체를 양도한 후에도 2주일간을 하루에 몇 시간씩 사업체에 나와 바이어를 도와준다는 식으로 명시를 하는 것이다.

8. 리스 조건을 꼭 오퍼에 적는다

마지막으로 중요한 조건은 리스이다. 현재 임대료(월세)를 적고, 리스 기간과 그 동안의 임대료 변동 추세, 그리고 옵션 기간이나 옵션 기간 중의 임대료 등이 있으면 그런 내용을 기술해야 한다. 리스가 끝나는데 판매자가 바이어를 위해 리스를 협상할 경우 바이어는 자신이 낼 수 있는 임대료를 오퍼에 적는 것이 좋다. 만일 바이어가 제시한 임대료를 건물주가 거절하는 경우에는 매매거래도 동시에 취소된다는 식의 문구를 작성해야 한다. 잘못하면 임대료가 기대 수준보다 높게 형성되어도 바이어는 꼼짝 못하고 수용해야 하는 상황이 될 수도 있다. 임대료는 고정비용이기 때문에 인상되는 만큼 순이익이 줄어든다는 것을 잘 기억해야 한다. 또한 반드시 오퍼에 규정한 리스 조건이 안 되면 에스크로가 취소되며, 동시에 계약이 취소된다는 것을 명시하라.

02 | 오퍼의 적용과 실제

실제적으로 오퍼 구입시 위에 언급한 8가지를 다 쓴다면 판매자가 너무 복잡하다며 쉽게 오퍼 조건들을 받지 않을 수도 있다. 그러므로 특정 사업체의 상황과 조건에 따라 융통성 있게 변경 수정하여 사용해야 한다. 그러나 어떤 오퍼를 하든지 오퍼 내용에 반드시 적어야 할 것은 구체적인 매출 점검과 융자와 리스이다. 이 3가지에 관한 내용만 구체적으로 적으면 일단 큰 하자 없는 오퍼가 될 것이다.

오퍼의 구체적인 내용은 판매자와 구매자가 서로 상의하여 협의 하에 결정된다. 그러나 판매자와 구매자가 오퍼를 사인하면 법적효력이 있는 계약서가 성립하는 것이다. 나머지 매매에 관한 일반 거래 내용들은 다 에스크로가 알아서 진행해준다.

03 | 언제 오퍼는 효력을 상실하는가?

아무리 오퍼의 내용이 충실해도 다음 경우에는 오퍼의 효력이 상실된다.

첫째, 대부분의 오퍼에는 언제까지 효력이 있다는 명시 기간이 있다. 그 기간이 지나면 오퍼는 효력을 상실한다.

둘째, 계약 당사자 중 한 사람이 죽는 경우에는 오퍼의 효력을 상실한다. 즉 판매자나 구매자 중 한 사람이 죽으면 오퍼의 기간이나 내용을 불문하고 오퍼는 효력이 상실된다.

셋째, 구매자가 오퍼를 취소한 경우에는 효력을 상실한다. 하지만 판매자에게 전달되기 전이어야 한다. 당연한 설명이지만 판매자가 오퍼의 내용을 거절하면 오퍼는 효력을 상실한다.

넷째, 불법적인 내용은 계약 자체가 효력이 없기 때문에 오퍼도 자동적으로 효력을 상실한다. 즉 불법한 내용을 담고 있는 계약은 오퍼 자체가 무효가 된다.

다섯째, 판매자가 잘못된 정보를 주고, 그 정보에 의거하여 구매자가 오퍼를 한 경우에는 계약 자체가 무효가 되므로 오퍼의 효력이 상실된다. 하지만 오퍼를 한 후에 구매자가 불구가 된 경우에는 상황에 따라 오퍼의 효력이 상실되기도 하고, 계약을 할 수 있는 효과를 갖고 오기도 한다.

경비 및 순이익 계산

01 순이익 계산의 중요성

　　판매자나 부동산 에이전트는 사업체의 매출과 경비에 관한 제 반정보를 구매자에게 제공한다. 이 서류를 잘 보관하고, 서류에 나타 난 경비들과 순이익 등이 틀림없다는 것을 오퍼 단서조항으로 넣는다. 이렇게 하는 이유는 판매자가 경비를 줄여 순이익에 거품을 넣는 것을 차단하려는 것이다. 물론 그렇게 해도 판매자는 매출은 늘이고 경비는 줄이겠지만 바이어는 계약을 취소할 수 있는 오퍼 단서조항을 많이 확 보함으로써 에스크로 기간 중 협상의 유리한 고지를 점령한다.

　　순이익 계산은 사업체의 성격이나 규모에 따라 요령이 다르지만 중 요 판매기록만으로도 순이익을 예측할 수 있는 실력을 배양해야 한다. 매출이 높으면 순이익이 높은 것이 일반적인 추세이다. 마켓, 리커, 요 식업, 학원, 각종 소매점들, 세탁소, 옷가게, 각종 물장사(음료), 미용 재료상, 자동차 정비, 코인 런드리, 덴탈 랩, 가드닝, 페인트업 등은 매출에 순이익이 정비례한다.

그런데 경우에 따라 그렇지 않은 사업체들이 있다. 의류 제조업, 무역업 및 제조업 등이 그럴 수 있다. 제조업이나 도매업체를 인수할 때는 매출이 높다고 반드시 순이익이 높을 것이라는 선입견을 버려야 한다. 도매업이나 제조업에서 중요한 것은 매출이 아니고 원가가 중요하다. 아무리 많은 매출을 올려도 원가의 급상승이 있었으면 그 사업체의 순이익은 줄어들기 때문이다.

많은 한인들이 소매점을 운영하다가 도매점이나 제조업으로 상향 이동한다. 이럴 때 중요한 것이 바로 원가계산을 제대로 해야 한다는 점이다. 매출이 상당하기 때문에 수입도 상당할 것 같아 풍족하게 쓰다보면 앞으로 남고 뒤로 밑져서 파산신고를 하게 된다. 예를 들어 샌드위치의 원가가 얼마인가를 대략 계산하는 것은 쉽지만 정확히 계산하기는 엄청 어렵다. A라는 샌드위치 숍의 원가가 35%라고 판매자가 말하는 것과 40%의 차이를 경험자들도 분별하기가 쉽지 않다. 하지만 월 15,000불 매출의 샌드위치 가게에 5%의 차이는 매달 750불이라는 순수입의 차이를 가져온다. 그러므로 판매자들이 말하는 원가계산을 파악하기 위해서는 실제적으로 샌드위치 만드는 것을 체험해야 하며, 경험자가 아니면 경험자들을 대동하고서 사업체를 점검해야 한다.

미국에서 대기업의 도덕성 문제가 되었던 엔론 사나 월드컴의 파산도 위와 같은 문제들을 포함하고 있었다. 즉 수입은 늘이고 경비는 줄이는 방법으로 투자자들을 미혹시켰다. 사업체의 순이익은 점검하고 또 점검해도 지나치지 않는다.

사업체 구매 후에 예상했던 것보다 사업체의 순이익이 적어지면 난

감한 상황에 빠진다. 그러므로 구입하려는 사업체에 관련된 모든 경비와 지출을 철저히 점검해야 한다. 점검해야 할 서류가 있으면 에스크로 기간 중 빨리 판매자나 에이전트에게 부탁하여 받아 분석해보아야 한다. 에이전트들은 사업체에 관한 중요경비만을 요약해서 주는 수가 많다. 에이전트들로부터 사업체의 수익과 경비에 관한 내용을 받았을 경우 바이어들은 그 내역을 하나하나 점검하여 적정수준의 경비가 계산되어 있는지를 확인해야 한다.

02 순이익 계산시 주의사항

매출을 점검할 때 10% 정도의 매출착오는 염두에 두어야 한다. 실질적으로 실제매출이 제시한 매출액의 90%만 되어도 다른 경비를 약간 줄이면 순이익에는 큰 차이가 없다. 하지만 매출액의 20~30% 정도가 거품이면 순이익에 큰 문제가 있다.

한인들은 매출을 과도하게 부풀리지는 않지만 특정 민족의 경우에는 매출의 70~80%까지 부풀려서 말하므로 조심해야 한다. 이민자가 아닌 미국인들에게서 사업체를 구입할 때는 매출이 대체적으로 세금과 실제상황이 비슷하지만, 그들 중에도 조직적인 사기꾼들이 있으니 조심해야 한다.

그리고 순이익을 계산할 때 쇼핑센터와 몰의 계산법이 다르다. 요즘 한인들의 이민 역사가 길어지고 경제적으로 성공한 사람들이 많아지면서 유명 체인 스토어들이 밀집되어 있는 몰에 사업체를 소유한 한인들이 많아지고 있다. 일단 몰의 경비는 보통 쇼핑센터보다 훨씬 많기 때문에 웬만큼 매출이 되지 않는 한 순이익이 생각보다 훨씬 적다는 것을 꼭 기억해야 한다. 몰의 사업체를 보면 좋은 분위기에서 안정되게 장사할 수 있는 환경이지만 줄일 수 없는 불요불급한 경비들이 많이 있다. 예를 들어 앞에서 언급한 광고비나 몰 내 소매상인 관리비용merchant fee 같은 것은 보통 쇼핑센터에서는 필요 없는 경비이지만 몰에서는 지불해야 할 경비인 것을 알아야 한다.

순이익 계산은 매출보다는 실제적으로 판매되는 권리금에 비례한다. 따라서 순이익이 많으면 판매자는 권리금을 많이 받거나 제시한 권리금을 깎아주지 않는다. 반대로 순이익이 적은 경우 판매자는 권리금을 협상하여 깎아주려고 한다. 그러므로 실제적인 매출 점검이나 서류를 통한 경비와 물건구입 등을 거치지 않아도 판매자의 권리금에 대한 태도와 자세만 눈여겨보아도 판매자가 제시한 순이익의 정확성을 예측할 수 있다.

한인들이 많이 운영하는 사업체의 순이익은 대략 권리금의 2~4% 내외이다. 아이스크림 숍같이 운영이 간편하고 종업원 사용도 편한 사업체들, 그리고 주인이 없어도 운영이 힘들지 않은 사업체들의 권리금 대비 순이익 비율은 월 2% 정도이다. 즉 30만 불에 아이스크림 체인점을 구입했으면 임대료나 다른 지출경비들이 적정수준이면 월 6,000불 수입이 예상된다. 아이스크림 숍도 좋은 지역과 전망 있는 지역들은 순이익이 권리금의 2% 미만인 1.5%까지 되는 것들도 많다. 같은 체인의 아이스크림 숍도 지역에 따라 4,500불 밖에 남지 않을 수도 있다.

돈보다도 시간과 여유를 선호하는 안정된 한인들이 많이 찾는 코인 런드리도 운영이 쉽고 간편해서 권리금에 대한 순이익이 1%로 낮다. 같은 30만 불을 투자해도 코인 런드리는 한 달에 약 3,000불 정도의 수입을 예상하면 된다.

이에 비해 사업체 속성상 마켓이나 리커, 세탁소 같은 업체들은 주인이 꼭 일을 해야 한다. 이런 경우는 일단 주인이 일함으로써 종업원 비용이 줄어들기 때문에 순이익이 월 2.5~3% 정도로 높다. 세탁소는 30만 불을 투자해 부부가 함께 일하면 약 8,000불 정도의 수입을 올린다. 하지만 주인의 인건비를 생각해보면 실제적인 순이익 비율은 별로 차이가 없는 편이다.

세차장 같이 큰 투자를 요구하면서 부동산까지 딸려 있는 경우는 특수해서 보통 100만 불 단위로 약 1% 내외인 10,000불 정도의 순수입을 예상하면 적당하다. 즉 200만 불 단위에서는 20,000불이며, 300만 불 단위에서는 30,000불의 순수입을 예상한다.

또한 순이익은 사업 자체의 안정도나 사업체에 요구되는 특별한 전문기술이나 경험의 필요성에 따라 많은 차이가 있다. 예를 들면 옷가게 같은 사업체는 투자에 비하여 순이익의 리턴이 높다. 옷가게의 권리금은 상당히 높아졌지만 지금도 20만 불을 투자하면 경험자의 경우에 월 8,000~10,000불의 수입을 갖고 온다. 권리금에 대한 순이익 비율이 약 4~5% 정도로 높은 편이다. 그 이유는 무경험자가 뛰어들 수도 없고, 무작정 뛰어들 경우에 사업체의 매출이 격감할 수 있기 때문이다. 또한 패션이나 물건 구입에 관한 경험이 없이는 불가능한 사업체이기 때문이다.

지난 5년간 100% 증가한 타운 내의 음식점도 바로 이 같은 유형이다. 주인의 경험과 운영에 따라 같은 음식점이라도 적자에서 몇 만 달러의 수입을 올릴 수 있을 정도로 천차만별이다. 음식점은 주인의 경험과 경영능력이 절대적으로 사업체의 매출을 결정한다. 그런 면에서 음식점은 주인이 매니저를 두고 운영하기가 어렵고, 주변 경쟁과의 영향을 절대적으로 받는다. 사업체 자체의 안정도가 낮고 또한 경험자들이 아니면 매출이 줄어들기 때문이다.

이런 불안정한 음식점들이 E-2 바람 때문에 권리금이 폭등했으니, 이런 사업체들을 구입하여 E-2 비자를 받거나 신분 변경한 경험 없는 이민 초년생들의 고충은 말로 안 해도 이해가 될 것이다.

마지막으로 같은 종류의 사업체들도 지역이나 안전도, 운영의 차이점 등에 따라 상당한 차이가 있음을 염두에 두고 순이익을 계산해야 한다. 권리금이 지역별로 동종업체라도 상당한 차이가 나는데, 흑인 지역이나 남미 이민자 지역은 백인 지역보다 같은 투자에 비하여 순이익이 많다. 남미계나 흑인 밀집지역에 한인 사업체들이 번창하는 이유이다.

에스크로 기간 중의 순이익 계산

에스크로 기간 중 잠정적인 순이익을 구체적으로 계산하게 된다. 셀러가 주장하는 금액보다 약간 적거나 실제적으로 많은 경우도 종종 있다. 순이익의 정도가 예상치보다 많아질 것 같으면 에스크로 중 바이어는 판매자에게 고쳐 달라고 하거나 요구할 사항들은 지혜롭게 하는 것이 좋다. 즉 적게 요구하는 것이 요령이다.

반대로 에스크로 중 매출을 점검하고 경비들을 분석하면서 판매자가 주장한 것보다 실제 순이익이 적어지면 바이어는 판매자에게 요구사항이나 조건들을 강하게 주장해야 하며, 또한 판매자가 주장한 것보다 10% 이상 적어지는 것 같으면 계산을 정확히 해서 판매가격의 하향조정을 해야 한다.

현재 종업원을 감원하면 금방 순이익이 늘어난다고 하는데?

판매자는 지금의 종업원 수를 줄이거나 시간조정을 하면 그만큼 주인이 더 가져 간다고 한다. 이때는 판매자가 주장하는 금액보다 순이익이 적을 것이라 예측하는 것이 현명하다. 필요한 종업원을 줄이면 대신 주인이 더 뛰어야 한다는 평범한 진리를 기억하라.

5

리스

리스를 양도받기 위한 준비는 에스크로가 시작되자마자 서둘러야 한다. 가능하면 오퍼를 하면서 오퍼 조건에다 리스 협상을 에스크로 전에 시작하도록 단서조항을 다는 것도 좋다. 아무튼 바이어는 리스 협상이 빠를수록 유리하고, 판매자는 상황에 따라 다소 다르지만 일반적으로 에스크로가 많이 진행되었을 때 리스 협상을 시작하는 것이 유리하다.

01 ┃ 리스 협상과 전문가의 도움

리스 협상은 매우 복잡하다. 미국에 오래 살아도 전문가가 아니면 리스 서류 자체를 제대로 읽을 수 없다. 미국에서 대학을 나와 전문 영어를 이해하는 사람이라도 전문가가 아니라면 리스 서류의 점검을 제대로 할 수 없다. 영어의 문제가 아니라 많은 법적 용어들이 있기 때문이다. 사업체의 규모가 클수록 리스 서류 점검을 충실히 해야 한다.

에스크로를 열자마자 리스 협상을 시도했는데 주인과 협상이 제대로 이루어지지 않으면 에스크로 취소를 고려해야 한다. 일반적으로 리스 협상은 에스크로가 많이 진행될수록 바이어에게 불리하기 때문이다. 불필요한 경비가 많이 들어가며, 에너지와 시간이 낭비된다. 몰에 위치한 소매업을 제외하고는 보통 2~3일이나 일주일 정도면 윤곽을 알고 2~3주 안에 서류가 끝난다. 몰의 리스는 준비할 서류도 만만치 않고 최소한 2개월은 걸린다는 것을 염두에 두라.

02 | 리스 협상시 주의사항

영어를 제대로 못한다는 핑계로 리스 협상을 판매자와 부동산 에이전트에게만 전적으로 맡겨서는 안 된다. 리스 협상을 위해 건물주나 건물주 에이전트와 처음 만날 때는 반드시 구매자도 나가는 것이 좋다. 만일 판매자와 부동산 에이전트에게 리스 협상을 전적으로 맡기면 편한 것 같지만 구매자는 건물주와 연락하기보다는 판매자와 부동산 에이전트에게 협상 진전 상황을 물어보게 된다. 리스는 사업체 구입시 가장 중요한 것인데 지연되는 경우에는 실제로 문제가 있어 지연되는지, 아니면 중간에서 판매자와 에이전트가 장난을 하는지 알 수 없다. 그러므로 첫 번째 리스 협상에는 구매자가 함께 나가서 건물주를 만나면 리스 협상의 윤곽을 잡을 수 있다. 그리고 반드시 리스 서류 카피는 판매자에게 받아 전문가에게 검토해 보고, 이때 직접 건물주의 이름과 전화번호를 받는 것을 잊지 않도록 한다.

리스 협상이 잘 안되면 판매자와 부동산 에이전트는 곧바로 구매자에게 통보해야 하는데, 대부분 그렇게 하지 않는다. 잘못하면 에스크로가 깨어지기 때문에 지연작전을 편다. 에스크로 오픈 기간이 오래일수록 구매자에게도 불리한 상황이 초래되는데, 이런 불리한 상황을 이용하여 구매자에게 리스 조건이 불리할 때 양보를 권한다.

리스 협상 전, 건물주는 리스 신청자의 재정서류, 세금보고서 및 신청서류를 작성해서 제출할 것을 요구한다. 이 서류를 잘 작성해야 한다. 리스는 인터뷰로 하는 것이 아니고 서류를 통해서 하는데 특히 이민 초년생들은 여러 모로 불리하다. 그렇다고 건물주에게 기죽을 것까지는 없다. 건물주가 신용이나 재정 상태를 불평하면 보증금security deposit을 한 달치 더 내겠다고 하면 된다. 보통은 1~2달치의 임대료를 미리 낸다. 신용상태가 없으면 3개월치의 임대료를 미리 내겠다고 협상하면서 임대료를 깎아야 한다. 임대료는 한번 조정되면 다음에 조정할 수가 없다는 점을 명심하라. 또한 임대료가 비싸면 나중에 사업체를 팔려고 해도 문제가 된다.

03 | 리스 협상 실패 사례

● 사례 1 - 30대 후반의 젊은 부부가 2004년, 미국에 B-1으로 들어와 E-2로 세탁소를 구입하면서 신분 변경을 했다. 이미 사전 탐사를 통해 세탁소를 하기로 결정했고, 친구 세탁소에서 실무훈련도 받았기 때문에 매출 14,000불에 권리금 14만 불 조건으로

파운틴 밸리Fountain Valley의 세탁소에 오퍼를 넣었고, 에스크로를 열었다. 아랍인들이 1년간 운영하던 것인데, 약간 싸게 나온 데다 전망이 있어 보였다.

영어가 제대로 안 되니 아무래도 주인과 부동산 에이전트에게 리스 협상을 부탁했다. 그런데 에스크로 기간 중 리스 협상이 신속히 제대로 이루어지지 않았다. 이민 초보자라 신용상태가 없고, 하루 이틀 시간을 끌더니 에스크로가 거의 끝나갈 무렵, 기존 임대료보다 300불을 더 부담해야 한다는 통보를 받았다. 시간도 많이 지났고, 별다른 대안이 없어 할 수 없이 인수했다. 실제 운영해보니 매출에도 약 1,000불 거품이 있었다. 2년 동안 열심히 일해 매출은 1,000~2,000불 올라갔지만 별로 재미가 없어 판매하고, 다른 주에 있는 친구의 도움을 얻어 전문직 취업비자(H-1)로 바꾸었다.

● 사례 2 - 50대 중반의 부부가 시애틀에서 15년간 세탁소를 운영하다가 청산하고 2005년에 남가주로 왔다. 1년 동안 쉬면서 세탁소를 제외하고 다른 여러 사업체를 물색했지만 찾지 못했다. 하는 수 없이 다시는 하지 않으려고 했던 세탁소를 찾기 시작했고, 경험 있는 자신들이 열심히 하면 잘 될 것 같은 소규모 세탁소를 오렌지카운티 중심가에서 찾아 에스크로를 열었다. 그리고 새로운 리스 협상을 시도했다.

그런데 에스크로 클로징할 때가 되었는데도 아직 리스 협상이 안 되었다. 판매자는 외국인이었고 부동산 에이전트는 한인이었다. 에이전트는 조금만 기다리면 된다면서 시간만 끌었다. 계속 기다리면서 놀기도 그렇고 조급한 마음에 리스 협상이 안 끝난 상태에서 나중에 잘 되겠지 하고 에스크로 클로징하고(판매서류에 사인을 하고 돈을 지급하고 에스크로(법무사)가 인수절차에 관한 모든 서류수속을 마무리하는 것) 세탁소를 인수했다.

그런데 이게 웬 날벼락인가. 나중에 리스가 날아왔는데 전에 3,000불 했던 임대료가 4,000불로 인상된다는 통보였다. 그래도 열심히 하면 매출도 올라갈 것이란 생각에 종업원을 줄이고 1년을 버티었는데, 매출의 40%에 이르는 높은 임대료와 정체된 매출로 생활비도 못 벌고 병만 얻고 말았다. 세탁소는 거의 매상이 일정한데 그 일정한 매상에서 매달 1,000불을 임대료로 더 낸다는 것은 시작부터가 무리였다. 이들 부부는 미국 경험이 많았음에도 리스를 너무 소홀히 해서 재정적으로는 물론 심리적으로도 큰 손해를 본 전형적인 예이다.

04 │ 리스 양도 방법

리스 양도 방법에는 크게 세 가지 방법이 있다.

첫째, 새로운 리스new lease를 만드는 것이다. 매매 과정 중 판매자는 건물주와 사전협상을 통하여 새로운 리스를 작성하도록 부탁하는 것인데, 판매자에게나 구매자에게 가장 좋은 방법이다. 새로운 리스가 만들어지면 판매자는 사업체에 관한 모든 리스 의무에서 완전히 배제되므로 가장 안전한 방법이다. 판매자는 협상 중 건물주에게 새로운 리스를 작성하는 서류비용을 제공하겠다는 제안을 하는 것도 지혜이다. 그러나 건물주는 법적으로 새로운 리스를 해줄 필요가 없고, 건물주가 원해야만 가능하다. 사업체의 규모가 작고 개인이 건물주인 경우는 사업체 매매시 새로운 리스를 주기도 하는데, 사업체의 규모가 크고 관리회사에 의하여 운영되는 건물의 리스 협상은 새로운 리스는 불가능하고 거의 리스 양도를 통해 이루어진다.

둘째, 기존의 리스 양도assignment of lease이다. 이것은 기존의 리스에 관한 모든 권한과 의무를 새로운 입주자에게 양도하는 것이다. 새로운 입주자가 일차적으로 렌트 페이먼트에 관한 모든 책임을 진다. 하지만 몰에서는 워낙 임대료가 비싸고 장기 리스를 했기 때문에 리스를 양도받은 새로운 셀러가 임대료 지불능력이 없거나 파산을 신청한 경우에 가끔 건물주들은 원래 셀러에게까지 소송을 해서 임대료를 내라고 독촉하기도 한다. 가장 많이 사용되는 전통적인 리스 양도 방식이다.

셋째, 사업체 규모가 아주 작은 경우나 특수상황에서는 서브리스sublease를 사용하기도 한다. 이때 임대료의 모든 책임은 판매자가 지고, 새로운 입주자가 기존의 판매자에게 임대료를 내면 이것을 기존의 판매자가 건물주에게 임대료로 내게 된다. 때론 건물주의 허가를 받아 새로운 셀러가 직접 건물주에게 임대료를 내기도 한다. 이 경우 만일 새로운 입주자가 나중에 사업체를 매매하려고 하면 문제가 되는 경우가 많다. 사업체의 매장 부분을 따로 임대하는 것과 같은 특별한 경우를 제외하고는 권하고 싶지 않다. 특히 사업체 규모가 큰 경우에는 구매자는 절대로 서브리스로 사업체를 구입하면 안 된다. 서브리스로 사업체를 운영하는 것은 건물주에 대한 자신의 리스 권리를 포기하는 것이며, 판매자가 사업체 판매 후에도 리스 권리를 행사하는 권리를 갖고 있는 것이기 때문이다.

05 | 리스 협상이 제대로 안될 시

에스크로 중 리스 협상이 제대로 이루어지지 않으면 빨리 에스크로를 취소하는 절차를 밟는 것이 현명하다. 한국식으로 어떻게 되겠지 하면서 사업체를 먼저 인수하고, 리스 협상을 나중으로 미루면 절대 안 된다. 리스를 소홀히 하고 사업체를 먼저 인수하면 심각한 경제적, 법적 문제에 직면하게 된다. 그러나 사업체 규모가 작은 경우(벼룩시장)는 리스가 아니고 렌트 식으로도 임대료를 낸다. 만일 리스 협상이 안 되는 경우 판매자와 구매자의 협상에 의해 에스크로에 상당한 금액을 저당 잡아 놓은 후, 바이어가 사업체를 인수하면 나중에 임대료가 의외로 올라가는 경우 서로 양보 협상을 할 수 있다.

몰의 경우나 특별한 경우가 아니라면 보통 리스 협상은 1달 내에 끝난다. 작은 쇼핑센터는 주인과 만나면 대부분 그 자리에서 임대료가 결정되고 1주일 안에 서류를 받는다. 그러므로 몰이 아닌 경우인데 몇 달씩 리스 협상이 안 된다는 것은 리스에 문제가 있는 것이기 때문에 빨리 그 사업체를 포기하고 다른 사업체를 찾아야 한다.

06 | 리스 협상과 건물주의 권리금 요구

리스가 끝나가거나 6개월 미만이 남아 있을 때는 새로운 리스를 하지만, 그렇지 않은 경우는 기존의 리스를 양도assignment of lease받는다. 즉 기존의 리스를 똑같은 조건으로 권리 이양 받는다. 현재의 임대료가 3,550불이라고 하면 바이어도 똑같이 매달 3,550불을 내는 것을 말한다.

하지만 실상은 건물주에 따라 리스가 양도되는 것에 대한 권리금을 요구하는 경우가 있는데, 불법이지만 유대인들이 건물을 소유한 LA 다운타운에서는 주인이 바뀔 때마다 적게는 10,000불에서 많게는 100,000불까지 현금으로 키 머니key money를 요구했었다. 요즘은 한인들도 부동산을 많이 구입해서 권리금은 약세가 되었지만 아직도 공공연히 건물주가 권리금을 요구하기도 한다.

최근 코리아타운에 있는 한인 소유의 건물을 리스할 때에도 권리금 수준은 아니지만 변호사 비용과 서류 준비 비용으로 5,000불 정도를 요구하는 추세이다. 원래 리스 서류 작성에 들어가는 비용은 대부분 주인이 부담하고 컴퓨터에 있는 서류를 프린트하기 때문에 빨리 작성되며, 만일 입주자에게 부담시킨다 해도 몇 백 불 정도면 충분하다. 오퍼에 리스가 기존의 조건과 달리 양도된다면 구매자는 계약을 취소한다는 단서조항을 달아두거나 리스 양도에 들어가는 비용은 판매자와 구매자가 50%씩 공동 부담한다고 적는 것도 한 방법이다.

에스크로

    미국에 와서 잠시만 있어도 '에스크로' 란 말을 자주 듣는다. 에스크로란 '봉인된 두루마리 증서' 라는 뜻으로, 계약서에 명기된 사항들이 법적효력을 발생한다는 말이다. 한국의 법무사 역할과 비슷하지만 미국의 에스크로는 더 포괄적인 업무를 담당한다. 미국 동부에서는 변호사가 보통 에스크로의 역할을 담당하고 있다.

    에스크로는 판매자와 구매자의 서명으로 열리며, 판매자와 구매자의 서명으로 끝난다. 에스크로 회사는 매매대금의 지불, 판매자와 구매자 간의 요구사항의 실행, 세금 문제, 채무변제, 담보말소, 매매자의 새로운 담보설정, 화재보험 구입, 부동산 소유권 보증보험 획득, 소유권 명의이전 등기 등과 같은 판매자와 구매자 간의 모든 합의사항을 대행한다. 에스크로에 들어가는 모든 합의사항은 반드시 서명으로만 가능하다. 하지만 한인 사회에서는 가끔 구두로 동의하고 계약서 없이도 에스크로가 열리고 있으나 조심해야 한다. 서명 없이 약속된 것은 효력이 없다. 에스크로는 절대적으로 중립적인 입장을 취해야 하며, 쌍방(구매자와 판매자)의 합의사항을 성실히 이행하여 양측의 권리와 이익을 보호해줘야 할 법적인 책임이 있다. 쌍방이 계약사항을 이행하고 매매를 종결하기 위한 법적증서들이 카운티에 기록되면 구매자에게 소유권 양도증서가 전달되는데, 이런 과정을 다 마치면 '에스크로가 클로징되었다escrow is closed'는 말을 한다.

01 | 에스크로 기간 중 해야 할 일

1. 매장 매출 점검 및 재확인

판매자가 월 매출이 15,000불이라고 했으면 에스크로 기간 중 구매자는 1~2주 동안 매장에서 일하면서 2주 동안 약 7,500불 정도의 매출이 되는지를 점검해야 한다. 추세는 점점 매출 점검기간이 짧아지는 것이 문제인데, 오퍼 작성시 정확히 매출 점검기간 및 방법을 구체적으로 작성해 놓으면 나중에 판매자와 구매자 간의 갈등을 줄일 수 있다. 판매자 입장에서는 구매자가 매출 점검을 오래 하는 것을 원치 않는다. 그것은 매출액을 속이려고 하는 것보다 종업원들이 알게 되고, 또한 고객들이 사업체 매매를 알게 됨으로써 당할 불이익 때문에 그렇다. 반대로 구매자 입장에서는 매장 매출 점검을 오래 할수록 좋다.

매출 점검기간은 일반 소매업의 경우는 보통 1~2주 정도이고, 투자금이 큰 제조업의 경우는 4주까지도 할 수 있다. 하지만 사업체의 종류와 매매 당사자들의 동의에 따라 매출 점검기간은 유동적이다. 혹시 매출 점검에 관한 서류를 제대로 살펴보지 못했으면 이 기간에 매장에서 확인할 수 있다. 만일 매출의 흐름이 판매자가 주장한 것과 전혀 동떨어지면 오퍼 규정에 따라 빨리 에스크로를 취소하는 것이 순서이다. 판매자가 값을 깎아주는 것도 좋지만 매출이 너무 많은 차이가 나면 계약 취소를 서둘러라. 2005년 이후부터는 캘리포니아주의 경우 매출 점검으로 인한 시비를 막기 위해 아예 매출 점검을 한 후에 에스크로를 연다.

2. 비즈니스 융자 및 오너 파이낸싱owner financing

은행에서는 사업체 융자가 부동산 융자보다 까다롭고 위험부담이 크다는 이유로 사업체 매매가격의 30% 내외를 융자해준다. SBASmall business administration 융자는 예외이지만, 이민 초년생이나 신용상태가 나쁘면 받을 수 없다. 사업체 융자는 반드시 오퍼 조건에 포함시켜야 나중에 융자가 안 되면 에스크로를 취소하고 빠져나올 수 있다. 오퍼 조건에 사업체 융자 없이 구입하겠다는 의사를 표명하고 나중에 에스크로 기간 중 융자를 하겠다면 에스크로 분쟁까지 번질 수 있으므로 융자는 즉흥적으로 하는 것이 아니고 사전에 준비해야 한다.

그러나 모든 사업체에 융자가 가능한 것이 아니다. 옷가게같이 장비가 많지 않고 매출 변동이 큰 사업체들은 융자가 까다롭다. 예를 들면 샌드위치 숍을 구입하는데 매매가격이 20만 불인 경우 바이어는 14만 불을 다운하면 은행에서 6만 불을 융자해준다. 융자수속에는 약 3~4주 걸리며, 수수료 비용은 융자금액의 2% 정도를 예상하면 된다.

● **전통적인 융자**conventional financing

사업체 융자는 판매자가 팔고자 하는 사업체의 지난 2~3년간 수입

세금보고서가 필수다. 그러므로 판매자가 세금보고를 충실히 하지 않는 경우는 바이어가 융자를 받을 수 없다. 이럴 경우 오퍼에 융자를 조건으로 넣었으면 에스크로를 취소하는 것보다 셀러는 바이어가 융자해야 할 6만 불을 오너 파이낸싱으로 도와준다. 이것을 오너 캐리라고도 한다. 오너 캐리에 관한 서류는 에스크로 회사에서 준비해주며, 이자를 합쳐 할부금payment으로 한 달에 2,200불씩 30개월에 걸쳐 납부하기도 하며, 또는 일시불 지급ballon payment이라고 해서 매달 할부금으로 내지 않고 모았다가 3년 뒤에 60,000불과 이자를 합쳐서 한꺼번에 낸다. 오너 캐리는 위험부담 때문에 판매자에게는 불리한 조건이고, 구매자에게는 유리하다.

● SBA 융자Small Business Administration financing

SBA 융자는 기존융자와는 달리 신용상태가 좋아야 하며, 조건도 까다롭다. 하지만 은행마다 다소 요구사항이 다를 수 있고, 융자신청을 대행해주는 기관들도 있다. 10년 전에 비하여 SBA 융자는 상당히 서류조건이 완화되었으며, 승낙 여부도 1~2주 안으로 빨리 알 수 있다. 다만 필요한 세금보고서와 서류들을 잘 준비하는 것이 관건이다.

비즈니스를 시작한 지 최소한 2~3년은 되어야 비즈니스 융자를 할 수 있다. 개인기업sole proprietorship이면 비즈니스와 주택을 담보하기가 쉽다. 창립자금으로 특별하게 KYCC(LA 한인 타운에서 봉사하는 센터: 한인 광고록을 보면 주소와 연락처가 나와 있음)에서 창립시 30%만 다운하면 70%를 도와준다. SBA 론은 크게 3가지로 나누어지는데, 가장 흔한 것이 7(a) 프로그램이다. 이 프로그램은 중소기업 대상으로 용도에 제한이 없으며 15만 달러 이내의 론은 85% 보장해주며, 그 이상의 대출도 75%는 보장해준다. SBA 융자에서 가장 중요한 것이 판매자의 세금보고서이다. 판매자가 판매 시점을 기준으로 약 3년간의 세금보고서를 충실하게 했다면 구매자는 융자를 얻을 확률이 매우 높다.

3. 리스

리스는 오퍼에 기록된 조건대로 주인의 허가를 받아야 한다. 만일 오퍼의 조건대로 리스가 이루어지지 않으면 협상에 의해 에스크로가 취소되거나, 아니면 다시 가격을 협상하는 등의 새로운 계약이 이루어질 수 있다. 임대료가 올라가면 반대로 매매가격은 내려가야 하는데, 만일 오퍼에 리스에 관한 규정을 자세히 단서조항으로 달지 않았으면 바이어는 경제적 손실을 입기 쉽다.

4. 허가 및 각종 라이선스 신청

사업체에 필요한 각종 허가 및 라이선스가 있다. 만일 바이어가 필요한 허가나 라이선스를 받지 못하면 셀러와 바이어 간에 분쟁이 생길 수 있는데, 보통 허가나 라이선스를 못 받는 경우는 많지 않고, 기간이 더 걸리는 수가 많다. 아무튼 바이어는 모든 허가와 라이선스 신청을 신속히 진행해야 한다.

각종 허가 및 라이선스 신청은 매장 매출 점검만 통과되면 바로 신청하는 것이 지혜이다. 혹시 에스크로가 깨어지면(셀러와 바이어 간의 동의하에 계약 취소) 신청비용이 낭비될 것을 염려해 신청을 미루면 나중에 허가와 라이선스가 제때 나오지 않아 인수할 수도 없는 불편이 따른다.

리커 스토어에 필요한 ABC 라이선스는 변경할 때 2개월 정도의 기간이 걸린다. 또한 의류 제조업에 관한 의류제조허가garment license도 신청자가 시험을 치러야 하며, 기간이 3개월 정도 걸리는데 준비서류가 많다. 종업원 세금에 필요한 납세자번호는 1~2일 만에 회계사가 신청한다. 그리고 은행구좌 오픈도 준비해야 하는데, 법인인 경우는 필요한 서류를 첨부해 회계사에게 부탁한다. 보통 은행구좌는 개인인 경우는 사업자 상호등록fictitious business name과 소셜시큐리티 번호 및 운전면허증이 있으면 금방 개설되며, 법인인 경우는 정관Articile of incorpoation, 법인 임원기록서statement of information, 연방납세자 번호FEIN: federal employment identification number와 사회보장번호 및 운전면허증이 있으면 된다. 개인이나 법인 모두 수표 지불인check signer을 2~3명으로 확대할 수 있다.

5. 보험 및 납세자번호FEIN 신청

비즈니스 보험은 에스크로를 클로징하기(에스크로의 모든 서류 절차 및 자금지급이 끝난 상태) 2~3일 전에 하면 당일이나 2~3일 내로 보험 승인이 난다. 그러나 종업원 상해보험은 최소 3~4주씩 시간이 걸리고 많은 보험회사들이 취급하지 않으므로 종업원 상해보험을 필요로 하는 업체들은 서둘러야 한다.

세금에 관한 납세자번호와 종업원 봉급 등에 관한 번호는 회계사가 1~2일이면 쉽게 준비하므로 에스크로를 클로징하기 1주일 전에 준비하면 된다.

6. 장비 및 기계 점검

세탁소의 경우는 장비 값도 비싸고 세탁 기계를 바꾸려면 복잡한 절차가 많다. 그러므로 에스크로 기간 중 장비의 하자가 있는지, 또는 미리 바꾸어야 하는지 등을 잘 살펴보아야 한다. 그리고 어떤 장비들이 할부금이 있고 없는지, 리스(혹은 임대)한 장비들이 있는지를 조사해야 한다. 또한 장비와 기계를 고치는 회사 연락처 및 경비 등을 잘 정리해 놓아야 한다.

이때 중요한 것은 법적절차를 거치지 않고 불법으로 장비나 기계를 설치해서 운영하는지를 파악해야 한다. 기계장비에 관한 구입 영수증들을 요구해서 사본을 갖고 있어야 한다.

7. 단서조항Contingency

바이어가 매매가격의 30%를 융자해야 된다는 단서조항이 있었으면 그런 조건을 만족해야 에스크로가 클로징된다. 이 경우 만일 바이어가 융자를 얻지 못하면 계약이 취소되므로 판매자는 자신이 오너 캐리를 통해 직접 구매자에게 융자해줄 수 있다.

또한 판매자가 구매자를 훈련시키는 조항이 있으면 이런 훈련도 1~2주 동안 충실히 받아야 한다. 아침부터 저녁까지 일하면서 현금출납기며, 신용카드 터미널과 물품 구입하는 방법이나 물품 공급업자들이나 공급처들을 방문하여 새로운 주인으로 인수받는다.

8. 사업체 재고Inventory 점검 및 인수

재고 점검은 에스크로 예상 클로징 1~2일 전에 이루어진다. 재고 점검은 금액이 많지 않거나 점검이 간단한 것은 판매자와 구매자의 합의하에 직접 하지만 리커나 마켓 등은 에스크로 클로징 하루 전날 재고 점검 전문가들을 불러 밤새 작업한다. 리커의 경우 사업체 재고 금액이 정해지면 오퍼 조건에 따라 사업체 재고는 권리금과 별도로 지불해야 한다. 종종 몇 번의 할부금으로 판매자가 구매자의 편리를 봐주기도 한다.

사업체 인수는 에스크로를 클로징한 날에 모든 투자금과 필요한 경비를 포함한 돈이 에스크로에 입금되면 에스크로 회사는 판매자에게 경비를 제외한 나머지 잔금을 에스크로 수표로 지불하며, 다음날에 구매자는 열쇠를 받고 사업체를 인수한다. 그리고 이런 과정 중에 판매자는 구매자에게 사업체 보안 시스템이 있으면 사용 방법을 알려 주고 열쇠를 준다.

9. 에스크로 클로징escrow closing

에스크로가 클로징된다는 말은 사업체를 둘러싼 부채와 필요한 절차 조사가 끝났고, 매매에 필요한 모든 자금이 들어왔다는 말이다. 사업체에 관련된 리스, 세금, 허가 및 기타 사항들은 에스크로 바깥에서 종료되는 경우가 많다. 에스크로 클로징은 반드시 사업체에 관한 모든 서류절차 및 자금이 100% 완료되어야만 클로징하는 것은 아니다. 판매자와 구매자가 함께 동의하면 모든 필요한 절차가 끝나지 않아도 에스크로는 클로징될 수 있다. 반대로 모든 필요한 법적절차가 끝났어도 구매자와 판매자가 분쟁 등으로 동의하지 않으면 에스크로는 클로징될 수 없다. 종종 구매자와 판매자 간의 분쟁으로 에스크로가 클로징되지 않아 쌍방이 고통당하는 경우가 많이 있다. 에스크로는 오퍼와 깊은 관련이 있으며, 준비된 오퍼를 쓰면 에스크로 분쟁을 최소화할 수 있다.

02 | 에스크로 Q & A

1. 에스크로는 꼭 필요한가?

모든 사업체 매매에 에스크로가 필요한 것은 아니다. 세법에 의한 규정이 있는 것도 아니다. 셀러와 바이어 간의 모든 자금이 에스크로 회사의 에스크로 어카운트를 통해서 입금되고 지불된다. 미국의 에스크로는 한국의 법무사와 유사하다. 정부기관은 아니지만 정부 관련 부처의 엄중한 감독 하에 운영되며, 또한 공인회계사가 정기적으로 재무감사를 실시하는 법인이다. 에스크로의 자금을 횡령하면 민사가 아닌 형사처벌을 받는다. 미국의 서부나 중부의 일부 주에서는 에스크로 회사에서 자금관리와 매매서류 일체를 대행하지만 동부와 중부 대부분, 그리고 캐나다에서는 변호사 사무실에서 에스크로 업무를 대행한다.

사업체 매매에 에스크로를 꼭 열어야 하는 것은 아니지만 구매자 입장에서는 특수한 상황을 제외하고는 꼭 열어야 한다는 것을 강조한다. 특별히 초보 이민자들의 경우는 에스크로를 하지 않고 사업체를 구입하려다가 낭패를 보는 경우가 많다. 다소의 경비가 들어가지만 사업체 매매에는 반드시 에스크로를 열어야 한다. 에스크로는 구매자만이 아니고 판매자도 보호하며, 매매 쌍방의 제반서류와 자금 정산업무를 공정한 제3자의 입장에서 도와준다. 다시 말해 판매자와 구매자 간의 분쟁이 생기더라도 에스크로의 자문을 받을 수 없다. 법적으로 에스크로 사무원escrow officer은 매매 당사자들에게 분쟁에 관련된 어떤 조언이나 충고도 해줄 수 없기 때문이다.

2. 에스크로를 열지 않는 경우 발생할 문제들은?

에스크로를 열지 않는 경우 가장 큰 문제는 사업체에 관련된 판매자의 부채나 세금이 남아있을 경우liabilities, tax, and contingencies(부채나 세금이 있었는지를 몰랐어도 판매자가 지급하지 않으면 법적으로 구매자가 나중에 지불해야 할 상황이 된다) 구매자가 나중에 배상해야 할 책임이 있다는 점이다. 왜냐하면 필요한 법적절차와 공포를 하지 않고 사업체를 구입했기 때문에 판매자가 판매 전에 발생했던 부채나 세금이 구매자에게 전가된다. 또한 구매자가 소홀히 하면 판매 이후 발생한 부채나 세금에 관해서도 간혹 판매자가 부담해야 할 경우가 생긴다. 만일 구매자가 알지 못했던 소송litigation이 매매거래 이전에 있었으면 에스크로를 하지 않는 경우 판매자 대신 구매자가 법적책임을 받을 수도 있다.

정식 리스가 있고, 매매가격도 상당한 사업체를 에스크로 없이 인수한다는 것은 빙산이 널린 바다를 향해하는 배와 같이 위험하다. 만일 특수한 상황 때문에 에스크로를 열 수밖에 없는 경우 구매자는 판매자로부터 사업체 인수 이전에 판매자에게 관련된 모든 부채와 세금, 그리고 법적 문제에 관해서는 개인적으로 책임을 진다는 사인된 편지를 받아둬야 한다. 또한 사인된 편지와 함께 판매자의 사회보장번호와 운전면허증을 복사해서 소유하고 판매 후 연락처 외에 친구나 친척의 전화번호를 2개 정도 받아두는 것이 좋다.

3. 에스크로와 리스의 관계는?

에스크로는 클로징되려고 하는데 리스가 안 끝나도 사업체를 인수할 수 있는가? 결론적으로 리스가 완전히 안 끝났어도 판매자와 구매자의 동의하에 사업체를 양도할 수 있다. 급한 한인들이 많이 그렇게 한다. 하지만 분쟁의 소지는 남아 있다. 즉 리스가 판매자와 구매자가 약정한 대로 사업체 인수 후에 준비되면 괜찮지만, 임대료가 많이 오를 경우 판매자나 구매자가 서로 재정적 손실을 입을 수도 있다. 건물주가 구매자에게 리스를 주겠다는 언질도 하지 않았는데 구매자가 급해서 덜컥 사업체를 인수하면 큰 낭패다. 사업체의 규모가 클수록 엄청난 결과를 초래할 수 있다. 리스의 윤곽이 드러나지 않은 상태에서 사업체를 인수하는 것은 금물이다.

그러나 리스가 안 끝났는데 특수한 상황 때문에 구매자가 사업체를 인수하려면 재정적 인질을 잡고 인수하는 방법이 있다. 즉 계약대금의 상당 부분인 몇 만 달러를 에스크로에 잔금으로 남겨 놓는 것이다. 만일 임대료가 올라갈 경우 판매자는 판매가격에서 임대료가 올라간 금액을 계산해서 빼주는 형태로 서로 협상을 하면 된다. 자세한 내용은 전문가의 도움을 받아 작성해야 한다. 그래도 가급적 리스가 늦어지면 에스크로 클로징을 연기하고 기다리는 것이 현명한 절차이다.

4. 에스크로 밖에서의 판매자와 구매자 계약은?

에스크로와는 별도로 에스크로 밖에서 판매자와 구매자 간의 계약 또한 많이 벌어진다. 예를 들면 사업체 매매 계약금은 에스크로 안에서 처리되지만 사업체 재고는 판매자가 구매자에게 에스크로 밖에서 할부금으로 하자고 제안할 수 있다. 또한 매매 계약금의 일부를 판매자가 원하는 경우 에스크로 밖에서 구매자가 직접 판매자에게 지불할 수 있다. 그러나 이런 경우에도 판매자와 구매자는 에스크로에서 만들어준 동의서에 사인을 해야 가능하다. 즉 판매자와 구매자가 서로 동의하면 에스크로 밖이나 안에서 필요한 절차들을 거칠 수 있다.

5. 에스크로 비용은?

일반적으로 에스크로 비용은 매매가격을 기준으로 100불당 1불 정도 부과한다. 판매자와 구매자 쌍방으로부터 받는다. 예를 들어 매매가격이 200,000불인 경우 약 2,000불이 들어가며, 이 비용은 보통 판매자와 구매자가 1,000불씩 분담한다. 또한 판매자와 구매자는 각각 서로 분담해야 할 각자의 비용이 첨가된다. 보통 구매자가 구매공고와 세금 및 여러 경비들을 더 많이 부담한다. 회사마다 비용이 다소 다르기 때문에 여러 회사에 문의해서 저렴한 곳을 택하기도 한다. 하지만 금액이 적어도 최소한 800불 이상을 차지한다. 에스크로 비용은 보통 판매자와 구매자가 50%씩 부담한다.

6. 에스크로 기간 중 판매자가 계약금 일부를 지불해 달라고 하면?

종종 판매자는 여러 가지 이유로 인해서 구매자가 에스크로에 계약금으로 지불한 금액 중 일부를 에스크로가 클로징되기 전에 지불할 수 있냐고 요구한다. 또한 매매가격의 상당 부분을 에스크로가 종료되기 전에 지불해 달라고 요구하기도 한다. 정중히 거절하는 것이 요령이다. 에스크로가 종료되기 전에 중도금 식으로 매매대금의 일부를 지불하면 분쟁시 그 대금을 받을 길이 없다. 아주 조심해야 한다. 계속 판매자가 요구하면 에스크로를 취소하고 다른 사업체를 찾아보는 것이 지혜이다.

7. 에스크로 회사의 역할은?

에스크로 회사는 구매자와 판매자가 동의한 에스크로 지시사항 escrow instruction에 따라 에스크로를 진행하지만 판매자와 구매자의 지시사항이 일치하지 않은 경우에 문제가 생길 수 있다. 부동산 거래에 익숙하지 않은 한인들은 에스크로 회사에 자문을 요구하기도 하는데 이는 잘못된 인식이다. 에스크로 회사는 법적 자문이나 판매자나 구매자의 상담에 응할 수 없다. 만일 에스크로 회사가 에스크로 진행 중 계약을 어기거나 자금횡령, 또한 실수로 인하여 판매자나 구매자에게 손해를 끼치면 민사 및 형사처벌을 받게 된다.

부동산 거래에 관한 상담은 캘리포니아주 부동산국(Department of Real Estate: 213-620-2072)에 하면 되고, 에스크로 회사에 관한 상담은 캘리포니아주 법인관리국(Department of Coporation: 213-736-2751)에 한다. 에스크로의 가장 중요한 일은 판매자와 구매자를 대행하여 계약 과정에 필요한 모든 서류절차와 등록, 자금관리를 중립적 입장에서 구매자와 판매자에게 공평하게 해야 한다.

8. 에스크로는 언제 여는가?

남가주 지역에서 사업체 구입시 에스크로 오픈은 매출 점검을 마친 다음에 하는 추세로 바뀌었다. 매출 점검도 하지 않고 그냥 오퍼만 받아 에스크로를 오픈하는 경우에 매출은 과장되고 경비는 축소되어 실제 순수입이 판매자가 제시한 것보다 훨씬 적어 계약이 깨어지는 경우가 다반사였기 때문에, 불필요한 경비와 에너지 낭비를 막기 위하여 최소한 매출 점검을 한 후에 에스크로를 열고 있다. 하지만 많은 예외가 있고, 서로 합의에 의해 진행한다.

이러한 추세는 바람직한 것으로 보인다. 판매자나 에이전트가 제시한 숫자를 기초로 사업체를 한두 번 살펴본 후에 바로 오퍼하고, 에스크로를 여는 경우 깨어지기가 십상이다. 에스크로는 바이어가 그 사업체의 수입, 경비, 운영, 리스 등을 살펴본 후에 신중하게 열어야 한다. 바이어가 중개인의 말만 믿고 무작정 에스크로를 여는 것은 시간과 경비의 낭비만을 초래한다. 사전에 연구하고 조사한 자료들을 바탕으로 그 사업체를 구입할 의사가 확실한 경우에만 에스크로를 열 것을 권고한다.

9. 판매자가 에스크로 기간 중 해야 할 일은?

부동산에 관련되어 있는 론이나 저당, 그리고 다른 관련된 모든 정보를 에스크로 사무원에게 제공해야 한다. 보험이나 관련된 정보들을 제공해서 에스크로가 클로징되는데 준비해야 한다. 부동산의 경우는 최근의 터마이트 리포트termite report(흰개미 피해에 관한 주택의 상태 보고)를 준비해야 한다.

에스크로를 시작하자마자 판매자는 회계사를 통해 세일즈 택스와 종업원 세금을 납부하면서 허가증certificate of clearance을 받아야 한다. 한인들이 선호하는 대부분의 사업체들은 판매허가증서seller's permit를 갖고 있다. 이런 경우 사업체를 양도할 때는 기존의 판매허가증서 어카운트를 클로징해야 한다. 이 클로징이 늦으면 에스크로 회사에서는 판매허가증서에 관하여 조건부로 돈을 저당잡아 놓는다. 사업체가 클수록 이 금액이 커질 수가 있으므로 판매자는 에스크로가 시작되자마자 준비해서 저당잡은 돈을 빨리 찾을 수 있도록 준비해야 한다.

또한 종업원 세금 관계도 회계사와 사전에 상의해서 미리 준비하는 것이 좋다. 나중에 에스크로를 클로징할 때 준비하면 시간도 많이 걸리고, 불필요한 재정적 낭비를 갖고 온다.

10. 구매자가 에스크로 기간 중 해야 할 일은?

만일 계약에 있어 론이 나오는 것을 조건으로 하고 있다면 론이 나올 수 있도록 모든 준비를 잘 해야 한다. 부동산 에이전트를 통해 융자 회사들을 알아보고 론에 필요한 제반 서류들을 신속히 준비해야 한다. 또한 매출 점검이 있으면 매출 점검을 철저히 해야 한다.

11. 매매계약서에 언급되지 않는 갈등으로 인한 에스크로 분쟁은?

매매계약서에서 미처 언급되지 않은 조건들로 인하여 매매 당사자 간에 문제가 생기면 상황에 따라 지혜롭게 처리해야 한다. 일단 구입하고자 하는 사업체를 좋은 값에 구입했으면 약간의 손실은 부담할 각오를 해야 한다. 일방적으로 자신의 입장만 주장하다 보면 분쟁의 골이 깊어지기가 쉽고 감정싸움까지 겹쳐 새우 싸움이 나중에는 고래 싸움같이 격화될 수도 있다. 하지만 분쟁의 요소가 심각한 경우는 중재 재판에 임할 자세로 확실한 의견과 이유를 제시해야 한다. 에스크로 분쟁시 중재재판이 아니고 민사소송으로 가면 변호사 비용과 소송에 걸리는 시간으로 인해 판매자나 구매자 모두 손해를 입기가 쉽다. 에스크로 기간 연장으로 인한 양측의 경제적 손실과 중재시 들어갈 시간 및 경비를 계산하여 상황에 맞는 해결책을 찾아야 한다. 그러므로 에스크로 오픈시 바이어는 사업체의 규모가 클수록 매매계약서를 작성할 때 반드시 변호사와 같은 전문가들의 도움을 받는 것이 좋다. 몇 백 달러로 사전에 해결될 수 있는 문제들이 소홀함으로 인해 나중에 엄청난 손해를 보는 수가 있다. 억울하고 분한 마음에 소송을 거는 것은 아주 현명치 못하다. 보통 소송을 하면 쌍방이 손해를 보고 시간도 많이 걸리므로 변호사의 조언보다는 자신이 상황을 잘 파악해서 손해볼 것은 보고 가급적 소송을 피하는 것이 경제적 손실을 방지하는 길이다.

12. 에스크로가 깨어지면 어떻게 되는가?

에스크로가 깨어진다는 말은 판매자나 구매자 쪽에서 쌍방의 합의나 또는 일방적으로 계약내용을 지키지 않고 계약이 취소되는 것을 말한다. 부동산 에스크로는 깨어지는 경우가 흔치 않지만 사업체들의 에스크로는 깨어질 확률이 높다. 정확한 통계는 없지만 경험상 비추어볼 때 사업체 에스크로의 50% 이상이 깨어진다.

에스크로가 깨어지는 경우에 발생할 문제들은 에스크로가 깨어지는 시점과 이유에 따라 크게 달라진다. 에스크로를 열자마자 며칠 내에 쌍방합의로 깨어지면 보통 부동산 브로커가 잘 알고 있는 에스크로 회사이면 에스크로 비용을 청구하지 않는 경우가 많다. 즉 구매자가 에스크로로 열면서 1,000불을 계약금으로 지불했으면 1,000불을 돌려받을 확률이 높다. 그러나 에스크로가 쌍방합의로 깨어지더라도 3~4주 있다가 깨어지면 에스크로 회사는 에스크로 비용을 공제하고 남은 금액을 구매자에게 체크로 지불한다.

하지만 쌍방합의 없이 일방적으로 에스크로를 깨는 경우도 상당히 많이 있다. 법적으로 에스크로는 일방적으로 파기할 수 없지만 실제적으로 그렇게 깨어지는 경우가 다반사이다. 물론 소송이나 법적절차를 밟으면 에스크로가 깨어짐으로 인해 손해를 입은 쪽이 배상을 청구할 수 있지만 서로의 책임이 확실치 않은 경우가 많고, 더욱이 한인들은 중요사항들을 기록하지 않고 말로만 계약을 하기 때문에 누구의 잘못인지를 정확히 분별하기가 어렵다. 권리금이 높지 않는 사업체일수록 에스크로도 형식적으로 열기 때문에 분쟁시 법에 따라 책임소재를 묻기가 어려운 경우가 많다.

종업원 관리

01 | 기초적인 주의사항

새로 사업체를 인수한 주인은 종업원들의 횡포에 말려들기 쉽다. 아직 일도 익숙지 않은데, 종업원들이 주인을 골탕 먹이며 관리능력을 시험해보기도 한다. 이럴 때는 힘들어도 지혜롭게 대처해야 한다. 참지 못하고 화를 내거나 종업원을 내보내면 사업체 운영에 차질이 빚어지며, 매출이 떨어지는 어려움에 처한다.

무엇보다 종업원의 근무시간 및 임금 관계를 잘 계산해야 한다. 초과근무로 일한 경우에는 반드시 추가 임금을 지불하고, 유급휴가와 같은 것도 신경을 써야 한다. 한국식으로 적당히 계산하거나 노동법을 지키지 않으면 나중에 큰 재정적 손실을 초래한다. 소 잃고 외양간 고치지 말고, 사전에 회계사의 도움을 받아 근무수칙 및 기타 기본적인 노동법 등을 알아두는 것이 좋다.

고용주는 종업원의 안전에도 신경을 써야 한다. 특히 종업원이 아프다고 불평할 때는, 일하다가 다쳐서 그런 것인지 배상을 목적으로 고의적으로 의사와 짜고 꾀병을 부리는지 파악해야 한다. 그리고 어떤 경우이든 종업원에게 배상을 해주는 경우는 꼭 서류를 받아놓는다. 가급적 변호사의 도움으로 법적 문구를 정확히 작성해 배상하고, 이때 고용주로서의 모든 책임을 다했다는 내용의 서류를 만들어 사인을 받아놓아야 한다.

가드닝을 하던 한인 이민자의 예를 보자. 어느 날 종업원이 실수로 가드닝 기계에 손가락을 다쳤다. 며칠 동안 치료받게 한 뒤, 그는 종업원과 2,000불을 주고 구두로 타협을 봤다. 그러나 서류를 작성하지 않은 것이 큰 실수였다. 몇 달 뒤, 종업원은 변호사를 사서 50,000불을 청구하였다. 결국 경제적으로 안정된 상황에서 귀찮기도 하고 불안하기도 하기에 50,000불을 배상해주고 말았다.

또한 사회보장번호가 없는 불법 체류자들을 쓰는 경우 한인들끼리는 별로 문제가 없지만 남미계를 써야 한다면 조심해야 한다. 세금을 공제할 수도 없는데 세금을 공제해서 고용주가 보관하는 것은 안 된다. 나중에 더 큰 문제를 야기할 염려가 있다.

한인들이 운영하는 사업체들은 대부분 1~2명 정도의 종업원을 고용하고 있는데, 남미 계통을 많이 쓰고 있다. 종업원을 쓰는 요령이 따로 있는 것은 아니지만 가급적 종업원 고용개발국의 지침을 잘 따라야 한다. 종업원과의 문제로 고용개발국 조정실에 가면 100% 고용주가 패한다.

종업원과의 사이는 평소 괜찮다가도 관계가 악화되면 작은 문제라도 커질 수가 있다. 고용주는 종업원으로부터 I-9(불법신분이 아니고 일할 수 있는 합법적인 거주자임을 증명할 수 있는 서류)와 W-4(미국 국세청에서 종업원 고용을 위해서 필요한 서류)를 꼭 작성해 받아야 한다. I-9는 종업원이 불법이 아니고 일할 수 있는 자격이 있음을 증명하는 서류이고, W-4는 종업원 세금 공제시 필요한 정보들이다. I-9를 작성할 때는 영주권이나 사회보장 카드를 함께 복사해 놓으면 좋다.

02 | 임금 지급 문제

1. 공휴일 근무시의 초과근무 임금

큰 회사들은 노동 계약서나 노조 계약서에 의하여 종업원을 고용하는 것이 상례이지만, 영세 업체들은 그럴 만한 회사의 체계가 서 있지 않다. 그렇다고 종업원들에게 공휴일 근무에 관한 아무런 사전 설명이나 회사 규정을 알리지도 않고 주먹구구식으로 공휴일에 근무시키고 초과근무 임금을 주지 않을 경우 잘못하면 초과근무 임금 분쟁을 통하여 더 많은 비용과 시간을 낭비하기가 쉬우니 조심해야 한다.

일반적으로 하루 8시간, 주 40시간 이상을 근무하지 않으면 공휴일에 일했다고 무조건 초과근무 임금을 주는 것은 아니다. 하지만 실제적으로 공휴일 초과근무 임금을 놓고 종업원과 고용주 간에 문제가 많이 발생한다.

요령은 종업원 고용시 회사의 종업원 근무규정을 통하여 쉬는 공휴일과 유급 공휴일 조건, 공휴일이 휴가나 주말에 겹칠 때 공휴일에도 일할 수 있는 규정이나 지침을 미리 준비해두는 것이다. 이런 준비된 규정 없이 즉흥적으로 종업원들에게 사전에 통보하지 않고 공휴일에도 초과근무 임금 없이 일하라고 하면 서로의 불신과 불만이 팽배해져서 결국은 노동청이 개입하게 된다. 일단 노동청이 개입하면 90% 이상은 고용주가 진다고 생각하면 된다. 그럴 경우 벌금과 이자까지 합산되므로 조심해야 한다.

그러므로 공휴일 업무규정에 대한 업체의 임금 지불 내역들을 종업원 고용시 상세히 설명해주며 사인을 받아두는 것이 좋다. 그래야만 공휴일에도 회칙상 정규업무가 필요하다면 종업원들에게 출근을 요구할 수 있다. 특별히 백인이나 남미계 종업원을 고용하는 업체들은 작은 회사라도 간단히 공휴일 업무규정에 관한 규정을 한 장으로 요약해서 준비해두는 것이 직원들과의 분쟁을 방지하는 지혜이다.

종업원들도 하루 8시간, 주 40시간 이상을 근무하지 않은 이상 공휴일에 일했다고 무조건 초과근무 임금을 받는 것은 아니다. 하지만 고용주는 종업원 고용시 공휴일 근무규정이나 초과근무 임금에 관한 규정, 유급 공휴일vacation pay day에 관한 규정을 종업원들에게 사전에 통보하거나 설명하지 않으면 나중에 큰 낭패를 볼 수도 있다.

예를 들어 1년 이상 근무한 종업원들에게는 크리스마스Christmas Day(12월 25일), 노동절Labor Day(9월 첫째 월요일), 추수감사절Thanksgiving day(11월 넷째 목요일) 등과 같은 유급 공휴일을 적용해줘야 한다. 그리고 회사 형편상 마틴 루터 킹 데이Martin Luther king day, 워싱턴 탄신일 Washington's Birthday, 전몰자 추도일Memorial day, 독립기념일 Independence day 등에는 공휴일이지만 종업원들이 근무를 해야 하며, 이 날에는 초과근무 임금 없이 정규 봉급이 지불된다는 등의 내용을 종업원에게 설명해야 한다.

2. 현금 봉급 지불의 문제점

사업체의 전망이 없거나 임시로 사업을 운영하는 경우는 현금으로 종업원 봉급을 줘도 괜찮을 때가 있다. 금액도 작고 사업체의 수익도 약한 경우는 영구적으로 사업체를 운영하기가 어렵기 때문에 세법상에는 위법이지만 현실적으로 종업원 세금이나 경비를 생각하면 현금으로 지급해도 별로 문제가 되지 않을 수 있다. 또한 나중에 현금으로 지급한 봉급의 문제가 부각되어도 이미 사업체를 닫았다고 변명할 수도 있다.

하지만 사업체의 운영이 정상적인 경우는, 특수한 경우를 제외하고는 가능한 한 현금 봉급을 삼가야 한다. 현금으로 지급하면 당장은 종업원 세금 경비도 줄이고 종업원 상해보험료 및 회계사 비용도 절약하고, 사업체 운영에 많은 도움이 된다. 하지만 이것은 매우 근시안적 사업 운영이며, 항상 화재를 일으킬 가능성이 있는 불씨를 안고 사업운영을 하는 위험을 자초하게 된다.

● 현금 봉급 지불 소송

중요한 것은 소송이 발생하기 전에 사전에 예방하거나 협상하는 것이 최선이다. 일단 노동청의 조사가 시작되거나 소송이 발생하면 임금 분쟁에서 이기거나 지거나를 불문하고 상당한 경비가 들기 때문이다. 우선 전문가가 아니면 노동청의 모든 자료 제출에 제대로 준비하기가 어렵고, 회계사나 변호사의 도움이 필요하다. 이때 공인회계사들은 최소한 몇 천 달러의 수고비를 지불해야 하며, 변호사들은 5,000~10,000불 정도의 계약금을 주어야 한다. 그리고 위에 언급된 비용들은 착수금이지 사건이 끝날 때까지 들어가는 총경비가 아니다.

그러므로 종업원과 임금문제에 관하여 분쟁이 불거질 때 종업원의 주장에 타당성이 있으면 종업원의 주장을 받아들이고 협상하는 것이 최선이다. 협상된 금액을 지불하면서 계약서를 작성해서 협의된 사항을 적은 다음에 종업원 사인을 받는 것이 좋다. 괜히 주인으로서의 자존심이나 오기로 타당한 종업원들의 주장을 무시해서 노동청의 고발이나 소송으로 번지면 몇 배의 비용이 들어간다.

소송시에는 타임카드와 세금보고가 중요하다. 한인들은 잘 모르고 그냥 변호사만 고용하면 금액이 줄어들 것으로 오해를 하고 있는데, 지나간 연도의 종업원 급여라도 노동청에서는 쉽게 계산을 한다. 초과 근무 급여 역시 종업원이 거짓말을 해도 주인이 반박할 자료가 없으면, 노동청은 종업원 말을 믿고 계산을 한다. 평소에 타임카드와 세금보고를 제대로 해놓지 않으면 큰 봉변을 당할 수 있다.

● 현금 봉급 지불 별도 계약서

종업원 세금을 절약하고 회계사의 도움을 받지 않고 사업체를 운영하기 위하여, 종업원과 현금으로 봉급을 지불하는 대신 자영업자 세금은 종업원이 책임지라는 계약서를 작성하는 사람들이 있다.

IRS의 세법규정과 노동청의 규정을 무시한 이런 계약서는 구속력이 없고, 잘못하면 노동청이나 IRS에 고의로 종업원 세금을 포탈한 벌금이나 추징금을 부과 받을 수 있다. 종업원들에게는 현금으로 봉급을 줄 수는 있지만 고용주로서 종업원의 봉급에서 세법으로 공제해야 할 세금들을 반드시 공제해야 한다. 만일 그렇게 안하고 현금으로만 전체 봉급을 지불한 경우에 그 종업원이 다른 직장으로 옮기거나 또는 퇴직을 당한 경우 종업원은 캘리포니아주의 경우에 EDD(캘리포니아주 노동청)에 실업수당을 신청해야 한다. 종업원의 입장에서는 세금을 공제하지 않는 현금을 받았든, 또는 종업원 임금 세금을 공제한 봉급을 받았든 간에 직장을 잃었을 때는 실업수당을 청구할 수밖에 없다. 이런 상황은 고용주의 입장에서는 청천벽력같은 일이지만 실제 종종 일어나고 있다.

일단 실직된 종업원이 실업수당을 청구하면 노동청에서는 실직된 종업원의 페이롤 기록을 점검하다가 기록이 없으면 반드시 고용주에게 편지를 하거나 전화를 한다. 이렇게 되면 문제가 커질 수 있다. 이런 상황이면 빨리 고용주는 회계사를 통해서 IRS와 EDD에 연락해서 FEIN과 노동청 고용주account 번호를 받아야 한다. 그런 다음에 그 종업원의 지나간 임금에 대한 분기별 페이롤 세금보고서와 연말이 지났으면 늦어도 W-2를 작성하며, 필요한 모든 페이롤 서류들을 보고해서 마치는 것이 현명하다. 물론 늦었기 때문에 벌금과 이자 등을 포함하여 상당한 세금을 납부해야 하지만 이것이 유일한 해결책이다.

그냥 무시하고 계속 현금으로 종업원의 임금을 준다면 엄청난 추징금과 벌금 등으로 인해 사업체의 문을 닫아야 하는 극한 상황까지 전개될 수 있음을 명심해야 한다.

결국 종업원과 고용주 간에 서류를 작성해 종업원이 독립 계약자 independant contractor처럼 보이더라도 중요한 것은 사인한 형식서류form 가 아니고 내용contents이다. 고용주는 고용인을 조정할 수 있는 위치에 있기 때문에, 캘리포니아주의 경우 EDD에서는 아무리 합의하에 서류를 만들어 두었어도 어떤 상황에서 종업원이 일하고 있는지를 중요하게 본다.

3. 종업원의 봉급에 대한 불만

종업원으로부터 봉급에 대한 불만이 나올 시에는 먼저 타임카드나 임금 지급 내역을 점검해 보아야 한다. 이후 반증한 만한 확실한 자료가 없으면 일단 종업원의 주장을 인정해주는 것이 지혜이다. 충분한 시간을 갖고 종업원과 대화를 해서 왜 불만을 표출하는지 이유 및 상황을 확실히 파악해야 한다. 그런 다음에 전문가인 회계사의 자문을 받아 결정해야 한다. 괜히 기분이 상해서 고용주로서 권위를 부리면서 나가라고 하거나, 종업원의 주장을 묵살하는 경우는 나중에 곪어서 부스럼이 되기 십상이다.

종업원이 임금에 대하여 불만을 표명하는 데에는 이유가 있기 때문이다. 대부분 저렴한 임금으로 남미계 종업원들을 고용하는 한인들은 이럴 때 지혜롭게 서둘러서 해결을 해야 한다. 가급적 임금 지불 기록을 정확히 기록으로 남김으로써 나중에 노동청에서 문제가 되지 않도록 사전에 방지해야 한다. 소홀히 했다가 노동청에 넘어가면 엄청난 비용을 지불하는 데다가, 종업원 한 명만이 아니라 여러 종업원들의 임금문제로 번질 수 있기 때문이다. 임금 분쟁 금액이 큰 경우에는 반드시 전문가와 상담할 것을 권고한다. 한인들은 나중에 문제가 불거진 다음에 변호사를 찾아가는데, 이것은 소 잃고 외양간 고치는 격이다.

03 | 청소년 노동법

미성년자 노동법은 나이에 따라 크게 2가지로 양분된다.

1. 14-15세 아동의 노동규칙은?

근로허가증work permit을 학교(방학 때는 스쿨 디스트릭)에 가서 받아 와야 일할 수 있다. 근무시간은 하루 3시간, 일주일에 18시간을 초과하지 못한다. 그러므로 실제적으로 햄버거나 샌드위치 숍 같은 사업체를 운영하는 고용주들은 14~15세의 청소년들을 주중에는 고용하지 않는 것이 편하다. 휴일에는 8시간 이하, 방학기간에는 1주일 총 근무시간이 40시간을 넘지 않는다. 노동절 다음날부터 다음해 5월 31일 자정까지는 오전 7시 이전과 오후 7시 이후의 근로가 금지된다. 6월 1일부터 다음해 노동절까지는 오전 7시 이전 근로는 금지되나 오후 9시까지 일할 수 있다.

하지만 다음과 같은 특수한 경제적 상황이 고려되면 14~15세 청소년도 풀타임 노동 허가를 받을 수 있다. 부모나 보호자가 아이를 재정적으로 보조하지 못하거나 부모의 사망시, 미성년자가 부모와 같이 살 수 없는 상황, 또는 양부모와 사는 경우, 보호자가 소셜 워커로부터 허락서를 받은 경우 등이다.

2. 16세 이상 청소년의 노동

일반적으로 16세 이상 미성년자는 풀타임 근로허가를 받을 수 있으며, 18세 이상은 허가가 필요 없다. 보통 학교에서 성적표와 출생증명서, 그리고 고용주로부터 어떤 일을 할 것인지의 내용을 담은 편지를 제출하면 노동 허가를 받는다. 하지만 위험하거나 근로조건이 나쁜 사업체에서는 일할 수 없다.

3. 일반 노동법

캘리포니아주에서 일하는 모든 근로자들은 캘리포니아주 노동법에 의거하여 일해야 하는데, 노동법은 청소년들에게 위험한 일이나 노동력을 착취하는 등의 일을 시키면 안 되며, 최저임금 및 초과근무 임금을 규정하고 있다. 일반적으로 캘리포니아주의 최저임금은 연방 최저임금보다 높은 편이다. 2008년 최저임금은 시간당 7.25불이며, 주 40시간이 초과되면 초과된 시간에 대하여 1.5배의 초과근무 임금을 지불해야 한다.

4. 청소년의 세금보고

18세 미만의 미성년자들도 일반인들과 동일하게 세금보고를 해야한다. 하지만 부모의 재산이 많아 14세 미만의 아이에게 신탁trust이 있거나, 또한 투자 소득investment income이나 투자 이자unearned income가 많은 경우의 세금보고는 생각보다 복잡하다. 여기서는 복잡한 세금 문제는 피하고 간단한 이자소득과 근로소득이 있는 경우에 한하여 설명한다.

일반적으로 14세 미만의 미성년자에게 소득이 있는 경우 부모는 그소득을 부모의 세금보고서에 포함하여 보고할 수 있다. 부모가 도와주지 않으면 아이가 혼자 세금보고를 하게 될 경우에 14세 미만 아이의소득이 주로 이자나 주식배당금이며, 세금예납을 안했으며, 총 7,500불 미만인 경우에는(2008년 기준) Form 8814를 작성함으로써 아이의소득을 부모의 세금보고서에 포함하여 보고할 수 있다.

18세 미만의 미성년자 세금보고는 일반적으로 불로소득interest, dividend income이 8,000불 이상인 경우, 또한 일반 공제 후 불로 및 근로소득이 4,850불인 경우에(2008년 기준) 세금보고를 해야 한다. 풀타임 학생인 경우는 24살까지도 부양가족으로 간주되어 부모의 세금보고에 포함되어 세금보고를 할 수 있다. 자세한 내용은 공인회계사와 협의하여 세금보고 할 것을 권한다.

04 | 종업원 관리 및 노동법 Q & A

1. 종업원들과 관련된 서류의 관리는?

직원들의 신상정보와 종업원 타임카드, 근로계약서, 종업원 상해보험에 관한 모든 서류들을 잘 보관해야 한다. 3년간 보관해두면 안전하다. 초과근무에 관한 기록을 잘 정리해놓지 않으면 나중에 종업원과 임금문제로 분쟁이 발생했을 때 엄청난 금전적 손실을 입는다. 종업원과 고용주 간의 임금분쟁이 생기면 대부분 노동국은 종업원의 손을 들어준다는 것을 명심해야 한다. 따라서 나중에 분쟁시에 제출할 수 있는 근무시간, 지불된 체크, 날짜, 임금시간표를 잘 보관해야 한다.

2. 종업원들의 초과근무 건은?

초과근무는 하루에 8시간, 주 40시간이 넘는 경우 시간당 임금의 1.5배를 지불해야 하며, 하루에 12시간 이상을 일하면 2배로 지급해야 한다. 그리고 캘리포니아주 노동법에 의하여 월급 지불날짜와 시간, 장소를 종업원들의 휴게실에 쉽게 볼 수 있도록 게시해야 하며, 또한 기본적인 종업원들의 권리 및 최소 임금에 대한 안내문을 반드시 게시해 놓아야 한다. 안내문은 문방구나 전문 세일즈 회사를 통해 구입할 수 있다.

3. 종업원들의 식사시간은?

종업원이 5시간 이상 일하면 30분 이상의 식사시간을 제공해야 하며, 하루 10시간 이상 일하면 30분 이상의 식사시간을 두 번 주어야 한다. 8시간을 일하는 경우는 30분 이상의 식사시간을 한 번 주고, 15분 정도의 휴식시간을 두 번 주는 것이 보통이다. 식사 때나 휴식시간은 종업원이 자유롭게 식사하도록 해야지 종업원이 전화를 받으면서 식사를 하는 것은 식사시간을 주는 것이 아니다. 이럴 경우는 근무 중 식사시간으로 간주되며, 시간당 임금을 지급해야 한다.

4. 임산부는?

회사 규정에 정해져 있지 않는 한 임산부에게 반드시 유급휴가를 주어야 할 의무는 없다. 임산부는 SDI(캘리포니아주의 경우)나 보험회사에서 급여를 받을 수 있다. 하지만 고용주는 최대 120일까지 무급휴가를 주며, 휴가에서 돌아올 경우 전과 동일한 업무에 복귀시켜야 한다.

5. 종업원 임금 지불증서 및 근무기록 카드 보관은?

통상적으로 3년간 보관해야 한다. 임금 지불증서에는 고용주의 이름과 주소, 고용인의 주소와 이름, 총 임금, 임금 지불 기간, 시간당 임금, 일한 시간, 초과근무 수당, 초과근무 시간, 세금 공제 및 네트 임금 등이다. 2008년 1월 1일부터는 종업원의 사회보장번호를 마지막 4자리 표기해야 한다.

6. 종업원이 회사 기물을 파손한 경우

종업원이 실수로 회사 기물을 파손해도 피해액을 임금에서 공제할 수 없다. 또한 일부 업주는 금전출납기를 맡고 있는 종업원과의 고용 계약에 있어 하루 매출에서 손실금액을 금전출납기를 맡고 있는 종업원의 임금에서 공제한다는 계약을 맺는데, 이 계약은 위법이다. 고용주는 어떤 경우라도 종업원의 임금에 손을 댈 수가 없다.

7. 휴가 및 병가

휴가나 병가를 주는 것은 고용주의 선택일 뿐 법적인 의무사항은 아니다. 이런 내용은 보통 대기업의 경우 사규나 고용규칙에 따라 정해진다. 한인들이 주로 종사하는 영세기업의 경우 종업원이 선거 때문에 지각을 한 경우 벌칙을 가할 수 없으며, 선거 당일에는 2시간은 임금을 지불해야 한다.

8. 불법 체류자 고용은?

불법 체류자나 관광 비자를 소유한 사람을 고용하는 것은 위법이다. 하지만 일단 고용을 하면 이민 신분과 관계없이 노동법의 혜택을 받는다. 이민법상 불법으로 일한다 해도 최저 임금이나 초과근무 수당을 지급해야 한다. 한인 업주들은 종업원들의 불확실한 신분 때문에 최저 임금이나 초과근무 수당을 지급하지 않는 경우가 있는데, 이는 큰 잘못이다. 불법 체류자도 임금차별을 하면 안 된다. 불법 체류자 고용시 18세 이상인지만을 확인할 뿐 채용시 나이나 장애 관련 질문은 금지되며, 타임카드를 반드시 비치해야 한다. 현금지급은 불법은 아니지만 세금정산이 안됐을 경우 위법이 된다.

9. 불법 체류자 고용 적발시 벌금은?

고용주는 종업원의 신분을 확인해야 하는데 위반했을 때 첫 번째 적발시는 250~2,000불의 벌금을 문다. 두 번째는 2,000~5,000불의 벌금을 문다. 하지만 고용주가 불법 체류자 고용이 습관적이었다면 한 명당 3,000불의 벌금과 최고 6개월간의 감옥행이다.

10. 종업원 상해보험은?

캘리포니아주 노동청은 고용주의 종업원 상해보험 가입을 의무화하고 있다. 이를 지키지 않으면 경범죄에 해당한다.

11. 종업원의 작업장에서의 부상은?

직원이 일하다가 자신의 부주의로 넘어져 부상을 당했다. 고용주 입장에서 아무런 잘못을 하지 않았는데도 이 경우 다친 직원이 직장 상해보험 혜택을 받을 수 있을까? 이때 특별한 경우를 제외하고 종업원은 직장 상해보험 혜택을 받을 수 있다. 누구의 잘못이냐는 중요하지 않다. 고용주가 직장의 위험한 직장 환경을 방치해 종업원이 부상을 입었을 때는 일반적인 보상 외에 더 많은 보상 청구액을 받을 수 있다.

또한 고용주는 직원이 직장에서 다쳤다는 이유 때문에 해고를 하면 이는 노동법 조항 132(a)를 어기는 것으로 위법이다. 이럴 때 일반적인 고용주는 추가로 보상을 해야 하며, 최대 10,000불까지 지출할 수도 있다.

직장 종업원들은 상해시 다음과 같은 4가지의 보상을 받을 수 있다. ① 임시 장애수당temporary disability benefit ② 영구 장애수당permanent disability benefit ③ 직업재활vocational rehab ④ 병원비와 통역이 필요할 때는 통역비, 자동차 기름값과 약값 등 치료 때문에 들었던 모든 비용을 보험회사에서 직접 처리해준다.

12. 메이크업 타임make up time이란?

종업원 개인사정으로 5시간 일하고 다음날 11시간을 일한 경우. 이것을 업무 메이크업 타임이라 하며, 특별히 초과근무 수당을 주지 않아도 된다. 중요한 것은 부족분을 보충한 것임을 정확히 기록해놓고 종업원의 사인을 받아야 한다.

13. 현금 출납시 부족분을 종업원 임금에서 공제하고 지급할 수 있는지?

확실한 증거가 없으면 종업원에게 책임을 묻지 못하며, 동시에 임금에서 부족분을 공제할 수 없다.

14. 종업원 해고 절차는?

종업원은 한 명을 해고하든 몇 십 명을 해고하든 법규를 지키는 것이 중요하지만, 실제로는 지혜가 요구되는 경우가 종종 있다. 일 년에 75명 이상의 종업원을 고용한 고용주가 그 고용인들 가운데 50명 이상을 30일 안에 해고 또는 일시 해고하는 경우 등에는 'The California Warn Act'에 의하여 2003년 1월부터는 60일 전에 사전 통보해야 한다.

하지만 한인들이 운영하는 사업체들은 대부분 종업원 10명 미만의 영세 규모가 많아 실제적으로 종업원 해고시 60일 전 통보는 적용되지 않는 곳들이다. 하지만 종업원을 75명 이상 고용한 업체가 아무런 통보 없이 고용인을 해고할 때는 최고 60일간의 임금 상당액을 보상해줄 경우도 생긴다. 고용주가 위의 법을 어겼을 경우에는 정부에도 벌금을 납부해야 한다.

종업원을 고용하기는 쉬워도 해고하는 것은 어렵다. 그러므로 고용주는 종업원을 고용할 때 공휴일에 관한 회사의 임금 지침사항이나 초과근무정책 같은 내용을 적은 근무조건을 종업원에게 알려주고 사인을 받아두는 것도 갈등을 해소하는 방법이다.

비즈니스 양도

비즈니스 양도는 앞에서 언급된 비즈니스 구입에 관한 내용들을 살펴보면서 반대 방향으로 움직이면 된다. 즉 사는 사람에게 유리한 점들은 파는 사람에게 불리한 점이 되고, 반대로 사는 사람에게 불리한 점들은 파는 사람에게 유리하게 작용한다.

비즈니스가 아주 잘되면 쉽게 어떤 종류의 업체라도 빨리 처분할 수 있다. 하지만 그렇지 못한 경우는 사업체 양도 1년이나 6개월 전부터 준비하고 전략을 세우는 것이 좋다.

01 | 언제 어떻게 사업체를 팔아야 하나?

1. 비즈니스가 잘될 때 파는 것이 좋다
많은 판매자들이 환경이나 신상에 예기치 못한 큰 변화가 생기거나, 사업체 운영이 생각보다 잘 안되기 때문에 매물로 내놓는 경우가 대다수이다. 하지만 사양 단계에서 팔려고 하면 제값을 받지 못하고 싸게 팔아야 한다. 사업체를 잘 팔기 위해서는 준비가 필요하다. 리스가 좋은 조건이 아니면 주인과 협상하여 다음에 올 세입자에게 좋은 조건으로 임대할 수 있도록 사전조율이 필요하다. 경우에 따라서는 다소 경비가 들어가더라도 판매를 위한 투자로 생각하고 리스를 미리 협상하는 것이 좋다.

2. 비즈니스가 가장 활발한 계절에 판매하라

아무리 잘되는 사업체도 비수기에는 매출액이 떨어진다. 그러므로 사업체는 되도록 성수기에 판매하는 것이 요령이다. 아이스크림 장사라면 봄철에 매물을 내놓아 여름철에 새 주인이 장사를 할 수 있게 하는 것이 좋다. 사업체가 잘되는 계절에 판매하면 생각 외로 좋은 가격에 매매할 수 있고, 또한 바이어도 구입 후 몇 달 뒤에 매출이 줄어도 별로 불평이 없다. 성수기를 택해 업체를 그 전에 매물로 내놓고, 광고를 하면 대부분의 사업체들이 새로운 손님을 유치할 수 있다. 그러므로 다소 투자를 해서 광고를 통해 매출이 늘어나면 바이어가 싫어할리 없다.

3. 팔기 전 사업체 손질은?

주택과 달리 사업체는 팔기 전에 특별한 손질을 할 필요가 없다고 생각하지 마라. 조금만 신경 쓰면 사업체를 더 높은 프리미엄에 팔 수 있다. 이때 장비나 시설에 대한 많은 투자는 가급적 삼가고, 환경 정비를 중심으로 손질을 하면 된다. 페인트칠을 새로 하거나 대청소만 해도 사업체가 훨씬 산뜻하게 보인다. 보통 사업체 구매자들은 새 시설이나 장비들을 선호하겠지만, 그렇다면 사업체 권리금이 올라간다는 것을 모르는 것도 아니다. 혹시 장비가 낙후된 경우에는 일단 사업체의 권리금을 낮춰 판매하고, 바이어가 사업체를 구입한 다음에 새로운 장비를 구입하도록 권유하는 것이 좋다.

4. 사업전망이 없으면 빨리 처분해야 한다

사업체에 따라서 새로운 기술이나 경쟁 또는 컴퓨터의 발달로 인해 퇴보하는 사업체들이 있다. '1hr 사진 현상점'이 그 예이다. 대형 할인점에서 값싸게 1hr 사진을 현상해주기 시작했으며, 컴퓨터의 발달과 디지털 카메라의 유행으로 컬러사진을 집에서도 현상할 수 있게 된 이후로는 침체 사업체가 되고 말았다. 그러므로 일단 전망이 없는 사업체를 잘못 구입했으면 본전 생각하면 안 되고, 손해를 보고라도 빨리 처분한 다음에 다른 사업체를 알아보는 것이 지혜이다. 안 되는 사업체를 본전 생각하며 유지하려고 고집했다가는 더 큰 손해를 입는다. 전망이 없으면 빨리 처분하고 다른 사업체에 도전해야 한다.

5. 값도 적당해야 한다

값도 다른 사업체보다 약간 저렴한 듯해야 에스크로 중 문제가 생겨도 넘어갈 수 있다. 사업체들은 주택매매와는 달리 에스크로 중 많이 깨어진다. 사업체를 둘러싼 많은 요소들 때문에 점검하다 보면 셀러와 바이어 간의 충돌이나 계약 불이행으로 매매가 취소된다. 보통 시세보다 약 10% 정도 낮게 나오면 바이어들의 경쟁이 붙어 결국 제값에 팔 수 있다.

성경 롯기를 보면 불쌍한 이웃들을 위한 배려로 밭에서 추수를 하면서 일부러 추수의 일부분을 남겨 놓는다는 내용이 있다. 사업체가 잘 운영된다고 너무 높은 가격만을 고집하다간 에스크로 중 분쟁이 생기면 계약이 취소되기 쉽다. 시세보다 약간 낮은 값에 사업체를 매매하는 것도 빨리 사업체를 처분하는 요령이다.

한편 권리금을 다 현금으로 받지 않는 것이 세금상 유리한 경우가 있다. 즉 사업체가 안정되고 권리금이 높은 업체는 향후 5년 동안 권리금의 30~40%에 해당되는 부분을 분할 매각installment sale하면 사업체를 판매한 직후에 많은 세금을 내지 않고, 몇 년간으로 세금이 분할되는 효과를 볼 수 있다. 하지만 사업체를 담보로 하고, 또한 바이어의 부동산을 담보로 잡아야 하는 점이 있다.

6. 임대료가 높아서 사업체의 매매가 잘 안되는 경우

임대료가 높으면 당연히 사업체의 순이익이 줄어들기 때문에 사업체를 매매하는데 어려움이 많다. 이럴 경우는 건물주와 사전 협상을 통하여 새로운 리스를 만드는 대신, 임대료 차액을 셀러가 건물주에게 주는 방법이 있다. 방법은 임대료를 하향 조절하기 위하여 필요한 금액을 남아있는 리스 기간 동안의 총금액으로 환산한 다음에 그 금액을 현시가로 할인하여 지불한다. 대개 건물주에게 임대료 차액을 지불하겠다고 하면 타협하기가 쉽다. 에이전트에게 문의하면 협상 방법에 관한 여러 지혜를 배울 수 있다.

하지만 이것도 만만치 않다. 협정된 기간이 끝나면 임대료가 급상승할 것이기 때문이다. 가령 한식점의 임대료가 보통 다른 사업체들보다 약 500불 정도 비싸고 리스가 5년 남아 있을 때, 그리고 권리금은

25만 불로 나온 경우 500불 × 60(5년) = 30,000불이 나온다. 이 금액을 현금으로 깎아주거나 아니면 약 25,000불 정도를 주고 협상을 하면 된다.

건물주와 이런 사전협상이 어렵다면 당연한 결론이지만 싸게 팔아야 한다. 적정 수준의 임대료와 현임대료와의 차이를 계산해서 바이어에게 지급하는 것이다. 리스가 나쁜데 사업체 가격도 제대로 받으려고 하면 도둑 심보다. 리스가 나빠서 임대료가 높은 경우는 사업체의 가격을 적당히 낮추어 빨리 매매를 하는 것이 요령이다. 실은 그래도 바이어들은 전망이 없다고 관심을 보이지 않을 것이다.

건물주와 사전협상은 물론 싸게 파는 것도 여의치 않다면 마지막으로 파산을 신청하거나 아니면 그냥 문을 닫고 나오는 방법이 있다. 파산은 전문가의 도움을 받아야 하며, 작은 업체라면 2,000불, 큰 업체는 5,000불까지 소요 경비를 예상하면 된다. 파산을 둘러싼 세금 문제도 발생할 수 있으므로 공인회계사와 변호사의 상담 후 최종결정을 내려야 한다. 한국과 달리 미국의 파산법은 질서정연하고 채권자의 권리도 상당히 보호된다. 파산 종류는 여러 가지로, 소위 '만세 부르며' 나가는 방법이 있는가 하면, 임대료를 줄여내면서 건물주나 또는 채권자들하고 협상하는 방법 등 다양하다.

대책이 없는 경우는 그냥 문을 닫고 나가야 하는데 부동산 재산이 있으면 건물주가 소송을 하는 경우 밀린 임대료나 건물주의 손해 등을 갚아야 하지만, 재산이 별로 없는 경우는 건물주가 소송을 해도 별로 경제적 이득이 없기 때문에 포기한다. 이때 지독한 건물주는 소송을 걸기도 하지만, 일단 부동산이 없고 재정이 약하면 협상할 방법들이 많이 생긴다. 건물주의 소송시 재판에 져도 부동산이 없으면 건물주가 돈을 받을 길이 없다. 그렇다고 재판정에 나가지 않으면 더 복잡해진다.

일단 건물주가 소송 서류complaints를 보내오면 기간 내에 우선 답장Answer을 해야 한다. 재산도 없으니까 소홀히 해서 답장을 안 하다가는 재판에 일방적으로 지면서 소송 비용과 밀린 임대료 및 이자까지 포함된 판결문judgement을 받는 낭패를 겪을 수도 있다. 답장은 반드시 변호사를 통할 필요가 없고 법률대행 사무실을 통하면 300불 정도로 간단히 고소에 대한 답변을 한다. 보통 답변을 하면 최소한 몇 달 뒤로 재판 날짜가 잡히거나 1년 뒤에 재판 날짜가 잡히기도 한다. 소송 금액이 작은 소액 재판의 경우는 답변한 날부터 3~4개월 뒤에 재판이나 또는 조정 날짜가 잡히므로 시간을 벌면서 준비를 할 수 있다. 재판에 지더라도 재산이 없는 경우는 한 달에 소액의 금액(100불이나 그 미만)을 상환하겠다고 할 수도 있으므로, 소송에 대한 답변은 꼭 해야 하며, 또한 재판정에도 성실히 나가야 한다.

세금

한국에서도 여러 종류의 세금이 있지만 미국에도 각 주법에 따라 각종 세금들이 있다. 이 세금들을 잘 알고 언제 어디로 납부하는지에 관한 기본적인 정보들을 알고 있어야 한다.

01 | 세일즈 택스Sales Tax

우리나라와는 달리 미국 내에서는 거의 모든 주가 다 세일즈 택스를 징수하고 있다. 일반적으로 소비자들이 소매상에게 물건을 구입하면서 세일즈 택스를 내면, 나중에 분기별로 소매 업주가 세금을 모아서 관계 세금 당국에 납부한다.

한인들이 가장 많이 밀집해 있는 캘리포니아주의 경우를 예로 들면 보통 100불짜리 전자제품의 경우, 세일즈 택스를 포함하면 약 108불을 낸다. 이렇게 해서 한 달에 50,000불의 전자제품을 팔았다고 하면 총 54,000불의 수입이 들어오는데 이중 4,000불은 캘리포니아주 조세형평국에 납부해야 할 세금이다. 보통 서비스 업종에서는 세일즈 택스를 받지 않는다. 그러나 한인들이 운영하는 대부분의 소매업에서는 세일즈 택스를 일반 소비자들로부터 징수해서 캘리포니아주 조세형평국에 납부해야 한다. 이 금액이 일반 소비자들로부터 받을 때는 얼마 되지 않지만 한 달간 모이면 상당한 금액이 된다. 이 세금은 수입이 아니고 세무서에 납부해야 할 부채이다.

이를 적게 보고하거나 보고하지 않아서 감사에 걸리면 아무리 좋은 변호사와 회계사를 고용해도 벌금을 물지 않을 수 없다.

02 | 종업원 세금Payroll tax

고용주가 종업원을 고용할시 각 주마다 종업원을 위해 고용주가 연방 및 주 세무서에 납부해야 할 세금들이 있다. 이 세금이 만만치 않다. 미국에서는 한국과 마찬가지로 고용주가 종업원들의 봉급에서 원천징수한 후 고용주가 부담해야 할 세금을 보태어 관계 세무서에 3개월에 한 번씩 분기별로 납부한다. 고용주가 부담해야 할 세금은 캘리포니아주의 경우 종업원 봉급의 약 10%에 해당된다. 결코 적은 금액이 아니다.

고용주는 종업원의 봉급에서 원천징수된 세금을 잘 관리해야 하며, 납부기간 안에 제대로 납부해야 한다. 주로 공인회계사들이 1월, 4월, 7월, 10월 말에 준비해서 납부한다. 그러므로 고용주는 종업원의 봉급

외에도 약 10%의 종업원 세금이 사업체 운영경비로 나간다는 것을 알고 있어야 순수입 계산시 정확한 계산을 할 수 있다.

03 | 개인소득 세금income tax

개인이나 법인을 막론하고 미국에서 사업체를 운영할 때는 일 년에 한 번씩 세금보고를 해야 한다. 개인으로 사업체를 운영하는 사람들은 Form 1040이라는 개인 세금보고 양식을 통해서 세금보고를 일 년에 한 번씩 한다. 매년 4월 15일이 되면 전년도 사업체 운영에 관한 총수입과 총지출을 정산하여 IRS와 주정부에 개인소득 세금을 납부해야 한다. 일반적으로 자영업을 하는 사람들은 순수입의 약 15%에 해당하는 금액을 세금으로 내야 한다.

예를 들어 홍길동이 샌드위치 숍을 2008년에 운영하면서 총 15만 불을 벌었고, 사업체의 총경비는 11만 불인 경우 순수입은 4만 불이다. 이 경우 일단 IRS(연방국세청)에 납부해야 할 세금은 약 6,000불이 된다. 만일 법인의 경우는 먼저 법인 세금보고서 Form 1120을 작성하여 법인의 세금보고를 하고 법인세를 낸다. 법인에서 사업체 운영자가 W-2(봉급)로 받은 것과 기타 이자 및 배당금은 개인의 세금보고로 합쳐 Form 1040을 통하여 세금을 납부하게 된다. 법인의 경우는 법인 세금보고와 개인 세금보고 두 가지를 다 해야 한다.

04 | 현금 흐름과 순수입cash flow VS net income

종업원을 많이 고용하고, 많은 세일즈 택스를 내야 하는 사업체의 경우 보통 현금 흐름은 분기별이나 월별로 크게 달라진다. 보통 월말이 되면 현금 흐름이 좋아지고, 세금을 납부하고 난 월초가 되면 현금 흐름이 나쁘다. 즉 은행 잔고가 월초에는 많이 줄어들고 월말에는 넉넉히 있다. 그러므로 초보 한인업체 운영자들은 월말의 은행 잔고를 보면서 그 달에 순수입이 많이 남은 것으로 착각하면 안 된다.

현재 은행 잔고와 수중에 현금이 많이 있다는 것과, 한 달 순수입이 많다는 것은 보통 정비례하지만 여러 종류의 세금 때문에 전혀 상관이 없는 경우도 많다. 보통 월말에 세금을 내기 때문에 수표가 은행에서 결재되는 것은 대부분 월초이므로, 월말의 은행 잔고는 당연히 각종 세금을 납부하기 위해 넉넉히 있어야 한다. 이런 현금 흐름을 무시하고 월말에 은행 잔고가 많다고 막 쓰면, 한 주 뒤 월초에 부도가 나는 망신을 당한다. 은행 잔고가 많은 것과 순수입은 반드시 정비례하지 않는다.

05 | 세금 절약의 지름길

세금을 합법적으로 줄이는 길은 모든 서류를 제대로 잘 정리하는 습관을 들이고, 다소 비용이 들지만 꼭 공인회계사를 찾아가 매달 장부정리를 부탁하는 것이다. 개인과 법인의 경우 매년 12월에는 공인회계사와 연말 세금계획을 하면서, 수입이 들어왔거나 예상되는 수입을 다음 달로 연기하는 것이 세제상의 수입을 줄이는 지혜이다. 반대로 지출은 12월 말경에 1월 것을 앞당겨 지불하면 상당한 세금 혜택을 볼 수 있다.

그런데 실제로는 생각보다 많은 한인 이민자들이 이민생활에 쫓겨 사업체 경영에 관한 전반적인 경비 기록과 매출 기록 등을 잘 간수하지 못한다. 이렇게 일 년 동안 무관심 상태로 있다가 세금보고일 며칠 전에 불쑥 회계사무실을 찾아와서 세금보고 부탁을 하면 서류정리가 제대로 되어있을 리 만무하다. 월 100불 미만이면 공인회계사무실에서 매달 장부정리를 잘해준다. 꼭 전문가를 활용해야 세금이 줄어든다. 왜냐하면 단지 보고의 문제가 아니라, 비즈니스는 생각보다 경비

Tip

세금보고서를 잘 갖춰야 할 또다른 이유

미국에서 보험배상을 받으려면 자료가 있어야 하는데, 이때 다소 증명서류가 부족해도 가장 큰 증거자료는 은행 계좌 통지서와 세금보고서이다. 1990년대 초, 흑인들에 의한 폭동으로 한인 사회는 엄청난 손해를 입었고, 대부분 적은 금액의 보상을 받을 수밖에 없었다. 이는 세금보고서가 없거나 너무 적어 보상을 해줄 수가 없었기 때문이다. 또한 세금보고서가 충실하면 영주권을 후원해주거나, E-2 신분 소유자들은 갱신할 때 도움이 된다. E-2 서류갱신 때 세금보고서가 너무 빈약하면 여러 가지로 복잡해질 수 있고, 경비도 많이 들어간다.

가 많이 들어가고 지출이 많이 발생하는데, 기록해 놓지 않고 정리를 하지 않으면 충분한 세금혜택을 누릴 수 없기 때문이다.

06 | 비즈니스 양도와 세금

많은 사업체들이 큰 권리금을 받고 매각이 되고 있다. 사업체 매각에 따른 세금문제는 어떤지 세 가지로 알아보고자 한다.

첫 번째로, 사업체가 소유하던 재산에 대해서는 보통 1년 이상 소유했던 경우 IRS Section 1231에 의거, 이익이 발생하는 경우는 자본이익capital gain으로 취급되고, 손실이 발생할 경우에는 일반손실ordinary loss로 취급되어 사업체 소유자에게는 유리한 세법이 적용되고 있다. 또한 자본이익에 대해서도 납세자의 소득세율에 따라 달라진다. 그러나 납세자의 세율이 25% 이상인 경우 일반수입ordinary income보다 낮은 15%의 세율이 적용되어 세금부담을 줄여주고 있다.

이에 비하여 매각손실이 발생한 경우는 일반손실로 처리하여 자본손실의 매년 상한선인 3,000불까지만 상쇄하는 것이 아니고, 일반소득에 대하여 매각손실을 상쇄하므로 세금을 줄이는 효과를 가져올 수 있다. 즉 15,000불의 손실이 있었다면 이를 자영업자의 수입에서 상쇄할 수 있다.

두 번째로, 사업체 매매시 장비를 비롯한 동산의 감가상각에 해당하는 금액은 재징수recapture라고 해서 판매시 회수하게 된다. 이는 일반소득과 같은 율로 세금이 부과된다. 반대로 건물을 비롯한 부동산에 대한 감가상각분은 판매시 회수한 부분에 대하여 15%의 자본이익률이 적용되는 것이 아니고 납세자의 소득세율인 25%의 세율이 부과된다. 즉 누적된 감가상각 금액에 대해서는 양도차액세의 혜택을 보지 못하고 납세자의 일반소득률에 따라 일반세율로 세금을 납부해야 한다.

세 번째로, 사업체 매각대금의 분배allocation of assets에 관한 내용이다. 실은 바이어가 세일즈 택스를 내는 것이지만 이를 소홀히 하면 조세형평국에서는 나중에 셀러에게 책임을 묻고 세일즈 택스를 부과한다. 셀러의 입장에서는 가급적 권리금에 많은 금액을 할당하는 것이 세제상 유리하고, 반대로 바이어의 입장에서는 감가상각 대상인 장비 및 시설 부분에 할당되는 것이 유리하다. 매년 감각상각을 통해 일반소득을 줄일 수 있기 때문이다. 이럴 경우에 셀러는 바이어로부터 구입하는 장비와 시설에 대한 세일즈 택스를 에스크로를 통해 계산한 다음에 자신이 세일즈 택스를 보고하면서 장비에 관한 세금을 첨부해서 조세형평국에 납부하게 된다. 하지만 1년 미만 사업체를 소유했다가 판매하는 경우에는 위와 같은 세금혜택이 적용되지 않는다.

트러블 예방

01 | 현금 관리 및 은행 입금

갈수록 한인 이민자들을 대상으로 한 기상천외의 강도행각들이 판을 치고 있다. 강도들에게 특별히 현금을 많이 갖고 다닌다는 소문이 나서 강도행각의 제1순위가 한인이기에 한인들은 현금을 관리하는 데 신경을 많이 써야 한다.

1. 사업체 안에서의 현금 관리

가장 좋은 것은 사업체 안에 현금을 보관하지 않는 것이다. 사업체의 성격상 현금을 많이 보관해야 하는 경우는 일단 필요한 이상은 은행에 보관하는 것이 안전하다. 사업체 안에 현금을 보관하는 경우에도 절대로 종업원들이나 외부인들에게 업소 내에 현금이 많이 있다는 인식을 주어서는 안 된다. 현금을 보관할 때는 가급적 업소 내의 대형금고를 사용하는 것보다는 시멘트 밑에 금고를 묻는 것이 안전하다. 그리고 그 장소를 절대로 남에게 알려줘서도 안 된다.

대부분의 마켓이나 리커를 비롯하여 많은 현금을 만지는 사업체들은 불편하더라도 현금을 두 군데 정도로 나누어 보관하는 것이 좋다. 한 군데의 현금은 수시로 쓸 수 있도록 작은 금고에 보관하고, 다른 금고에는 많은 현금을 보관하여 일주일에 한 번 정도 열어보는 등의 방법을 취하면 좋다. 하지만 가장 좋은 것은 가능한 한 현금을 사업체에 적게 보관하는 것이다. 특별히 LA 자바에는 현금거래가 많은 사업체 성격상 몇 십만 달러나 몇 백만 달러의 현금을 갖고 있는 업체들이 있다. 각별한 주의가 필요하다.

2. 은행 예금

고용주는 종업원들에게도 언제 은행에 가는지를 알려 주지 않는 것이 좋다. 그러므로 은행에 예금하러 가는 것을 절대로 종업원에게 알리지 말아야 한다. 또한 예금날짜도 가급적이면 종종 바꾸는 것이 좋다. 가장 좋은 것은 은행의 무장경호원 서비스를 사용하는 것이다. 하지만 경비 때문에 많은 한인들이 실제로는 사용하지 않고 있다.

3. 은행에서 현금 인수시

은행에서 적은 현금을 찾을 때는 문제가 안 되지만, 많은 현금을 찾아올 때는 각종 형태의 강도들을 만날 수 있다. 어떤 무리들은 일부러 자동차 사고를 내어 운전자의 집중을 흐트러뜨리면서 나머지 공범이 현금을 탈취하는 방법을 쓰기도 한다. 종종 사용하는 고전적인 수법은 일부러 타이어에 구멍을 내어 펑크 난 타이어를 살펴보는 사이에 절도범이 차 안에 놓아둔 현금을 들고 도주하는 방법이다.

그러므로 많은 현금을 소유한 사람들은 가급적 혼자 현금을 인수하지 말 것이며, 부득이 혼자 할 경우에는 현금을 잘 숨긴 다음에 차에서 내려야 한다. 차를 미행하는 절도범을 따돌리기 위해 은행에서 나온 다음에 다시 1~2분 뒤에 은행으로 들어가 따라 오는 차량을 점검하는 것도 좋다. 한인들은 급하게 인출해서 급하게 사업체로 가는 습관 때문에 안전문제를 별로 신경 쓰지 않다가 갑자기 절도범이나 강도를 만나 현금을 탈취 당한다.

리커를 운영하는 사람들은 보통 50,000~100,000불의 현금을 인출해서 집으로 가지고 와야 한다. 항상 미행차량이 있는지를 잘 살펴보고, 또한 집으로 오는 길도 변경해서 오는 것이 안전하다. 하지만 대부분 강도들이 사업체의 주인을 알고 있는 자들과 공범을 해서 범행하므로 일단 타겟이 되면 강도 대상에서 벗어나는 것이 만만치는 않다. 많은 현금을 은행에서 인출할 때는 조심하고 또 조심해야 한다.

02 | 비즈니스 분쟁

1. 개괄

사업체를 팔 때는 매출문제로 인해 셀러와 바이어 간의 갈등이 종종 발생한다. 셀러는 매출이 높아야 권리금을 많이 받기 때문에 매출을 부풀려서 말하고, 바이어는 그것을 고려해서 셀러가 말하는 매출을 믿지 않는다. 매출에 관한 문제 때문에 많은 사업체들이 에스크로 중 깨어지고 또한 인수인계 후에도 분쟁이 끊이지 않는다.

2004년 7월 8일, LA 코리아타운 내 당구장에서 비즈니스 매매 대금을 놓고 다투던 3명의 한인들 간에 총격사건이 벌어져 2명이 숨지고, 1명은 중태에 빠지는 사건이 발생했다. 시카고에서 전입해 당구장을 새로 인수한 사람이 전 주인과 업소매매를 알선했던 당구장 기술자를 잇달아 권총으로 쏜 뒤 자살을 기도한 비극이었다.

이 사건의 내용을 살펴보면 시카고에서 LA로 새롭게 이민 보금자리를 옮긴 사람은 당구장을 구입하는 과정에서 매출을 제대로 점검하지 않고 중개업자와 전 주인의 말만 믿고 당구장을 구입하였다. 한 달에 약 5,000불씩 남는 당구장을 15만 불에 구입했지만, 추후 그 당구장의 가격은 90,000불 미만이라는 것이 주변 사람들의 견해였다. 새로운 주인은 자신을 속인 전 주인과 중개업자를 총으로 쏘고 자신도 중태에 빠지는 참극을 연출했다.

위와 같은 사건 때문만이 아니고 사업체 자체는 매매분쟁에 관한 여러 요소들이 있다. 너무 자신의 입장만을 주장하지 말고 셀러와 바이어가 대화를 통해 분쟁을 해결하는 것이 현명하다. 너무 극단적인 참극까지 가지 않도록 모든 사업체 당사자들은 주의해야 한다.

2. 매출은 믿을 수 있나요?

많은 바이어들이 에이전트들에게 "매출은 확실한가요?"하고 묻는다. 이 질문에 대한 에이전트들의 대답은 천차만별이다. 믿을 수 있다면서 걱정하지 말라고 호언장담하는 사람들은 정직성이 결여되어 보이고, 조사해봐야 안다고 책임을 회피하는 사람은 그 사업체의 운영을 모르는 것 같아 신뢰성이 부족해 보인다. 그래도 바이어는 에이전트를 믿고 계약할 수밖에 없다.

사업체 매매에 있어 가장 중요한 에이전트의 역할은 바이어와 셀러를 만나도록 중간에서 주선해주는 것이다. 에이전트라는 말 자체가 중간에서 중개인의 역할을 해준다는 것이다. 요즘과 같이 많은 사업체들이 매매되고, 또한 사업체의 운영 자체가 복잡하고 계절적으로 매출의 변동이 심한 상황에서, 중개인인 에이전트가 그 사업체의 매출을 정확히 알 리가 만무하다. 에이전트는 보통 판매 가격과 매출, 순이익, 그리고 사업체의 리스 및 지출과 수입에 관한 제반 정보를 셀러에게 받아, 그 내용을 바이어에게 전해주는 것이다. 에이전트가 회계사 같은 전문가를 대동하여 판매하려는 사업체의 모든 장부들을 점검하지 않는 한 정확한 매출을 알 리가 없다.

그러므로 매출에 거품이 있는지 없는지, 또한 있으면 어느 정도 있는지는 바이어가 직접 에이전트의 도움을 받아 점검해야 할 사항이다. 매출을 확인하는 절차가 매매계약 내용에 정확하게 언급되어 있어야 바이어는 매출이 정확한지를 점검할 수 있는 절차와 조사를 할 수 있게 된다. 에이전트는 사업체의 매출을 확신하고 구입할 수 있도록 도와주는 역할을 한다. 에이전트를 잘 활용하여 매매계약에 도움이 되도록 하는 것은 전적으로 바이어에게 달려 있다. 바이어가 사업정보 및 매매계약에 따른 모든 절차들을 잘 알고 있을수록 사업체를 잘 구입할 수 있다는 것을 잊어서는 안 된다. 매출을 제대로 점검하여 결국 사업체를 구입하는 최종 책임은 절대적으로 바이어에게 있다는 것을 잊지 말아야 한다.

3. 사례 연구

2003년 L씨는 자신에게 사업체를 넘긴 전 업주를 상대로 사기 등을 이유로 고소했지만 패소했다. 당시 배심원들은 과장된 매출을 믿고 업소를 구입한 L씨에게 책임이 있을 뿐 전 업주가 고의로 매출을 조작했다는 증거를 발견할 수 없다고 밝혔다.

사업체의 매출 부풀리기가 만연한 '묻지마 거래'는 미국에서 있을 수 없는 일이다. 또한 매매계약서 작성시에도 많은 경우 셀러는 세금 문제 때문에 매매가격을 낮춰 허위계약서를 작성하도록 바이어에게 압박을 가한다. 하지만 허위계약서를 작성한 후에는 손해배상 소송도 할 수 없는 상황이 된다.

허술한 계약서와 엉성한 매매과정 때문에 발생한 비즈니스 매매분쟁의 70~80%는 합의로 해결된다고 변호사들은 언급한다. 전 업주로부터 속아서 샀다고 믿는 현 업주와, 현 업주가 영업을 잘못하고 책임을 미룬다고 믿는 전 업주 모두 불법 계약서 작성에 따른 탈법 사실이 법원에서 드러나는 것이 두렵기 때문이다.

하지만 일단 매매계약서를 제대로 작성해도 이미 사업체를 인수한 후에 소송을 하는 것은 바이어에게도 별로 이득될 것이 없다. 최소한 몇 만 달러의 변호사 비용과 들어갈 시간을 생각하면, 소송에서 이겨도 실제적으로 손해배상을 받는 경우는 많지 않다. 가장 중요한 것은 철저한 매출 점검과 정식 계약절차와 매매계약서를 통한 거래이다. 매매계약 시 현금을 지불하는 것은 불법이며, 결국 바이어와 셀러 모두에게 어려움을 주는 편법, 탈법 거래임을 알아야 한다. 사업체 계약시에는 반드시 변호사, 회계사, 부동산 에이전트 등의 전문가들의 조언과 상담을 받은 후 정상적인 방법으로 사업체를 인수해야 한다.

03 | 범죄에 대한 대비

1. 한인 상대 강력범죄의 이유와 대비

매년 수십 명의 한인들이 먼 미국 땅에서 장사하다가 강도들에 의해 무참히 살해되거나 중상을 입는다. 이는 비단 한인들만의 문제가 아니고 모든 소수 이민자들의 고통이지만 한인들이 그 중 가장 많이 범죄의 희생양이 되고 있다는 느낌이 든다. 그 이유가 무엇인지 알아본다.

먼저, 한인 이민자들은 안전을 생각지 않고 수입이 많은 사업체를 찾다보니 위험한 지역에서 사업을 하는 경우가 많다. 아무래도 사고 가능성이 높은 사업체들을 많이 운영하다보니 강력범죄의 대상이 된다. 가급적 위험한 사업체나 환경에 한인들이 적게 노출되기만을 바랄 뿐이다.

두 번째로, 한인은 현금을 많이 갖고 다닌다는 소문 때문이다. 그래서 LA 지역에서는 범죄자들이 심지어 한인의 뒤를 따라와 차고에서 내릴 때 총을 들이대고 손가방을 빼앗아 달아나는 경우가 종종 있다. 길거리에서의 강도 행각이 심한 것도 현금 때문이다. 가급적 신용카드나 수표를 쓰고, 현금은 많이 소유하지 않는 것이 지혜이다.

세 번째로, 좋은 차와 좋은 집에서 부유하게 산다는 허세 때문이다. 한인들은 좋은 차를 타고 다니며 많은 돈을 벌었다는 잘못된 인식이 소수민족 간에 있다. 실제보다는 과장된 소문 때문에 선의의 피해를 입는 한인들이 많이 있다.

마지막으로, 범죄 신고를 별로 하지 않기 때문이다. 현금을 탈취 당했으면 신고를 해야 하는데, 많은 경우 한인들은 세금이나 다른 부작용 때문에 오히려 쉬쉬하고 넘어가고, 강도들은 이러한 한인들의 심리 상황까지도 악용하기에 이르렀다.

이러한 이유들을 감안해 한인들은 아무리 수입이 중요해도 위험한 지역에 사업체를 여는 것을 지양하고, 평소에 현금을 지참하는 버릇을 없애야 한다. 그리고 평소에 검소한 모습과 행동을 길러나가고, 범죄를 당할 시에 강력히 대처해 제2, 제3의 범죄를 막을 수 있어야 한다.

2. 사기방지 요령

한마디로 사기를 당하기 원하는 사람(수요)이 있기 때문에 사기꾼(공급)이 있다. 사기 당하기를 원하는 사람들은 다른 사람들(사기를 당하지 않는 사람들)은 잘 모르는 쉽게 돈을 버는 방법이 있다고 생각한다. 재물에 대한 지나친 소유욕 또한 위험한 투자를 마다하게 만든다. 이러한 잘못된 투자 개념을 가지고 있는 사람들은 사기꾼을 만나면 마치 물 만난 고기처럼 스스로 사기행각에 뛰어든다. 그래서 그런지 매년 수천 명의 미주 한인들이 위험한 투기성 투자나 심지어는 사기성 투자로 돈을 잃고 있다. 사기나 위험한 투자를 피하기 위한 세 가지 점검사항을 알아본다.

첫 번째는, 지나치게 높은 수익이나 이자율을 보장하는 안전한 투자는 없다는 것을 명심해야 한다. 상식적으로 이해가 안 되는 높은 수익이나 이자율이 많을수록 위험이 높고, 사기성이 농후하다. 안전하면서도 높은 수익이나 이자율을 보장받는 사업체들은 미국뿐 아니라 어디에도 없기 때문이다. 사기꾼들은 사기 행각을 벌이기 위해 단기간인 1~2년 동안은 일부러 높은 수익을 배당해줄 수 있다. 이것은 단지 더 많은 고기를 잡기 위한 미끼에 불과하다. 2004년 LA에서 일어난 대형 투자사기는 바로 이런 방법을 동원했다. 처음 1년간은 높은 이자를 잘 지급하면서 손님들을 끌어모았으나 시간이 되자 수천만 달러의 돈을 순식간에 횡령하여 달아났다. 이들이 하는 방식은 대부분 비슷하다. 즉 처음 미끼에 걸려든 투자자들에게는 원금에서 손해를 보면서 일부러 지나치게 높은 수익을 지급해준다. 그러면 이런 소문이 주변의 친구나 친척들에게 엄청난 파급효과를 내면서 번진다. 그들이 다시 미끼로 걸려든다. 이들에게도 다시 높은 수익을 주면서 실제투자는 거의 하지 않는다. 그들은 투자금을 받아, 이 돈으로 다른 투자자들에게 높은 수익을 제공한다. 이에 일반 투자자들은 현혹되고, 많은 사람들이 몰려든다. 이들은 어느 정도 투자금이 모였으면 시간을 봐서 정리하고 도망을 간다.

두 번째로, 주변에서 아무리 높은 수익이 있고 몇 년 동안 높은 이자율이 지급되었다 하더라도, 본인이 직접 분석하고 연구한 다음에 투자해야 한다. 한국인들은 정규투자나 방법들은 무시하고 친구나 이웃이 소개하는 투자 기회를 생각보다 쉽게 믿고 따른다. 높은 수익성을 보장하는 투자들이 아주 간단한 투자설명회만을 가진다면 대부분 사기라고 볼 수 있다. 또한 사기를 잘 당하는 사람들은 자기뿐만 아니라 남들까지도 동참케 하는 못 말리는 능력이 있다는 것을 알아야 한다. 그러므로 투자 결정은 심사숙고한 끝에 이루어져야 한다. 시간을 충분히 갖고 투자 상품을 검토한 뒤에 하는 것이 지혜이다. 분위기 조성을 하면서 투자 기회를 주는 것이 무슨 큰 호의를 베푸는 식으로 투자자들을 서두르도록 만드는 것 또한 이들의 기술이기도 하다. 이런 현상들은 교회 안에서도 비일비재하다는 것을 알아야 한다. 미국 이민생활이 교회 중심이라서 교회 안에서 많은 사람들을 만나는데, 양의 탈을 쓴

이리들도 있다는 것을 명심하기 바란다.

세 번째는, 투자자들은 말하지 않지만 수익성이 높을수록 투자금 전액을 상실할 확률이 높다는 것을 깨달아야 한다. 어떤 중개인들은 시중에서는 모르는 감추어진 최상급의 투자기회가 있다고 투자자들을 현혹하기도 한다. 일부 보험 에이전트들도 고객들에게 가장 바람직한 최선의 숫자만을 제시할 뿐 돈을 잃을 수 있다는 투자 상황에 대해서는 전혀 언급하지 않는다. 그리고 소비자들이 읽을 수도 없는 깨알만한 글씨들로 덮여있는 계약서에 사인을 하게 한다. 특별히 수익성이 높은 뮤추얼 펀드에 투자하는 것은 경험 있는 전문가들을 제외한 일반인들은 삼가야 한다. 어떤 보험 에이전트는 투자금을 세 군데로 나누어 위험부담을 줄인 안전한 아이들용 학자금 펀드가 있다고 손님을 유혹했지만, 8년 뒤에 원금을 보니 원금이 전혀 늘어나지 않은 상태였다. 사기성은 아니지만 거의 사기에 가까울 정도로 고객의 자금을 마구 관리한 것이다. 게다가 에이전트는 많은 커미션을 중간에서 받았으며, 손님이 화가 나서 해약하자 해약 벌금까지 부과했다고 한다.

사기를 당하는 것은 똑똑하지 않아서가 아니다. 사기는 욕심을 부릴 때 당하는 것이다. 오히려 똑똑하고 영특한 사람들이 욕심을 부려 사기를 당하는 경우가 많다. 이것은 미국이나 한국이나 다를 바가 없다. 희망을 가지고 이민 온 미국에서 부디 허황된 욕심을 부리는 일이 없기를 바란다.

제3장

한인들이 선호하는 비즈니스 분석

노동집약적 서비스 사업

　투자금이 넉넉지 않은 한인들이 많이 종사하는 분야는 노동력을 중심으로 한 서비스 분야이다. 페인트, 청소, 가드닝, 정원 공사, 수영장 청소, 신발 보수 등에 관련된 분야들이다. 하지만 청소와 가드닝 분야에서 한인들의 진출은 점차 상대적으로 줄어드는 추세이다. 특별히 멕시코 계통의 이민자들이 이 분야에 싼 노동력을 바탕으로 진출함으로써, 한인들은 점차 상권을 물려주고 다른 업종으로 전환하는 단계에 있다. 한인들은 가드닝에서 정원 공사 쪽으로 수직 상향이동을 하고 있다. 공사 규모가 크고 경험과 전문기술이 더 요구되는 정원 공사 쪽으로 한인들이 이동하는 것은 시대의 변화와 유행에 따른 당연한 추세이다.

　이 세 분야는 1980년대 말까지만 해도 건강하면 누구나 할 수 있는 상당히 전망이 있는 사업체였다. 한인들이 가드닝, 청소, 페인트 시장의 70~80%를 점유하고 있었고, 수입도 괜찮았다. 육체적으로는 힘든 일이었지만 10,000불 투자해서 부지런하면 한 달에 5,000~8,000불 정도는 벌었다. 하지만 1980년대 말과 1990년대 초부터는 남미 계통의 이민자들이 이 분야로 진출하면서 가격 경쟁과 이윤의 하락을 가져왔다.

특별히 미국은 부지런하기만 하면 일할 기회는 많다. 부정적인 생각을 버리고, 전통적인 사고관도 버리고 기회의 나라에서 열심히 도전할 준비를 하면 미국 생활은 금방 쉬워지고 정착이 빨라진다.

01 | 가드닝

1. 개괄

가드닝 사업 분야의 전망이 흐려진 건 남미계 이민자들의 진입 때문이다. 1980년대 초까지만 해도 남미계 이민자들은 주로 일본 가드너와 한인들 밑에서 보조helper로 일했었다. 1980년대 말부터 이 보조들이 자영업을 시작함으로써 남미 이민자들의 시장 점유가 높아졌고, 이후로 가드닝 수입은 고정되거나 줄어들기 시작했다. 더욱이 남미계 보조들의 인건비는 1980년대 초에 비해 2007년에는 두 배를 넘어섰다. 2007년, 보조들의 하루 일당은 65불에 주급(5일)은 325불 이상이다. 1980년대 초에는 보조들의 하루 일당이 30불에 주급(5일)은 150불 정도였다. 기계와 차량유지비도 50% 이상 올랐다. 당연히 수입은 줄어들고, 경쟁은 심해졌다.

지금 가드닝 순수입은 보조의 수와 주중 5일인지 아니면 6일인지에 따라 달라지지만 보통 한 달 정규 매출gross이 7,000불이며 주 5일 일하면 순수입은 50%인 3,500불 정도이다. 6일인 경우는 4000불 정도이다. 그렇지만 아직도 투자에 비해 회수금은 타 업종의 추종을 불허한다. 50,000불을 투자하여 두 팀을 운영하는 경우 한 달에 5,000~6,000불의 수입이 있는데, 주인은 정기적으로 일하지 않고 파트타임으로 일하면서 가능하다. 잔디 관리가 주종이지만 새로운 잔디 입히기와 주말 청소 등도 있기 때문이다. 여름철에는 매주 정기적인 잔디 관리 외에도 부수입이 괜찮은 편이다.

가드닝의 권리금도 상당히 올라 월 매출의 4~5배 정도에서 거래되고 있다. 오래된 밭이며 좋은 지역에 있는 밭들은 권리금이 5배에 가깝고, 오래된 주택 지역이며 일이 많은 밭들은 3.5배에도 구입할 수 있다. 새로운 지역들은 주택난으로 대부분 앞뒤뜰이 작고, 오래된 나무들도 없어서 작업시간이 매우 짧아졌다. 그래서 숙달된 가드너들은 오후 2시 전에 집으로 돌아오는 사람들도 상당히 많다. 가드닝의 권리금은 어느 지역에, 어떤 밭들이 어느 정도 몰려 있느냐에 따라 차이가 있다. 또한 오래된 밭들이 권리금을 더 받는다. 차량은 차고가 없는 사람들은 벤을 사용하여 가드닝을 시작할 수도 있지만, 차량을 넣어둘 안전한 차고만 있다면 아무래도 소형 트럭이 유리한 점이 많다. 차를 2대 갖고 2팀을 운영하면 한 달에 약 6,000불 정도의 수입이 정기적이고, 주말의 부수입을 계산하면 한 달에 최소한 7,000~8,000불 정도의 수입은 확보된다. 차를 3대 갖고 3팀을 뛰는 사람들은 한 달에 약 10,000불 정도의 정규 수입을 포함하여 약 11,000~12,000불의 총수입을 가져올 수 있다. 하지만 상해보험이나 비즈니스 자동차 보험도 없이 여러 대의 차량을 운영하여 수입을 증가시키는 것은 추천하고 싶지 않다. 경험이 풍부하며 오랜 밭을 갖고 있는 사람들도 2대 이상의 차량을 통하여 가드닝을 운영하는 것은 바람직하지 않다. 약간의 경험을 쌓은 다음에 전체 2대 정도의 차량으로 2팀을 운영하는 것이 좋다. 가장 좋은 것은 좋은 밭들을 중심으로 2~3명 정도의 보조를 데리고 주 5일 일하는 것이다. LA와 오렌지카운티 지역에서 가드닝에 종사하는 한인들은 약 500명 내외로, 계속 줄어들고 있다.

2. 장점

- 50,000불 투자로 한 달에 약 5,000불 이상의 수입이 가능하다. 단 2팀을 활용하는 경우를 전제로 한다. 1팀만을 사용하여 주인이 같이 일하는 경우는 30,000불 투자에 4,000불 정도의 수입이 가능하다. 주말에는 쉬고, 청소나 나무 자르기 아니면 추가로 부수적인 일들이 있어 부수입이 짭짤하다.
- 아침 일찍 나가고 오후 일찍 들어오는 관계로 가족과 시간을 많이 보낼 수 있고, 주말에도 시간적 여유가 많다.
- 부지런하고 손재주만 있으면 일감이 많은 편이라 고소득을 올릴 수 있다.
- 영어가 많이 필요하지 않고 건강하면 누구나 할 수 있다. 필요한 기술은 한 달 내에 기본적인 것은 다 배울 수 있다.

3. 단점

- 주인이 직접 현장에서 일하는 경우는 젊어야 한다. 여름에는 특별히 육체적으로 힘든 노동이다. 때문에 몇 십 년씩의 장기 운영자들은 많지 않다. 약 5년 운영 후 다른 사업들로 업종을 바꾼다.
- 경쟁이 심해서 가드닝 서비스 단가를 올리기가 어려운 반면, 경

비는 증가하여 매년 수익률이 줄어드는 추세이다.

● 보조를 잘 관리해야 한다. 보조의 농간이 있을 수 있기 때문이다. 상대적으로 영어에 취약한 한인들의 밭을 보조들이 빼앗아 자기 밭으로 만들어왔다. 한편 보조가 일을 제대로 하는지 잘 감독해야 하며, 돈을 받는 것은 반드시 주인이 관리해야 한다. 여러 팀을 운용하더라도 차량 운전과 수금까지 보조에게 맡기면 안 된다. 차량 운전은 어쩔 수 없더라도, 수금만은 주인이 해야 한다. 보조의 불평이 없도록 자주 대화를 해야 하며, 말을 잘 안 듣는 보조는 빨리 내보내고 새로운 보조를 써야 한다.

4. 전망

아무래도 남미계 이민자들이 싼 노동력을 바탕으로 시장에 침투하는 관계로 전망이 그리 밝지 못하다. 한인들은 가격 경쟁보다는 기술과 서비스 차별화를 통한 살아남기 전략을 써야 할 것 같다. 미국에서 정원 관리는 필수지만 워낙 싼 가격으로 남미계 이민자들이 공략해서 시장이 엉망이 되었다.

이제 한인 이민사회도 노동력 중심의 사업체나 서비스업에서 자본과 기술 중심의 사업체로 옮겨가는 시점에 있다. 점차 노동력 중심의 사업체들은 남미계 소수민족들의 차지가 될 것 같다.

한인들이 서비스와 기술을 앞세워 게이트 커뮤니티gate community나 복합아파트 단지apartment complex 같은 대규모 가드닝 단지들을 관리하고 가드닝 서비스를 제공하는 등 시장 차별화를 시도하는 것이 좋다. 서민들이 많이 거주하는 지역들은 남미계에게 맡기고 이런 특수 지역은 한인들이 신경을 써서 마케팅을 해야 한다. 일단 하나의 고객을 확보하면 부유층이 많이 거주하는 좋은 동네인지라 이웃의 여러 고객을 확보하기가 쉽다. 또한 가드닝 값에 크게 부담을 느끼지 않는다는 점도 장점이다. 이런 곳을 한인들이 기술을 바탕으로 진출하는 것이 가격 경쟁을 통해 살아남는 것보다 바람직한 것 같다. 하지만 서비스의 차별화를 위해 영어도 상당히 해야 하며, 유니폼 착용을 통한 전문화를 시도해야 한다.

또한 한인들은 규모가 큰 정원 공사 쪽으로 나가는 것도 좋은 방법이다. 많은 한인들이 이미 정원 공사 분야로 진출해 있는데, 대부분이 새로운 주택의 정원 공사이다. 그것도 좋지만 대규모 주택단지에 포함된 정원이나 조합association의 전체 정원을 맡아 공사할 수 있는 경험과 자격을 준비하는 것이 필요하다. 이를 위해서는 영어와 경영에도 능해야 할 필요가 있고, 한인 2세들도 동참시킬 수 있는 큰 프로젝트들이 필요하다.

5. 가드닝 체험 사례

● 사례 1 - 올해 34세의 K씨는 2002년 말에 가족과 같이 LA에 정착했다. 불법체류 신분이지만 열심히 두 팀의 가드닝을 운영하면서 살고 있다. 그는 가지고 왔던 50,000불 중 상당한 부분을 할당하여 두 팀의 가드닝을 운영하였고, 한 달에 6,000불 이상의 수입을 올리고 있다. 지금까지는 곗돈을 붓느라 저축을 못했지만 몇 달 후부터는 매달 2,000불 정도의 여윳돈을 저축할 수 있다는 꿈에 부풀어 있다. 한국에서 아이 하나를 데리고 왔고, 이곳에서 시민권자인 두 번째 아이가 태어났다.

K씨가 언급하는 가드닝의 좋은 점은 바로 안정된 수입원이다.

지금 200여 집을 관리하고 있는데, 몇 집이 계약을 해지해도 또 새로운 집들을 확보하면 전체 수입은 크게 차이가 없이 매달 안정된 수입이 들어온다. 그러므로 몇 십만 불씩 주고 사업체를 살 필요도 없고, 망할 염려도 없다는 점이 좋다.

단점은 아무래도 육체노동이므로 몸이 고된 면이 있다. 그리고 경비를 절약하느라 보험 없이 기사를 보내므로 사고나 안전의 위험성이 도사리고 있다. K씨의 어렸을 때 꿈은 "Everyday is Christimas"였다. 젊었을 때 열심히 일하고 부동산 투자를 많이 한 다음에 일찍 은퇴하고 가족과 같이 시간을 보내는 것이 그의 꿈이다.

● 사례 2 – S씨는 1986년 미국 캘리포니아주의 오렌지카운티로 이민을 왔다. 그는 친구가 가드닝 하는 것을 보고 견학을 나갔다가 월급쟁이보다 일도 훨씬 낫고, 적은 자본으로 시작할 수 있다는 자신감을 얻었다. 곧바로 오렌지카운티 신문에 나온 가드닝 양도광고를 보고 사업체를 구입하여 가드닝을 시작했다.

가드닝 사업체는 나무, 화초, 잔디를 다루는 일인 만큼 자연과 교감할 수 있는 데다 쉽게 망하지 않고, 땀 흘리는 일이므로 건강에도 좋다. 일한 만큼 정확한 보수를 받는다. 주말을 가족과 같이 즐길 수 있고, 남들 쉴 때 쉰다는 점도 좋다.

사업체의 어려운 점은 남미계들을 주로 종업원으로 고용하기 때문에 그들과의 관계가 사업의 성패를 좌우한다고 해도 과언이 아니다. 이 점은 모든 사업체들이 같지만 일방적인 물질에 의한 노사개념보다는 그들을 이해하고, 그들과 같이 호흡하며 인간적인 사랑과 관심을 가져야 한다. 모든 사업이 그렇듯이 사업주가 모든 일을 경험해보고 통달해야 종업원들에게 휘둘리지 않는다. 종업원의 어려움을 이해하고 마음을 헤아릴 수 있다면 더욱 좋다. 서비스에 대한 불평이 있는 손님과의 관계도 항상 좋게 유지하려고 노력해야 한다.

S씨는 이민 초년생들에게는 가드닝을 꼭 권하곤 한다. 어찌 보면 단순노동이지만 이 일을 20년 넘게 하면서 집도 사고 아이들 셋을 키우면서 별로 돈 걱정 없이, 불경기도 타지 않고 고정 수입 이상을 유지하며 살아왔다. 요즘은 가드닝 권리금도 전보다는 많이 올랐고, 또한 남미계 이민자들이 저렴한 노동력을 바탕으로 시장점유율을 높여가고 있지만, 아직도 적은 자본으로 시작할 수 있다. 무엇보다 S씨처럼 활동적인 사람들은 가게에 묶여 있기보다는 이 일을 택하면 좋다.

02 | 페인트

1. 개괄

페인트 시장에도 가드닝 같이 타민족들이 점차 들어오고 있지만, 아직 우려할 정도는 아니다. 그 이유는 페인트 사업은 자격증이 필요하고, 기술적인 섬세한 면에서도 한인들이 남미계나 다른 소수 민족들보다도 훨씬 뛰어나기 때문이다. 그래서 그런지 타민족이 페인트에는 아직 본격적으로 뛰어들지는 못하고 있다. 페인트 분야의 경쟁은 주로 같은 한인들끼리의 경쟁이라고 해도 과언이 아니다. 몇몇의 한인 소유

페인트 회사는 아주 규모가 커서 수십 개 팀을 유지하며, 100명 이상의 종업원을 거느리고 있다. 아직도 수천 명의 한인들이 페인트 업계에 종사한다. 약간의 기술과 성실함으로 한 달에 4,000~5,000불 정도는 쉽게 벌 수 있기 때문이다.

페인트 사업은 다음의 세 가지 형태로 운영되고 있다.

첫째, 자신이 직접 견적을 보면서, 몇 명의 종업원을 데리고 본인이 직접 일한다. 이처럼 자신이 일하는 사람들은 더 많은 수입을 올릴 수 있지만 규모가 작아 본인이 힘든 일을 계속해야 한다는 부담이 있다. 연간 수입은 5만~10만 불 정도이다.

두 번째로, 수십 개의 팀을 나누어 보내고 자신은 주로 견적을 보러 다니거나 팀을 감독한다. 이런 사람들은 오랜 경험을 바탕으로 본인이 직접 일하지 않고 밑에 매니저를 두고 관리하게 한다. 규모에 따라 다르지만 연간 수입은 10만 불 이상이다.

세 번째는, 주로 미국 회사의 큰 수주를 서브로 하청받거나, 또는 서브의 서브로 재하청 받는 식으로 운영한다. 미국 원청업자에게 서브를 받는 경우는 단가가 크지만 프로젝트에 따른 보험비용이 상당해서 미국 회사에게 하청 경험이 많은 업자들만 할 수 있다. 이럴 경우 건수를 따오는 것에 대해서는 별로 신경을 쓰지 않지만 대형 업체에게 종속되어 있고, 또한 수입이 한정되어 있는 단점이 있다.

아무튼 페인트 분야는 한인들이 직간접적으로 80% 이상을 장악하고 있다. 그러나 규모가 큰 청부업은 보험이나 경력 부족으로 한인들이 직접 수주를 맡는 경우가 많지 않고, 중소 규모로 운영되고 있다. 건수를 잘 따는 업자들은 주로 한인들이 한인들에게 서브로 하청을 주고 약 30% 정도의 커미션을 챙긴다. 한인들 중에는 여러 팀을 운영하는 업체들이 많이 있다. 페인트 일꾼의 하루 일당은 초보자 70불에서 숙련공 150불 정도를 지급하고 있다. 약 2,000명 이상의 한인들이 남가주 지역에서 종업원으로, 또는 업주로 페인트 사업체에 종사하고 있다.

2. 장점

● 투자에 비해 소득이 아주 높다. 차량(흔히 깡통 밴이라고 한다)과 몇 가지 페인트 장비들, 그리고 자격증만 있으면 한 달에 4,000~5,000불 정도의 수입은 어렵지 않다.

● 손재주 있는 한인들이 하기에 적당하고, 일감이 풍부하다.

3. 단점

● 육체노동이라 건강해야 하고, 몸이 고되다. 페인트 스프레이를 장기적으로 다루다보면 건강을 해치기가 쉽다. 노년에는 직접 일하지는 못하고 견적만 뽑아야 한다.

● 계절별 소득 격차가 심하다. 성수기는 많은 수입이 들어오지만, 비수기는 일이 없어 몇 주씩 일을 못할 수도 있다. 그러나 오랜 경험자들은 일감이 풍부하다.

● 종업원 관리가 쉽지 않다. 그리고 성수기에는 많은 종업원을 써야 하고, 비수기에는 종업원들을 내보내야 하는 안타까움이 있다.

4. 전망

● 페인트 사업을 대형화하려면 종업원 상해보험과 필요한 자격증을 준비해야 하는데, 가격경쟁을 통해 성장한 한인 페인트 업계는 비싼 종업원 상해보험을 지불하면서 경쟁에서 살아남기가 쉽

지 않다. 페인트는 노동력이 투자라는 전근대적인 생각을 버리고 장기적 안목에서 종업원 상해보험과 자격증을 구비해야 한다. 즉 지금까지는 투자 없이 몸으로 때웠다면, 앞으로는 필요한 투자와 경비를 계산하여 자격을 갖춘 다음에 단가가 좋은 대형 프로젝트들을 직접 한인들이 수주할 수 있는 기회를 포착해야 한다. 한번 대형 프로젝트들을 직접 맡아 페인트를 하기 시작하면 계속해서 큰 프로젝트에 도전하고 참석할 수 있는 신용 상태가 생기기 때문이다.

● 점차 페인트 자격증의 문제가 강화되고 있다. 기술이 뛰어나다고 자격증 없이 독자적으로 페인트 업계에 뛰어드는 것은 한계가 있다. 견적을 보기 위해 여러 곳을 다녀야 하며, 또한 많은 사람을 만나다보면 자격증 문제가 불거진다. 무면허로 견적을 봐서 상당한 수입을 확보하던 시대는 지나갔다. 무면허 단속을 위한 함정 수사가 있다는 소식도 있다. 페인트 자격증 시험은 어렵지 않으나, 영어와 거리가 먼 사람들에게는 힘들 수 있다.

● 가격경쟁보다는 서비스와 질의 경쟁을 통한 선의의 경쟁이 업계를 살리는 길이다.

● 대형 페인트 프로젝트와 연계된 로비라든지 아니면 정보의 입수를 통해 페인트 산업을 더 활성화시키고 대형화시키려는 노력이 필요하다. 다시 말해 경영능력이 있고 영어가 잘 되는 2세들의 도전을 권장한다. 대형 아파트를 고객으로 하면 매달 정기적인 일이 있다. 이런 일들은 영어에 어려움이 없는 2세들이 감당하는 것이 좋다.

회계사인 필자는 40세 밖에 안된 백인 전기공사 수주업자의 회계 업무를 2년간 담당한 적이 있다. 엄청난 비용이 종업원 상해와 일반 보험료로 지불된다. 하지만 그는 경쟁이 별로 없는 큰 전기공사의 수주를 거의 도맡아했다. 또한 전기공사를 도급받으면서 페인트 업무도 자신이 다 도급을 받았다. 그는 따로 페인트 회사도 차려서 자신이 도급받는 페인트 일들을 담당하게 했다. 그가 하는 일은 수백 채의 주택단지가 들어서는 곳의 모든 기초적인 전기공사를 하는 것이었다. 여러 대의 특수 장비 트럭과 50여 명의 종업원을 고용하고 있었다.

한인 이민 1세들이 주축인 한인 사회의 분위기는 아이들을 공부시켜 하버드나 예일을 보내거나 의사를 만드는 것이 가장 큰 바람이다. 그러나 공부도 좋지만 사업경영에 재능이 있는 아이들은 페인트 업계 같은 분야에도 진출해야 한다. 엄청난 규모의 돈과 파생효과를 갖고 와서 한인사회의 성장과 고용증대에 기여할 수 있다. 페인트 산업의 전망은 아주 밝다고 본다. 기존의 소규모에서 벗어나 직접 대규모 프로젝트에 참여하는 준비를 해야 한다. 엄청난 건물들과 주택들이 페인트를 필요로 한다.

세금상 조심해야 할 사항

페인트 사업에 종사하는 사람들은 밑에서 일하는 종업원이나 청소에 관하여 봉급 형태(W-2)로 페이를 주기보다는 자영업을 의미하는 Form 1099 페이를 주고 있다. 그러나 최근 몇 년간 이것이 큰 문제로 부각되고 있고, 많은 페인트 업자들이 감사에 걸려 벌금과 이자를 냈다. 많은 종업원을 고용하고 있는 페인트 업자들은 최소한 50% 이상은 W-2로 페이를 주어야 한다. 세금을 줄이기 위하여 Form 1099로 발행하면 나중에 감사에 걸릴 확률이 매우 높아진다.

무면허자가 법인 자격증을 통한 자격증 소지자로 전환하는 방법은?

캘리포니아주에서는 페인트 자격증이 있으면 아무래도 큰 공사를 수주받기가 수월하다. 게다가 무면허 페인터가 면허 소지자와 법인을 설립하면 5년 뒤에는 면허 소지자qualifying person가 법인을 떠나도 무면허 소지자non qualifying person는 계속 남아서 법인 자격증을 활용하여 사업을 계속할 수 있다는 장점이 있다.

중요한 것은 법인을 설립한 다음 5년 뒤에 'replacing qualifying individual person'이라는 신청서를 작성하여 신청을 해야 한다. 자동적으로 무면허 소지자가 법인을 계속 운영하도록 허가가 되는 것은 아니다. 조건은 지난 5년간 법인의 라이선스에 문제가 없었고, 무면허 소지자는 법인에서 관리 직책으로 중요한 종업원과 법인 관리를 한 기록이 있어야 한다. 개인이나 법인의 페인트

면허 라이선스는 매 2년마다 갱신해야 하며, 면허 소지자가 법인을 떠나는 경우는 관리국(California State License Board: CSLB, www.CSLB.ca.gov, 1-800-321-2752)에 보고해야 한다.

순서는 먼저 법인을 설립한 다음에 캘리포니아주 라이선스 보드에 개인의 자격증을 법인으로 바꾸는 양식을 작성하여 신청비 400불을 제출하면 법인으로 된 새로운 자격증이 나오며, 본드를 구입하여 모든 수속을 마치게 된다. 법인 시작부터 새로운 라이선스를 받기까지 약 10주 정도 잡으면 된다. 법인 설립비용은 약 800불 정도이다. 법인 설립은 아주 간단하며, 라이선스를 소지한 동업자의 허락만 있으면 아무 때나 1주일 정도에 마칠 수 있다.

이렇게 5년 동안 무면허 소지자가 법인의 주식 소유권을 51% 이상 소유하고 주요 관리직에서 일을 하고 있으면, 면허 소지가가 5년 뒤에 법인을 떠나도 법인의 이름으로 법인 라이선스를 갱신할 수 있다는 강점 때문에 한인 페인터 중에는 법인을 통한 법인 라이선스 신청이 성행하고 있다.

03 | 수영장 청소

1. 개괄

수영장 청소에 종사하는 한인들은 얼마나 될까? 오렌지카운티의 수영장 청소 관련 커뮤니티 통계에 따르면 약 80명 정도가 한인인 것 같다. 오렌지카운티에 거주하는 한인을 약 15만~20만 명이라고 가정할 때 LA 부근에서 수영장 청소에 종사하는 사람들은 약 500명 내외로 추정된다.

2007년 권리금은 월 매출의 약 8~10배 정도이다. 처음 6개월 정도만 고생하면 그 뒤부터는 운영하기가 수월하다. 모터를 고치는 기술이나 타일을 붙일 줄 아는 손재주와 기술이 있으면 아주 좋다. 가드닝이나 페인트 일과는 달리 혼자서 속 편하게 일을 할 수 있다는 장점이 있다. 하지만 혼자 하기 때문에 아주 오래된 경험자들을 제외하고는 수입이 한정되어 있고, 일이 힘들 때도 있다. 수영장 청소는 겨울철에 일이 많고, 봄이나 여름은 적어지는 편이다. 특별히 숙달된 경험자들은 혼자서 한 달에 150집까지 하는 사람도 있다. 그러나 보통은 많이 하는 사람이 한 달에 100집 정도 한다. 한 집에 약 60불로 계산하면 정기적인 월수입이 나오며, 부수적인 일이 매달 몇 건씩은 있으므로 혼자 운영하는 사업체치곤 수입이 상당한 편이다. 그리고 청소에 사용되는 화학물질과 차량유지비 외에는 별로 나가는 경비가 없어서 총수입의 80% 이상이 순수입인 강점이 있다.

2. 장점

● 혼자서 운영하므로 종업원 관리의 부담이 없고 속 편하다. 그래

서 이직률이 낮은 편이다.

● 투자에 비해 회수금이 많다. 즉 60,000불의 투자로 혼자 일해서 1년쯤 되면 한 달에 4,500~5,000불의 순수입을 갖고 온다.

● 청소만이 아니고 오래 하면 종종 수영장 타일이나 모터 수리 같은 부수적인 일도 꽤 된다. 이럴 경우 단가가 높아서 보통 토요일 오전 몇 시간 일하고 200~300불 정도의 수입이 들어온다.

3. 단점

● 페인트나 가드닝 만큼 힘들지는 않지만, 역시 육체노동이라 나이가 들면 하기 어렵다.

● 혼자 하므로 아무래도 수입이 한정되어 있고, 큰 사업체로 성장할 기회는 없다.

● 많은 영어가 필요한 것은 아니지만, 의사소통은 될 정도의 영어가 필요하다. 그래서 영어가 서투른 이민 초년생들이 하기에는 약간 애로가 있다. 그런 경우는 대부분 통역 서비스를 활용하여 의사소통을 해야 하는 불편함이 있다.

4. 수영장 청소 체험

50대 중반의 P씨는 미국에 온 지 4년이 되었다. 2년 전, 기존의 수영장 청소 사업을 권리금을 주고 사서 운영하고 있다. 처음 인수했을 때 몇 집이 떨어져 나가 아주 속이 상했지만 이후 몇 집이 늘어 그런대로 견딜 만하다. 영어가 안 되어 아직 불편하지만 아이들과 이웃들이 전화를 받아 통역해주면서 견디고 있다. 혼자서 속 편하게 일하고, 운전해서 집을 찾아가는 것도 익숙해졌다. 기술이 없고 자본금도 많지 않은 그에게는 아주 적합한 사업이다. 주중 4일 밖에 일을 하지 않아 전체 생활비를 대지는 못하지만 집세와 용돈을 벌고 있다. 별로 나가는 경비가 없는 데다 가끔 주말이면 타일이나 모터를 고치는 부수적인 일로 수입이 늘어난다. 현재 약 50집을 담당하고 있는데, 한 달에 약 2,000불 정도의 순수입을 올리고 있다.

04 | 청소Cleaning maintenance

1. 개괄

청소 분야는 한인들이 오래 전부터 많이 운영해왔지만 지금은 떠나는 추세다. 그렇지만 아직도 영어가 필요 없고 성실히 일할 수 있는 사람이라면 틈새시장을 찾아 한번 도전해볼 만하다. 페인트 분야는 청소와 직접 긴밀한 관련이 있기 때문에 페인트와 청소를 함께 하는 한인들도 많이 있다. 청소 권리는 처음에 소규모로 몇 백 달러짜리들을 구입해 배우면서 시작하는 것이 좋다. 처음부터 몇 천 달러짜리를 도전했다간 몇 달 만에 날리기 십상이다.

청소하는 기술을 잘 배우는 것이 중요하다. 사무실이나 공장, 또는 공공단체 건물 등에 따라 청소하는 방법이 다르다. 왁스를 잘 하는 기술이 필요하다. 이런 기술들은 한두 번 해보고 배우는 것이 아니다. 은행 같은 건물을 하게 되면 나중에 다른 은행 건물도 할 수 있는 신용을 쌓게 된다.

작은 사무실이라도 일을 잘 해주면서 신용을 쌓아간다면 큰 용역업체로 성공할 수 있는 기회는 얼마든지 있다. 시작을 하려면 먼저 청소

견적과 일을 철저히 배워야 한다. 가급적이면 미국 사무실이나 고급 주택가를 상대하는 것이 좋다. 청소를 성실히 해주면 많은 소개referral를 받을 수 있다. 한인으로서 백인 고급 주택에서 청소 일을 하다가 주인의 소개로 은행 청소 일을 맡고, 나중에는 LA 공항 청소 및 안보책임 업무까지 인수받은 입지전적인 인물도 있다.

권리금은 보통 청소 권리의 3배에 거래되고 있다. 처음에 청소를 배우기 위해서는 봉급을 받지 않고 약 1달 정도 일을 한 다음에 몇 백 달러짜리의 작은 청소 권리들을 사서 일을 하면서 확장하는 것이 방법이다. 20년 전에는 많은 한인들이 청소업에서 돈을 벌었다. 그러나 경영 미숙과 근시안적 사고방식으로 큰 건물들의 청소 권리를 놓치거나, 한인들 간의 가격 경쟁으로 좋은 청소시장을 망가뜨렸다.

2. 장점

● 투자에 비해 소득이 많고 권리금이 비싸지 않다. 업체 설립에 돈이 거의 안 들어간다.

● 고도의 기술이나 영어가 필요한 것이 아니라, 근면과 성실만 있으면 누구나 할 수 있다.

3. 단점

● 종업원들을 많이 고용하여 청소를 해야 수입이 많아지지만, 종업원 상해보험의 폭등과 청소 단가의 하락으로 봉급 부담이 커졌다. 즉 순수입이 많이 줄었다.

● 육체적으로는 큰 힘이 들지 않지만, 밤에 일해야 하는 경우 밤낮이 바뀌는 삶이 된다.

- 많은 종업원들을 고용하여 사업을 하지 않는 한 소득이 한정되어 있다.
- 특별한 기술이나 투자를 필요로 하는 사업이 아니므로 경쟁업체가 쉽게 들어올 수 있다.
- 대형화되고 프랜차이즈화 되는 최근의 추세에 따라 청소용역 업체에 적합한 경영방식 없이는 생존하기 어렵다.

4. 전망

청소업계는 1980년대까지 한인들이 주축을 이루었다. 하지만 현재는 청소 단가의 하락과 영업능력의 부족으로 한인들은 점차 떠나가는 추세다. 특별히 한인들은 영업능력과 운영의 미숙으로 큰 청소 권리들을 대부분 잃었고, 조그마한 청소 권리들만 부분적으로 유지하고 있다. 그러나 시장의 세분화로 새로운 전문용역 업체들의 시장진출이 뚜렷해지고 있다. 예를 들어 대형빌딩 대상 전문 청소 서비스는 고층빌딩 유리창, 대형건물 카펫과 상업용 건물 등으로 전문화되어 있다.

이렇듯 돌파구는 차별화를 통한 전문 경영이다. 많은 청소용역 업체들이 난무하는 시장에서 살아남을 길은 서비스의 차별화에 따른 전문화이다. 청소용역 업체들은 주로 사무실이나 공항 또는 공공시설 같은 대형건물들에 주로 편중되어 있다. 주택에 대한 청소 서비스는 요즘 유행하는 프랜차이즈 청소용역 업체들에 의해 지역별로 배분되고 있다. 아직도 큰 청소용역 업체들의 대부분은 백인들이다. 이들은 백인이라는 장점으로 청소용역 시장의 대부분을 장악하고 있다.

한인들 중에서 1980년대 초까지 청소업계에 종사하여 큰돈을 모은 재력가들이 많이 있다. 지금은 서비스와 가격경쟁으로 전보다 못하지만 아직도 동부에서 가장 큰 청소용역 업체를 운영하면서 몇 천 명의 종업원을 거느리고 있는 한인이 있다. 또한 LA 탐브래들리 공항도 전체 관리를 한인이 맡아 운영하고 있다. 좋은 선배들을 본받아 차별화된 시장을 개척하는 것이 중요하다. 베버리힐스 같은 시장은 단가보다는 서비스의 질과 보안에 신경을 써야 한다. 시장은 많다. 문제는 어떻게 서비스 차별화와 시장의 전문화를 이룩하느냐이다.

청소를 잘 해주는 것도 중요하지만 종업원 관리 또한 중요하다. 사무실 등의 보안문제 등이 부각되는 상황 속에서 신원이 확실하고 정직한 종업원을 쓰는 것이 필수이다. 특별히 9.11 사태 이후 공공시설에 대한 안전이 심각한 도전을 받는 이때, 청소업체들의 종업원 관리와 운영은 더 강화되어야 한다.

이민 초년생들이 청소 분야에 뛰어들기에는 시대가 지난 것 같다. 그러나 꿈을 갖고 장기적인 안목으로 도전하는 사람들에게는 엄청난 시장이 될 수 있다. 특히 대가족 중심으로 가족 노동력이 풍부한 사람들에게는 적합한 사업체이다.

자본집약적 사업

01 | 리커와 마켓

1. 개괄

남가주에서 한인들이 많이 종사하는 분야는 식료품 판매업이다. 즉 마켓과 리커가 여기에 포함된다. 캘리포니아주 식료품 판매업 회의 Kargo 통계에 따르면 남가주 지역에만 약 7,000개의 마켓과 리커가 있는데, 57% 이상인 약 4,000개가 한인 소유라고 한다. 마켓과 리커가 각각 2000개씩 거의 50대 50이다. 한편 미국 전역을 통해서는 약 25,000개의 식료품 판매업을 한인들이 운영하고 있으니 과히 놀랄 만하다. 한 가족을 4명이라고 할 경우 미국 이민자들 중 10만 명이 마켓과 리커를 통해 생활을 하고 있다는 계산이 나온다. 남가주 지역의 한인들이 운영하는 마켓과 리커의 2005년 매출이 거의 4억 달러에 이르며, 세일즈 택스 납부액은 3천만 달러에 이를 것으로 추정된다.

아리랑마켓이라는 대형식품점의 간판이 보인다. 가든그로브의 한인타운 중심지로 약 30개의 한인 소매점포들이 입주해 있어 차를 파킹하기가 어려울 정도로 늘 붐빈다

마켓과 리커는 갓 이민 온 사람들이 영어와 미국 사회를 잘 이해하지 못해도 쉽게 할 수 있다는 이점 때문에 아직도 많은 한인들이 종사하고 있다. 운영이 쉽고, 수입이 안정되어 있기 때문에 마켓과 리커에 한번 발을 들여놓은 사람들은 쉽게 떠나지를 못한다. 그러나 술과 음란서적 등을 판매해야 하고, 일 년 365일 거의 쉬는 날 없이 사업을 해야 한다는 부담 때문에 종교를 가진 사람들은 기피하고 있다. 또한 어느 정도 미국 생활이 안정된 사람들은 다른 비즈니스로 옮겨가고 있는 추세이다.

리커는 지역에 따라, 그리고 크기에 비해 매출액이 큰 경우에는 권리금의 폭이 크다. 보통 위험하고 운영이 어려운 지역은 월 매출의 5배 미만이고 임대료가 저렴한 반면, 매출이 크고 지역이 괜찮은 경우는 7배까지도 받는다.

30만 불을 투자한 경우 리커는 한 달에 약 8,000불 정도의 수입을 올릴 수 있다. 보통 거래시 물건 재고는 권리금 외에 따로 계산을 한다. 물건 값을 오너 캐리해서 받으면 좋다. 또한 은행 융자도 쉬운 편이라 많은 한인들이 권리금이 비싼 리커 스토어들을 구입하고 있다.

매출 점검시 맥주의 판매량과 리커의 판매량을 구분하여 계산해야 한다. 맥주는 마진이 낮고, 리커는 높다. 리커보다 맥주를 많이 파는 가게는 매출이 많아도 총 마진은 상대적으로 저렴할 수 있기 때문이다. 가게와 지역마다 많은 차이가 있지만 일반적으로 총매출의 30% 정도를 총수입으로 잡으면 된다. 거기에서 임대료, 종업원 급여, 유틸리티, 보험 및 기타 경비를 제하면 순수입이 나온다.

이에 비하여 마켓은 다소 권리금이 싼 편이다. 보통 월매출의 3~5배 사이에 거래가 된다. 지역과 임대료 및 리스, 이웃 업소와의 경쟁 등에 따라 권리금이 상당히 차이가 있다. 마켓은 중형 및 대형 매장을 소유한 한인들이 많이 있다. 그리고 마켓은 매장의 규모와 매출이 커질수록 반비례적으로 권리금은 내려간다. 대형 마켓들의 경우도 장소와 리스 및 경쟁 상황 등에 따라 권리금에 영향을 미치지만 보통 월 30,000불의 순수입을 원하면 80만~90만 불 정도의 권리금을 지불해야 한다. 마켓은 리커에 비하여 운영이 쉽지는 않다. 부지런해야 하며, 종업원들을 잘 지시하고 다스려야 운영에 차질이 없다.

마켓이나 리커의 경우 셀러에게 매매 가격의 일부나 또는 재고를 오너 캐리해 달라는 경우들이 종종 있고, 은행이나 SBA 론을 신청하여 구입하는 경우들이 많다. 대개 매매 가격의 70% 정도를 다운하면 나머지 30% 정도의 융자는 어렵지 않다.

대도시에서 벗어나서 마켓이나 리커를 운영하는 한인들이 종종 있다. 이런 경우는 아무래도 권리금이 대도시에 비해 저렴하고, 투자에 비하여 큰 순수입을 올릴 수 있는 이점이 있다. 그러나 아이 교육이나 주거환경이 불편한 것을 참작하여 투자를 해야 한다.

2. 장점

- 영어를 못하고 미국 문화에 서툴러도 쉽게 운영할 수 있다.
- 종업원 관리나 물건구입이 쉬운 편이다.
- 현금장사라 외상이 없고, 악성 재고가 없다.
- 특별한 상황이 아니면 대부분 매출이 안정되어 있어서 고정적인 수입이 있다.
- 면허증이 있어서 동종의 경쟁자가 진입하기가 용이하지 않다.

3. 단점

- 종교가 있는 사람이라면 독한 술, 음란서적 및 담배를 판매하면서 종교적 양심에 큰 부담을 가질 수 있다.
- 현금을 많이 취급하고 각종 불량배들이 술을 사기 위해 드나드는 곳이라 항상 권총강도의 위험이 따른다.
- 영업시간이 길고, 거의 쉬는 날 없이 일 년 내내 가게를 열고 있기 때문에 휴가를 가거나 가정에서 가족이 같이 식사도 못하는 어려움이 있다. 현찰을 취급하는 비즈니스 속성상 종업원만을 고용하여 운영하기가 어렵다. 그래서 대부분이 풀타임의 남편과 파트타임의 아내를 중심으로 몇 명의 종업원들을 고용하여 운영되고 있는 것이 현실이다. 그러다 보니 아이들과 같이 시간을 보내는 것이 아주 어렵다. 어린 아이들이 있는 부부들에게는 추천하고 싶지 않다. 아이 교육이나 가정에 우선순위를 둔 사람들은 리

커나 마켓, 햄버거 숍같이 영업시간이 긴 사업체 구입은 삼가야
한다. 아이가 잘못되면 백만 달러의 물질로도 보상이 안 되기 때
문이다.

● 리커를 하면 다른 업종으로 변경이 쉽지 않다. 한번 쉬운 현찰 장
사에 빠지면 그만두기가 어렵다는 것이다.

4. 대형마켓 운영 요령

● 대형마켓 안의 일부를 서브 리스sub lease하여 임대료를 절감한다.
한인들을 상대로 한 대형마켓들도 경쟁이 심하지만 다들 공존하
고 있다. 물론 잘되는 마켓과 안 되는 마켓의 매출 차이가 엄청나
지만, 대형마켓들은 마켓의 일부분을 서브 리스하여 서비스를 다
양화하고 임대료 충격을 완화하는 비법을 쓰고 있다. 이것은 경
쟁에서 살아남을 수 있는 아주 좋은 지혜로운 방법이다. 서브 리
스한 음식점들과 가게들도 대부분 장사가 잘 되는 편이다.

● 마켓의 전문화이다. 전문화 시대를 맞아 그 마켓만이 제공할 수
있는 식품들과 서비스의 차별화가 시급하다. 이것이 이루어진 마
켓은 심한 경쟁에서도 살아남을 수 있다. 이러한 전문화는 대형
마켓은 물론 소형이고, 중형이고 예외가 없다. 신선한 야채, 정결
한 음식물, 친절한 서비스, 저렴한 가격을 통한 봉사는 동네 주민
들의 애용 장소가 될 것이다. 대부분의 성공담을 들어보면 전 주
인과는 차별화된 서비스와 청결하고 다양한 품목들로 고객을 만
족시킨 것을 알 수 있다.

● 타민족을 통한 고객 저변확대의 필요성이다. 즉 고객의 다양화를
통한 매출의 증가이다. 몇 년 전부터 많은 한인 대형마켓들이 값

싼 야채를 제공해 중국 이민자들을 위시한 아시아 이민자들을 고객으로 확보하기 시작했다. 이제 그들은 정기적인 손님들이 되었으며, 야채뿐만 아니라 많은 한국산 식료품들을 구입하고 있다. 한인 마켓이 한인만을 상대하는 것이 아니고 전 아시아인을 고객으로 만듦으로써 시장이 확대되고, 매출이 증가된 것이다.

● 한인 대형마켓들은 한인들이 선호하는 미국 식료품을 미국 대형마켓보다 다양하게 취급해야 한다. 아직 한인 대형마켓들은 미국 식료품을 제한되게 판매함으로써 한국 식품점과 미국 식품점을 모두 들러야 하는 번거로움이 있다. 또한 마켓의 한 부분은 캐싱 캐리Cashing carry나 코스트코Costco에서 판매하는 방식을 겸용해도 좋을 것 같다.

02 | 세탁소와 세탁 에이전시cleaner & cleaner agency

1. 개괄

서비스업 중에서도 자본을 중심으로 한 대표 업종은 단연 세탁소이다. 정확한 통계는 없지만 남가주 한인세탁협회 정보에 의하면 남가주 지역에 등록된 한인 세탁소가 900업체이며, 등록되지 않은 업체들까지 합치면 2,000개 정도 된다고 한다. 이들은 격월로 세미나를 갖고 있는데, 매달 5명 정도 새로 가입할 정도로 전체 규모가 약간씩 성장하고 있다. 미국 전역에 걸쳐 세탁소는 약 50,000개에 육박하고 있는데, 이들 가운데 약 30% 정도인 15,000개가 한인 소유라고 한다. 미주 한인 드라이클리너스 총연합회에서는 대기 정화국과 소방국의 규정 변화, 단속시 주의점 등을 신속하게 알려준다. 전화는 310-679-1300.

매출이 많은 세탁소는 지역과 경쟁에 따라 매출의 10~15배 정도로 권리금이 뛰기도 하지만, 매출이 많지 않고 임대료와 경쟁이 심한 경우에는 권리금이 제대로 형성되지 못한다. 가게마다 권리금의 차이가 심하기 때문에 잘 찾으면 30만 불 미만 투자에 한 달 10,000불 수입이 가능한 가게를 구할 수도 있지만, 월 5,000불의 순수입이 필요한 사람들은 15만 불 이상의 투자를 해야 한다. 게다가 백인지역의 경우 운영이 편리하고 주택이 계속 들어서는 경우는 장래성을 보고 권리금을 더 주어야 한다.

하지만 10만 불 정도의 투자를 하고 세탁소를 운영하는 경우는 한 달 수입이 불안정할 수도 있다는 것을 염두에 두어야 한다. 지난 5년간 권리금이 엄청 올라 세탁소의 경우 한 달에 10,000불 수입을 가져오려면 최소한 40만 불 이상을 투자해야 한다.

세탁소를 구입할 경우 매매가격의 60~70% 정도만 있으면 나머지는 은행에서 융자하여 구할 수 있다. 세탁소는 은행에서 융자가 쉽게 나오는 편이고, 준비 서류도 복잡하지 않다.

세탁소의 순수입은 임대료, 주변 경쟁, 옷 세탁 단가, 장래성, 장비 등에 따라 크게 좌우된다. 대부분의 세탁소의 생명은 저렴한 임대료와 장기 리스이다. 세탁소의 리스는 최소한 5년 뒤에 팔 때를 생각하여 좋은 조건과 장기 리스를 확보하는 것이 좋다.

한편 세탁소 에이전시는 대부분 소규모로, 직장을 다닐 여건이 안 되는 사람들이 혼자 조용히 운영할 수 있다. 50,000불을 투자하면 한 달에 약 2,500불에서 3,000불 정도의 부수입을 얻을 수 있다. 한 달에 5,000불 정도의 순수입이 있는 것들은 11만~12만 불 정도의 투자가 있

한인들이 가장 많이 운영하는 사업체로 알려진 세탁소의 모습. 대부분 한인 부부들이 남미계 근로자 2~3명을 데리고 운영한다

어야 한다. 손재주가 있어 옷 수선을 잘하는 여성이라면 매출 12,000불까지는 파트타임 보조를 두고 할 수 있는 편한 사업체이다. 보통 플랜트에서 에이전시로 세탁물을 배달해주는 편리함이 있다. 그러나 플랜트가 없다면 세탁소에서 옷을 갖고 오는 단가가 만만치 않다. 플랜트에 주는 세탁비용이 에이전시에서 손님에게 받는 세탁 비용의 45% 이상이라면 주변의 다른 플랜트를 모색해야 한다. 또한 손상이 난 옷에 대하여 플랜트와 에이전시 간의 손해배상 관계를 분명히 해야 한다. 잘못하는 경우 플랜트에서 잘못한 옷도 에이전시에서 물어야 하는 억울함을 당할 수 있다. 옷이 늦게 배달된 경우의 책임 한계도 정해야 손님들에게 신속한 서비스를 제공할 수 있다. 한편 기존의 세탁소가 있는 사람들은 가능성 있는 좋은 지역에 에이전시를 내어 수입을 극대화할 수도 있다.

2. 장점

● 세탁소는 많은 영어가 필요하지 않고, 부지런한 경우에는 쉽게 운영할 수 있다.

● 주일을 쉬는 데다가 남자들은 오전까지만 스파팅을 하면 된다. 즉 작업환경이 좋다.

3. 단점

● 권리금이 타 업종에 비해 너무 높게 책정되어 있다. 즉 사업체의 인수비용이 상대적으로 높아 투자대비 수익률은 낮은 업종으로 분류된다.

● 세탁소는 주로 한인들과 아랍인들이 운영하고 있는데, 경쟁이 심한 지역에 들어갈 경우 초보자들은 조심해야 한다. 아랍인들은 기존의 세탁소에 타격을 주기 위해 일부러 가격을 아주 싸게 때리는 경우가 있기 때문이다. T셔츠나 바지들에 세일을 하면 일은 바쁜데 실제 순이익은 떨어지는 고통을 당할 수 있다.

● 요즘 들어 세탁소는 환경유해 물질을 배출한다는 이유로 정부 당국의 규제를 심하게 받고 있다. 그 동안 세탁소에서 세탁제로 사용해온 퍼크를 사용하지 못하게 하는 지역이 갈수록 늘어나고 있는 추세다.

4. 전망

한인들의 세탁업 선호는 환경청의 강화에도 불구하고 계속 증가하고 있다. 동시에 타 이민족들의 세탁업 진출도 계속 늘어나고 있다. 한인 소유 세탁소들은 대형화되는 동시에 여러 개의 지점을 동시에 소유하는 사람들이 늘어나고 있다. 권리금도 계속 오르고 있으며, 특히 크리스천들이 선호하는 사업체이다. 처음 시작하는 사람들은 큰 세탁소를 구입하는 것보다 15만 불 내외의 세탁소를 구입하는 것이 요령이다. 부부가 함께 일할 경우 한 달 수입은 약 6,000불이 되어 충분한 생활비를 공급받을 수 있다.

세탁소나 에이전트는 성격이 비슷하다. 아침 일찍 일어나는 부지런함이 있으면 아주 좋다. 주일은 문을 닫기 때문에 많은 크리스천들이 선호한다. 현금 장사라 외상이 없고, 사계절의 매출 차이도 큰 편은 아니다. 주로 겨울철에 월매출이 평균치보다 높고, 여름에는 다소 떨어진다.

세탁소나 에이전트를 불문하고 요즘 좋은 지역에서는 픽업 서비스가 유행이다. 한 장이라도 즉시 픽업을 갈 정도로 늘 준비되어 있어야 하며, 이런 정성으로 고객을 확보하면 한 손님이 한 달에 150~200불 정도의 정기적인 매출을 보장해준다. 40~50명의 픽업 손님이 주변에 확보되면 한 달에 10,000불 정도의 매출이 고정된다.

세탁소 역시 종업원과의 관계가 중요하다. 적정 수준의 봉급을 주고, 휴가도 일 년에 한번, 1주일 정도 주면 종업원들은 오래 근무한다. 세탁소 종업원들은 이직률이 높다. 원칙을 지키고 잘 대해주면 주인이 직접 다리미질해야 하는 수모를 겪지 않는다.

여러 어려움 속에서도 한인들의 세탁업 점유율은 줄어들지 않고 있다. 세탁업이 한인사회에서 큰 인기를 얻고 있는 이유는 종교적인 측면과 영업시간이 일상적인 경제활동의 패턴과 비슷해서 주말에 가족과 많은 시간을 보낼 수 있다는 강점이 있기 때문이다. 한인들의 세탁업 선호는 꾸준하며, 권리금도 계속 올라가고 있는 추세다.

세탁 기계 교체

2007년 11월부터는 퍼크를 사용하는 옛날 기계들은 못쓰고 새 기계로 대치되고 있다. 새 기계는 용량에 따라 다르지만 한인들이 가장 선호하는 하이드로카본hydrocarbone 기계가 60,000불 정도 한다. 구입할 세탁소의 기계가 새 기계가 아니면 저렴한 값에 세탁소를 구입한 후 몇 년 후에 새 기계로 대체할 준비를 해야 한다. 현재 남가주 지역에 있는 한인 소유 세탁소들 중 약 10%만이 새 기계로 대체한 상황이다.

03 | 코인 런드리Coin Laundry

1. 개괄

한인들의 경제기반이 든든해지면서 운영하기가 쉽고 간편한 코인 런드리의 권리금이 천정부지로 치솟았다. 월 5,000불의 순수입을 원하는 경우에는 35만 불 이상의 투자가 필요하다. 은행 대출을 하는 경우에는 5,000불 수입에서 대출금을 공제해야 한다. 한 달에 10,000불 이상의 순이익을 원하는 경우에는 80만~100만 불 정도의 투자가 요구될 정도로 권리금이 급등했다. 코인 런드리만 전문적으로 취급하는 에이전트들이 생길 정도로 매매도 활발하며, 많은 한인들이 업계로 진출하고 있다.

2. 구입 요령

● 매출 점검이 가장 중요하다. 코인 런드리는 매출에 따라 권리금이 워낙 차이가 나므로 매출을 속지 않도록 서류와 매장을 통한 철저한 점검이 필요하다. 워낙 권리금이 높아 매출의 10%만 거품이 있어도 권리금을 약 15배 부풀려 주어야 하기 때문이다. 하지만 코인을 주로 취급하는 사업체에 세금보고 서류가 충실히 되어 있을 리 만무하다. 따라서 매장을 통한 손님들의 유동을 조사하는 수밖에 없다. 평균적인 런드리 사용 고객 수 점검이 필수다. 그리고 코인 런드리에서 지난 1년간 지불한 운영 영수증utility bill, 즉 물값과 가스, 전기 요금 등을 점검해 역산하여 매출을 계산할 수 있다. 하지만 기계의 종류와 신제품 여부에 따라 영수증 금액에 차이가 생기므로 세세한 신경을 써야 한다.

● 다음으로 중요한 것이 코인 런드리의 위치이다. 위치는 저소득층 아파트들이 밀집해 있는 남미계나 흑인 동네가 좋다. 주변 1마일 내의 인구분포와 밀도를 조사해보면 좋은 참고자료가 된다.

● 코인 런드리의 기계들이 너무 낡지 않아야 한다. 너무 낡으면 수리비용이 많이 들어간다. 수리 회사와는 매달 정기적으로 정해진 금액을 수리비용으로 내는 방법과, 고장 날 때마다 지불하는 방법이 있다. 기계가 상대적으로 새 것이면 필요할 때마다 부르는 것이 좋고, 기계가 낡았으면 매달 정해진 금액을 정기적으로 내는 것이 이득이다.

● 리스와 임대료를 점검해야 한다. 코인 런드리는 허가를 받기가 어렵고 설치비용이 많이 든다. 그러므로 장기 리스와 더불어 저렴한 임대료가 필수이다. 구입시 최소 10~15년의 리스와 옵션이

남아 있어야 좋다. 못된 건물주들은 리스가 얼마 남아 있지 않은 경우에 연장을 안 해주고 내보낸 다음 자신들이 직접 코인 런드리를 들이는 경우도 있다. 게다가 주변에 다른 코인 런드리가 들어설 장소나 쇼핑센터가 있는지 신경을 써야 한다. 왜냐하면 새로운 코인 런드리가 새 기계로 들어서는 경우, 기존의 코인 런드리는 문을 닫기 십상이다. 그러므로 경쟁이 전혀 없는 것보다 웬만큼 경쟁이 있으면서 운영이 잘 되는 것이 가장 좋다.

● 단독 건물이나 작은 쇼핑센터에 들어선 코인 런드리를 구입할 때는 반드시 리스에다 '건물 구입 우선권right of first refusal' 조항을 넣는 것이 좋다. 이 말은 건물이 판매될 경우에 기존의 코인 런드리 임대자에게 첫 번째로 동일한 조건에 구입할 수 있는 옵션을 준다는 말이다. 권리금이 천정부지로 치솟은 코인 런드리는 주인이 바뀔 경우에 임대료가 급상승하거나 리스를 재갱신 못하는 극단적인 상황까지 전개될 수 있기 때문이다.

3. 장점
● 돈만 수금하면 된다. 고장 같은 일들도 대부분 수리 회사와 매달 계약을 맺고 있어서 전화만 해주면 된다. 청소는 작은 곳은 주인이 하고, 큰 곳은 청소부를 고용해서 한다.
● 영어도 필요 없고, 누구나 할 수 있는 쉬운 일이다.
● 수입도 늘 고정적이며 안정적이다.

4. 단점
● 많은 투자가 필요하다. 권리금이 월 매출의 15~25배 사이에 형성

되어 있을 정도로 높다. 따라서 투자에 비해 수익이 낮은 편이다.

● 건물주가 좋아야 좋은 리스를 장기로 계약할 수 있다. 부동산 건물과 사업체를 같이 구입할 경우는 투자금이 아주 커진다.

● 더 좋은 시설을 갖춘 경쟁 업체가 가까운 곳에 들어오면 사업체의 존속이 위태할 정도의 위험부담이 있다. 또 경쟁 시는 매출 폭락으로 인해 권리금을 잃기가 쉽다.

● 저소득층 지역에서 많은 코인과 현찰을 다루어야 하는 부담과 함께 안전에 신경을 써야 한다. 또한 지역이 좋지 않은 곳은 낙서를 하거나 유리창 같은 시설물을 파손하는 경우가 많아 관리 비용도 만만치 않다. 고객들이 기계를 마구 다루기 때문에 수리비용이 상당하며, 누전의 위험도 있어 운영 및 기계 관리를 철저히 해야 한다.

● 도전적인 사업이 아니어서 오래 운영하다보면 삶이 단조로워질 수 있다.

5. 전망

이민사회가 연륜이 쌓이면서 한인들도 경제력이 향상되어, 권리금이 비싸더라도 운영이 쉽고 간단한 코인 런드리에 대한 수요가 급증하고 있다. 중요한 것은 앞으로 주변에 들어설 코인 런드리를 미리 조사해야 한다는 것이다. 따라서 신규영업 허가기준이 강하고 엄한 도시가 좋다. 코인 런드리 영업 허가서가 쉽게 나오면 장차 주변에 들어설 코인 런드리의 경쟁을 염두에 두어야 하기 때문이다.

롱비치 지역은 코인 런드리 영업 허가가 남발되는 곳으로 유명하다. 롱비치의 마틴루터킹 애비뉴와 pacific coast highway 교차지점은 반경 7마일 내에 25개의 코인 런드리가 있다고 한다. 현재의 매출이 높은 것도 좋지만 이런 곳들은 장래성을 볼 때 좋지 않다.

코인 런드리는 운영이 쉽고 간단해서 권리금이 비싸지만 적극적으로 마케팅을 할 수가 없고, 매장을 깨끗이 해놓고 소극적으로 기다려야 하는 사업체이다. 게다가 큰 금액은 아니지만 늘 현찰을 취급하기 때문에 사업체의 안전도 문제이고, 세금 문제도 부담이 되고 있다.

04 | 한인 상대의 건강식품점health food store

1. 개괄

비타민과 생약 및 건강음식을 판매하고 있는 건강식품점은 한인 상대와 미국인 상대의 둘로 구분되어 있다. 한인 상대의 건강식품점들은 대부분 대형 식품점 안에 위치하거나 아니면 코리아타운 프라자 같은 몰에 위치해 있다. 남가주 지역에서 한인을 상대로 한 건강식품점들은 대부분 소규모이며, 100여 개 업체들이 있다. 한인들이 운영하는 건강식품점들은 비타민과 생약을 판매하는 비타민점과 녹즙 또는 인삼을 주로 판매하는 자연식품점 등으로 혼재되어 있다. 이 중 〈슈퍼헬스〉가 한인 상대 건강식품점 중 가장 많은 체인점을 확보하고 있다. 남가주에만 10개가 넘고, 전국적으로는 몇 십 개의 체인점을 형성하여 질 좋은 건강식품과 비타민, 영양제들을 공급하고 있다.

아직 이들의 권리금 형성이나 매출 규모에 관한 정보들은 매우 제한적이다. 부부 중 한 사람이 운영하여 잘 되는 경우는 생활비 전부를, 보통은 생활비의 일부분을 버는 정도의 수준이다. 하지만 전국적으로 마케팅을 할 수 있는 단독 건강식품을 갖고 있는 판매업자distributor들은 상당한 수입을 올리고 있다. 왜냐하면 전국적으로 수백 개의 한인 건강식품점들에게 도매 판매를 할 수 있기 때문에 식품만 안전하고 좋은 품목이면 전망이 좋다.

파트타임으로 녹즙을 아침 일찍 배달하는 것도 몇 년 전부터 유행했지만 대부분 2,000불 정도의 수입을 올리고 있다. 그리고 10,000~20,000불 정도의 지역 권리금을 주고서 배달을 할 수 있기 때문에 투자 없이 할 수 있는 일은 아니다. 또한 유행이 지나면 관심이 식기 때문에 안정적인 사업은 아니다. 녹즙 배달은 바로 이렇게 이미 유행이 지난 사업이다.

2. 전망

무엇보다 좋은 품목이 성공의 열쇠이다. 한국에서 유행하는 수십 가지 건강식품들이 미국에 진출한다. 따라서 좋은 건강식품이 있으면 몇 년간은 괜찮지만 장기적으로 고정 수입을 올리려면 아무래도 건강식품점의 대형화와 더 많은 자연 식품들을 취급하는 사업체가 필요하다. 현재는 주로 비타민을 중심으로 한 영양제들과 최근 유행하는 건강보조 영양제들을 주로 판매하고 있는데, 값이 아주 비싸기 때문에 늘 복용하기는 쉽지 않다. 꾸준한 것은 일본 제품들 중 품질이 좋은 것으로, 한인들의 선호도가 높다. 그리고 미국의 〈Trade Joes〉같은 건강식품점들이 코리아타운에도 필요하다. 관건은 식품의 공급처를 잘 확보하여 독점권을 체결하는 것으로, 그렇게 된다면 프랜차이즈로도 운영할 수 있다.

건강식품점은 일시적인 유행의 변덕으로 매출의 기복이 심하기 때문에 장기적인 사업체 전망은 불투명하다. 한인들은 특히 유행을 잘 타는 습관 때문에 자신의 판단이나 필요보다는 유행에 의하여 구매가 좌우되는 불안정한 상황을 보이고 있다. 몇몇 업체들은 좋은 아이템으로 잘하고 있지만, 대부분의 한인 건강업체들은 계속적인 광고를 통한 홍보 없이는 판매가 부진한 편이다. 한인 상대 건강식품점의 권리금은 특별히 형성되어 있지 않지만, 한 달에 5,000불 이상의 수입이 되는 경우는 매출의 2~3배와 재고를 합친 가격에 거래되고 있다.

05 | 비타민 숍(미국인 상대의 건강식품점)

1. 개괄

비타민 숍은 주로 백인지역에 위치해 있다. 손님들의 수준이 높은 편이라 사업 환경은 좋은 편이다. 따라서 고급 영어는 아니더라도 영어에는 불편함이 없어야 좋다. 트레이닝 기간에 대부분 전 주인으로부터 기본적인 영양과 건강에 관한 정보들을 배울 수 있지만, 전문지식이 요구된다. 영어가 안 되면 종업원 관리나 운영에 어려움이 있으므로 아무나 시도할 수 없는 사업 분야다. 평일 영업시간도 아주 짧은 편이고 종업원 위주로 운영을 해도 현금관리에 큰 문제는 없을 정도로 종업원들을 고용할 수 있다. 마켓이나 리커 같은 업체들에 비하여 종업원들의 수준이 높은 편이다. 주일에는 문을 닫는데, 몰에 위치한 건강식품업체들은 닫을 수가 없다.

물건 구입은 주로 판매업자들이 전달해주고, 또한 택배회사UPS를 통하여 주문한 물건들이 오기 때문에 아주 편리하다. 매출은 한 달에 최소 30,000불 이상은 되어야 생활비를 확보할 수 있다. 권리금은 매출의 3배 정도에서 거래되고, 재고는 따로 계산을 한다. 월 30,000불 정도의 매출을 올리기 위해 재고는 약 1.5~2배 정도가 필요하다.

2. 전망

비타민과 영양제를 중심으로 한 건강식품은 주로 미국 체인점들이 독점하고 있다. 그들은 자신들의 라벨을 붙여 전국에 위치한 프랜차이즈들에게 공급하고 있다. 한인들이 소유한 비타민 숍은 그리 많지 않다.

고령화 시대를 맞이하면서 백인 주류사회에서는 건강식품의 중요성이 더욱 부각되고 있다. 한인들이 개발한 자연 식품과 인삼을 중심으로 한 건강식품을 가지고 미국 주류시장을 향해 도전을 해야 한다. 의사와 건강 전문가들의 협력과 연구가 요구되고 있다.

3. 비타민 숍 체험

1983년, 지인의 소개로 헬스푸드 스토어를 보았지만 별로 관심 없었다. 그리고 2년 후인 1985년, 한인이 하고 있던 지금의 헬스푸드 스토어를 인수하였다. 운영이 간편하고, 물건도 공급업자들이 배달해주거나 UPS로 배달되어 오기 때문에 편안히 장사를 하고 있다.

파트타임으로 종업원을 2명 쓰고 있으며, 아내는 일을 하지 않고 남편이 풀타임으로 일하고 있다. 건강에 관련된 음식과 비타민, 영양제들을 판매하니 장사하는 보람도 있고, 손님들도 대부분 수준 있는 백인들이라 친절하고 불평도 없으니 사업 환경이 아주 쾌적한 편이다. 힘든 일은 거의 없다. 영어로 어느 정도 의사소통이 되는 사람들이라면 적극 추천하고 싶다. 새로 창업하기보다는 기존의 건강식품점을 구

Tip

미국 건강식품 체인점 GNC

GNC의 가입비는 15만 달러 내외이다. 창립된 지 70년 역사와 전통이 있으며, 직영 2,500곳, 프랜차이즈 가맹점 2,000곳으로 전체 4,500여 소매점들이 운영되고 있다. 비타민 판매점 중 가장 영향력이 큰 소매점이며, 좋은 제품을 저렴한 가격으로 공급한다. 훈련, 종업원 교육, 상품개발 및 마케팅 등을 본사로부터 도움 받는다. 단점은 취급 품목이 다양해서 재고가 많이 남는다는 점이다. 재고 회전율을 높이는 것이 중요하다. 다른 프랜차이즈들처럼 한 소매점에서 많은 이익을 올리기보다는 여러 개를 운영할 때 안정된 수입을 올릴 수 있다.

입하는 것이 좋다. 마진은 지역과 경쟁에 따라 다르지만 보통 전체 매출의 40~50% 정도를 총수익으로 잡는다. 여기에다 임대료와 종업원 비용, 기타 유지비용을 공제하면 한 달 순수입이 나올 것이다. 매출이 적은 것은 권장하고 싶지 않다. 권리금을 더 주더라도 최소한 월 매출이 30,000불 이상은 되어야 한다.

06 | 자동차 세일즈 & 딜러

자동차 세일즈 & 딜러는 자동차에 대한 전문지식보다는 인맥이 넓고 화술이 좋으며, 거래에도 능한 사람들에게 권하고 싶다. 부동산이나 보험같이 자격증이 필요 없어 누구나 쉽게 도전할 수 있다. 거의 투자가 필요 없고 의욕과 성실만 있으면 해볼 만하다. 오래 일한 사람들은 기존 고객들이 있기 때문에 50,000~100,000불 정도의 고수입을 올리지만, 대부분은 일 년에 잘해야 30,000~40,000불 정도의 수입을 올린다. 따라서 장기적으로 정착하기는 쉽지 않다. 게다가 세일즈 성격상 매달 정기적인 수입이 보장되지 않는 취약점을 갖고 있다.

미국 자동차 딜러십은 최소 500만 불 정도의 투자가 필요하며, 좋은 신용과 경험이 있어야 획득할 수 있다. 한인들 중에도 경험과 재력을 통하여 미국 자동차 딜러십을 갖고 있는 사람들이 몇몇 있지만, 대부분은 차량 몇 대를 놓고 미국 자동차 딜러십과 소비자의 중간대리인 역할을 하는 업체들이다. 실질적으로 LA나 가든 그로브 지역에서 정식으로 자동차 딜러십을 갖고 브랜드 차량을 취급하는 업체들은 몇 안 된다. 대부분의 자동차 딜러들은 몇 십대 정도의 차를 소유하면서 기동력과 서비스를 중심으로 운영되고 있다.

코리아타운 내의 경쟁으로 인해 정식 딜러십이 없는 업체들의 수익성은 감소되고 있다. 또한 높은 광고비와 유지비로 인해 운영이 만만치 않다. 한 달 수입은 5,000불 정도에서 많게는 100,000불 정도의 수입을 올리는 업체까지 규모에 따라 좌우된다. 약 50개 정도의 업체들이 남가주 일대에서 주로 한인들을 상대로 자동차 딜러에 종사하고 있다. 하지만 미국의 대표적인 자동차회사인 GM을 비롯한 전반적인 자동차 업계의 불황으로 미국 자동차를 취급하는 딜러들과 소매업자들은 자동차의 혁신이 없는 한 2009년에는 고전이 예상된다.

07 | 트럭 운전

1. 개괄

트럭 운전도 99센트 상품, 수입물품, 차량, 옷 등과 같이 물품에 따라 전문화되고 있다. 자바에서 박스에 들어있는 옷을 수송하는 트럭들은 옷만 전문적으로 취급하고, 차량만 수송하는 트럭들은 차량만 취급한다. 또한 지역별로도 전문화되고 있다. LA에서 조지아주까지만 물건을 수송하는 트럭들이 있는가 하면, LA에서 뉴욕까지만 수송해주는 트럭 등 각 지역별로 세분화되었다.

한인들 가운데 트럭 운전에 종사하는 사람들이 많지는 않지만 계속해서 늘어나고 있는 추세다. 처음에는 조수로 트럭 기사를 보조하면서 운전을 배우다가 나중에 창업하는 경우들이 많다. 창업은 트럭을 구입해 운영하는 것인데, 웬만한 트럭들은 20만~40만 불 정도면 구입할 수 있다. 한 대를 운영해서 10만 불 이상의 수입을 올리기는 쉽지 않다. 그러나 잘 운영해 몇 년 뒤 여러 대의 트럭을 운영하면 일 년에 15만~20만 불 정도의 순수입은 쉽게 벌 수 있다.

2. 장점

투자에 비해 회수가 높은 사업이며, 트럭 운전이라는 전문 분야이기 때문에 쉽게 경쟁자들이 들어올 수 없다. 기반이 잡히면 주인은 일하지 않고 종업원들만 선발해서 보낼 수 있어 운영이 간편하다.

3. 단점

최소한 며칠, 때로는 1주일 이상을 집을 떠나 일해야 하는 어려움이 있다. 그리고 운전 중 졸지 않아야 하기 때문에 건강하고 운전을 즐기는 사람이 할 수 있다. 무엇보다 특수 분야이기에 경험과 기술이 없이는 도전할 수 없는 사업이다.

4. 전망

트럭의 수가 캘리포니아주의 물동량이 늘어나는 속도를 따라잡지 못해 일감은 풍부하다. 하지만 트럭 운전은 생각보다 차량 유지에 경비가 많이 들어간다. 특히 장거리 운행에 따른 차량 수리비가 만만치 않다. 또한 서류 수속 및 라이선스 수속들을 주로 미국인 트럭 회사에서 대행해주고 있는데, 이 비용도 상당하다. 하지만 경험이 있고, 건강하다면 트럭 몇 대를 갖고 한 달에 최소 10,000불 이상의 고소득을 올린다. 중고 트럭은 약 50,000불, 새 트럭은 150,000불 내외이다.

08 | 한인 이삿짐 센터

남가주 지역에서 이삿짐을 운송해주는 업체는 약 30개이며, 계속 증가 중에 있다. 귀국이나 통관에 관련된 이삿짐 업체들은 생략한 숫자이다. 20년 전만 해도 5개 미만이었던 것을 생각하면 꽤나 경쟁이 심해진 편이다. 그만큼 가격경쟁력은 떨어지는데, 시간당 70~90불 정도이며, 일꾼이 2명이냐, 3명이냐에 따라 비용이 달라진다. 사업의 성격상 주로 주말에는 몇 대의 트럭이 있어야 할 정도로 바쁘고, 주중은 한가한 편이다. 일꾼들에게는 시간당 얼마씩 지불하기보다는 이사 비용에서 퍼센트로 나누는 방법들을 많이 쓴다. 업체들이 많아져서 경쟁이 심하지만, 좋은 보험과 믿을 만한 종업원들을 잘 활용하면 중고 트럭 1~2대를 갖고 일 년에 최소 50,000~100,000불 정도의 수입은 가능하다. 광고비와 트럭, 그리고 보조들만 있으면 손쉽게 시작할 수 있지만, 아무래도 서비스업이기에 대인관계가 좋은 사람들에게 적합하다.

09 | 자동차 정비점Auto repair shop

자동차를 정비할 수 있는 기술이 있다면 자동차 정비점도 전망이 밝다. 미국 자동차 정비 프랜차이즈 중에는 주인이 자동차 정비기술이 없어도 운영하는데 별 문제가 없다고 하지만, 그럴 경우는 인건비를 감당하기가 어렵다.

한인 자동차 정비점은 아무래도 한인들을 주로 상대한다. 한인 이민자들이 점차 많아지고, 좋은 차에 대한 수요가 많아짐에 따라 더 많은 자동차 정비점을 필요로 한다. 약 20만~30만 불을 투자하면 자동차 정비점을 인수하거나 새로 오픈할 수 있다. 친절하고 정비를 잘 한다는 소문이 나면 손님이 손님을 소개해준다. 따라서 자동차를 고친 후에 애프터서비스나 불만 등을 잘 관리해 주어야 한다.

한국에서 자동차 정비 기술이 있는 사람들은 미국에 와서 미국 차에 대한 경험과 기술자격증을 받은 후에 자영업을 인수하는 것이 좋다. 기술만 있으면 매출이 생각보다 고정적이고 일단 사업체가 안정되면 그 다음부터는 쉽게 운영된다고 볼 수 있다.

10 | 자동차 바디 수리 숍Auto body shop

자동차 정비점보다는 자동차 바디 수리 숍이 규모가 큰 편이고, 투자도 많이 요구된다. 그리고 인맥이 넓어야 하며, 더 많은 경험을 요구한다. 변호사나 의사들과 연결되어 있으면 사업 확장에 큰 도움이 된다. 코리아타운에 있는 많은 자동차 정비점이 부수적으로 자동차 바디 수리 숍을 하고 있지만 대부분 기대한 만큼의 수익을 거두지 못하고 있다. 바디가 잘 된다고 자동차 정비를 하면서 부수입을 올릴 수 있지만 사고가 큰 차량들은 바디 숍에 하청을 줘서 고쳐야 한다는 부담이 있다.

바디 숍의 운영은 주로 사고 난 차량들을 고치고 바디를 수리하는 것이지만, 일반적인 차량 수리도 함께 하고 있는 곳들이 많다. 중요한 것은 보험회사들의 손해사정사insurance claim adjuster들과 긴밀히 연락해야 하므로, 영어를 잘하는 종업원을 두어야 한다. 또한 대형화에 따른 투자도 감수할 수 있는 자본 준비가 필요하다.

기술과 경험 외에 최소 30만~50만 불의 자본금이 필요하며, 규모는 1/2 에이커 이상의 부지에 5,000~10,000sqft 정도는 되어야 한다. 이럴 경우 서비스가 친절하고 광고를 통한 마케팅에 주력하면 일 년 뒤에는 20만 불 이상의 순이익은 확보된다.

11 | 오일 교환 전문점

자동차 오일 교환 전문점은 전국적인 체인망을 가진 프랜차이즈와 개인들이 소유한 개인 전문점의 둘로 나뉜다. 보통 턴업은 하지 않고 오일 교환만을 전문적으로 한다. 권리금의 형성은 아직 약하지만, 대략 매출의 7~8배 정도 지불해야 한다. 임대료가 특별히 비싸지 않으면 순이익이 30%는 된다. 흑인이나 멕시칸들이 많이 모여 있는 곳보다는 백인들이 많이 모여 있는 곳에서 잘된다. 짧은 영업시간과 운영이 간편하다는 장점에 비해, 종업원 경비와 유지비가 많이 나가므로 매출이 많지 않으면 순이익이 적다. 프랜차이즈의 경우는 더 많은 경비가 예상된다. 약 300,000불의 투자가 요구되며, 주인이 일할 경우는 한 달 수입이 8,000불 내외, 주인이 직접 일하지 않는다면 5,000~6,000불 정도이다.

12 | 세차장

세차장은 소규모 사업체 치고는 덩치가 큰 편이다. 대부분 사거리의 요지에 위치하며, 부동산과 같이 연결되어 있어 몇 백만 불짜리 세차장이 즐비하다. 요즘은 고급차들이 많아지면서 수작업 세차장에 대한 수요도 많아지고 있다. 보통 매출의 20~25배 정도에서 권리금이 형성되어 있다. 특별히 임대료가 비싸지 않으면 순수입은 매출의 30~35% 정도에 달한다. 세차장 운영비 중 가장 많이 차지하는 비용은 인건비인데, 보통 총수입의 35~40%이며, 임대료, 유틸리티, 기타 등이 30% 정도 한다.

100만 달러 투자에 한 달 약 10,000불 수입이 예상되며, 300만 달러를 투자하는 경우에는 30,000불 정도 예상된다. 이미 경제적으로 안정되고 발 빠른 한인들은 많은 세차장을 소유하고 있다. 하지만 초보 구매자들은 부동산 경기와 지역사회의 개발 전망을 내다볼 수 있는 안목이 있어야 한다. 자칫 잘못 구입하면 많은 투자를 한 순간에 잃을 수도 있다. 전문성과 부동산 투자능력이 요구되는 특수 분야이기 때문에 경험이 없는 사람들에게는 권하고 싶지 않다.

13 | 모텔 및 호텔

1. 개괄

비즈니스와 부동산이 상호 보조를 이뤄야 하는 사업으로, 현금 흐름이 좋다. 지역마다 호텔 권리금과 운영 방식이 조금씩 다르니 주의해야 한다. 관심이 있으면 신문광고를 보고 3~6개월 종업원으로 취직하여 비즈니스 학습을 해볼 수도 있다.

몇 년 전 미국 호텔의 35%를 아시아인이 소유하고 있다는 통계자료가 있었는데, 8,400명의 아시아인들이 2만여 개의 호텔을 소유하고 있으며, 특히 중간 규모 호텔과 모텔 급은 절반 이상을 아시아인들이 소유하고 있다. 특히 인도인들의 호텔 소유율이 두드러진다. 이들은 이민 초기부터 친지들의 소개로 호텔업에 뛰어들어 대를 물려 사업을 확장해왔다. 중국인들은 20년 전에 비해 호텔 분야에서 많이 물러난 입장이다. 대신 중국인들은 대형 쇼핑센터나 소규모 주택개발 쪽으로 한발 앞서 나가고 있다.

한인들은 몇 천만 달러대의 호텔을 선호하고 있다. 보통 LA 대도시 내의 룸 200개 내외의 호텔들은 1,500만~2,000만 달러 정도 한다. 그래도 이곳은 관광객들이 몰려오는 성수기에는 여전히 방이 부족한 실정이다. 아직 모텔이나 호텔업은 숙박 비즈니스와 부동산이 함께 혼합된 사업 분야라 다른 부동산에 비해 운영의 노하우만 알면 투자수익이 다른 산업에 비해 높은 편이다.

한인들은 2000년 들어서면서 몇 백만 달러씩 투자하여 모텔을 구입하던 소규모 투자에서 2,000만~3,000만 달러씩 투자해 대형 호텔들을 인수하는 대규모 투자를 벌이고 있다. 앞으로 한인들의 호텔 진출은 더욱 활발해질 전망이다. 호텔을 하나 인수해 몇 년 동안 잘 운영하면 두 번째, 세 번째 호텔을 구입하기가 쉽다. 2,000만 달러의 호텔을 구입하려면 현찰이 약 800만 달러 정도 있어야 하며, 그밖에도 유동자금이나 리모델링 비용으로 200만 달러 정도 갖고 있어야 한다. 약 1,000만 달러가 요구되는 대형 부동산 투자인 것이다.

지역에 따라 모텔 가격은 천차만별인데 유닛당 5만~8만 달러 내외면 괜찮은 편이다. 예를 들어 모텔 방이 30개라면 모텔 판매가격이 약 150만~240만 달러 한다는 계산이 나온다. 당연한 얘기지만 모텔 구입 시 매출 점검과 서류를 통한 수입과 경비 점검이 필수이다. 생각보다 비용이 많이 나가지는 않지만 오래된 모텔의 경우는 유지관리비 및 수리비가 많이 들어간다는 것을 염두에 두어야 한다.

2. 전망

모텔 수입은 특수지역이 아니면 12개월 내내 매출이 생각보다 안정적이다. 100만 달러 투자에 한 달 15,000불 정도의 수입이 예상된다. 하지만 모텔 가격은 지역에 따라 천차만별이다. 같은 주에서도 대도시와 시내 변두리 지역의 모텔 판매 가격이 2배 이상 차이나기도 한다. 그리고 미국의 북쪽 국경지대에서는 겨울과 여름의 매출 차이가 300%

이상 나는 곳들이 있기 때문에 매출 점검과 운영에 각별한 주의가 요구된다. 한편 남부 국경지대나 플로리다 같은 지역은 여름 매출이 겨울 매출의 50% 미만으로 떨어진다. 플로리다의 경우, 여름 날씨가 나쁘고 겨울 날씨는 좋아 많은 거주민들이 여름에는 플로리다를 떠나고, 겨울에는 캐나다나 미국 동부 해안지역에서 플로리다로 다시 돌아오기 때문이다.

모텔은 계절적인 매출 차이에도 민감하지만, 장차 주변에 경쟁 모텔이 들어올 경우 미칠 영향까지 고려해야 한다. 모텔은 부동산이 있지만, 모텔 운영 수입이 줄어들면 그 여파가 부동산에도 악영향을 미친다. 그리고 주인이 모텔 카운터를 보고 있는지의 여부도 매출에 큰 영향을 미친다는 점을 잊지 말아야 한다. 하지만 등급이 높고 규모가 큰 호텔은 주인이 있든 없든 상관없다.

14 | 파티 용품 전문 프랜차이즈

미국에서는 일 년 내내 많은 파티를 집에서 열거나, 또는 참석하게 된다. 그것은 중국에서 저렴하고 질 좋은 파티 용품들이 공급됨으로써 더 활발해졌다. 파티 용품 전문 프랜차이즈는 돈 버는 것을 목적으로 하기보다는 고객 서비스를 제일로 생각하는 사람들에게 유익한 사업체이다. 한인들을 대상으로 한다면 한국의 문화와 전통을 고려한 파티 용품이면 더욱 좋다.

파티 용품에 관한 재능이나 경험이 있는 사람들에게는 장래성 있는 사업체이지만 경험 없는 사람들이 영리목적으로 운영하기에는 피곤한 사업체이다. 처음 시작하거나 창업하기보다는 운영이 잘되고 있는 기존의 업체를 인수하는 것이 요령이다. 지역이 좋고 물품만 고객취향에 맞으면 운영이 간편하고 수익성도 높다. 경험자이고 주인이 일할 경우에는 약 200,000불 투자에 6,000~8,000불 정도의 수입을 올릴 수 있다.

15 | 스낵 숍

스낵 숍은 운영이 간단하면서도, 영업시간이 짧고 안전해 한인들이 선호하지만 이민 초년생들에게는 권하고 싶지 않다. 우선 권리금이 만만치 않고, 임대 매장의 성격이나 장래성, 주변 경쟁 건물들과의 상관성을 파악해야 하는데, 이민 초년생은 이를 파악하는 능력이 약하기 때문이다.

대부분의 좋은 스낵 숍들은 큰 빌딩 로비나 2층에 있다. 홀로 바깥에 나와 있는 스낵 숍은 거의 없다. 큰 빌딩은 큰 용역회사에서 관리를 하는데, 리스를 얻는 조건이 까다로울 수 있다. 가장 중요한 것은 메인 임대 매장이 얼마나 안정적이냐에 달려 있다.

권리금은 연매출과 비슷한 가격, 즉 평균 월매출의 10~12배 정도에 거래된다. 그러나 임대료에 따라 다소 권리금이 조정된다. 보통 주 5일이나 5일 반을 일하며, 순이익은 임대료, 세일즈 택스, 인건비 등을 공제하고 월매출의 30~35% 정도를 예상하면 된다.

16 | 비디오 대여점

1. 개괄

비디오 대여점은 한국인을 상대로 한 한국 비디오 대여점과, 미국인을 상대로 한 미국 비디오 대여점으로 나뉜다. 한국 비디오 대여점은 미국 비디오 대여점보다 운영이 쉽고, 영어 부담도 없기 때문에 권리금이 엄청나다. 한국 비디오 대여점은 주로 한인 마켓 안에 있거나 바로 옆에 있는 가게의 매출이 높고, 순수입이 많다. 바쁜 미국 이민 생활에서 한인들은 대개 정해진 날짜나 시간에 장을 보면서 비디오를 대여하기 때문이다.

한 달에 10,000~15,000불의 순수입을 원하는 경우에는 50만~70만 불 정도의 투자를 해야 한다. 보통 연매출의 120% 정도에서 권리금이 정해지며, 임대료와 순수입에 따라 더 받기도 한다.

한국 비디오 대여점 구입시 조심해야 하는 것이 언더 머니under the table money이다. 비디오점을 파는 사람들은 대부분 에스크로 밖에서 현찰을 요구한다. 그것도 몇 십만 달러를 요구한다. 왜냐하면 비디오점을 차리는 경우 설치와 준비 비용이 대개 50,000불 내외이다. 그런데 이런 사업체가 50만~70만 불에 팔릴 경우 세금을 생각해보라. 파는 사람을 돕기 위해 에스크로 밖으로 몇 십만 달러를 주면서 사업체를 구입하는 위험부담과, 나중에 팔 때 당면할 세금문제를 생각해보면 권하고 싶지 않다.

새로운 지역에 들어서는 대형 한인 마켓 안이나 바로 옆에 한국 비디오 대여점을 차리면 수십만 달러의 권리금이 붙어 6개월 내에 팔린다. 바이어들이 보통 5년에 한 번씩 사업체를 바꾸는 것이 상례인 경우, 세금 보고를 피하기 위해 계속적인 언더 머니가 오가는 악순환은 반복된다. 에스크로 서류상의 금액이 실제 금액보다 절반 밑으로 떨어지기 때문에 은행 융자금도 적을 수밖에 없다. 하지만 영어를 하지 않고 운영이 간편한 사업체이며, 또한 방송사 총판들의 원본 카피권 제한으로 다른 업종에 비해 매매 물량이 적어 매매 가격의 절반 이상이 현금으로 불법 거래된다. 이는 탈세를 조장하고 있지만 계속 인기 있는 사업체로 부상하고 있다. 한인 비디오점을 구입할 때는 현금거래로 인한 탈세에 대한 사전계획과 준비를 하고 구입해야 한다.

이에 비해 미국 비디오 대여점은 권리금이 낮지만 인터넷의 발달로 인해 사양 산업이 되어가고 있다. 또한 대형 비디오 대여점들이 마켓을 침투하여 중소업체들은 점차 문을 닫는 추세에 있다. 1970~1980년대에는 한인들이 많이 종사했으나 대형 비디오 대여점들의 확장에 따라 경쟁에서 밀려 대부분 다른 산업 분야로 전향했다.

2. 장점

- 영어가 필요 없으며, 한인 대상 업체들은 수입이 안정되어 있다.
- 종업원을 두고 다른 사업체를 운영할 수 있을 정도로 운영이 간편하다.
- 다른 사업체들에 비해 복잡한 것이 없고, 안전도가 높아서 좋다.

3. 단점

- 한인 대상 업체들은 권리금이 너무 높아 부르는 게 값이다.
- 대형 비디오 대여 전문점들의 강세에 밀려 미국인 상대 비디오 대여점은 점차 시장성이 약해지고 있다.

- 잘되면 쉽게 경쟁자가 주변으로 치고 들어올 수 있다.
- 한국 비디오 대여점은 현찰 거래에 의한 탈세 문제가 크다.

4. 전망

요즘의 한국 비디오 대여점은 수준 높은 TV 드라마 영향으로 성업 중이다. 그러나 주로 대형 한인 마켓에 소재한 상점들만 흥행하고 있다. 앞으로 E-2 비자나 한인사회의 성장에 따라 권리금은 계속 증가될 전망이다. 따라서 확실한 권리금과 영업장을 확보하지 않고는 시작하기 쉽지 않은 사업체다.

17 | 1hr photo & 디지털 사진

불과 10년 전만 해도 1hr photo 사진 현상점은 괜찮았다. 그러나 디지털 카메라의 출현과 미국 대형 마켓이나 코스트코 등에서 1hr photo를 저렴하게 서비스함으로써 개인들이 소유하고 있던 1hr photo 숍은 점차 몰락해가는 추세다. 특별한 경우를 제외하면 가격경쟁으로는 월마트나 코스트코 같은 업체들을 이길 수 없기 때문이다. 값보다는 서비스의 전문화를 통하여 오래된 가족사진의 복구, 패스포드 사진, 특정 오피스들을 위한 업체 서비스 또는 친분이 있는 동네사람들을 위한 업체로 변형되는 추세이다.

25만 불을 투자하면 한 달에 8,000불 정도의 수입이 예상된다. 투자에 비해 회수가 아직은 높은 편이지만, 컴퓨터 산업과 사진기술의 발달로 1hr photo와 디지털 사진 현상점은 내일을 기약할 수 없는 불안한 사업이 되었다.

여러 가지 사진기술과 옛날 사진 복구 기술 등은 사업체를 인수하면서 전 주인에게 한 달 정도면 배울 수 있다. 운영 역시 편리하고 간편하다. 하지만 최신 장비를 갖고 있는 숍들은 운영이 가능하지만, 오래된 장비를 소유한 가게들은 인수하는데 신중을 기해야 한다.

18 │ 치과 기공소

남가주 지역의 치과 기공소는 한인들 간의 경쟁이 심하다. 기술을 배운 다음 영어를 배워 중소 도시로 이전하여 창업하는 것도 요령이다. 한인들은 보통 세일즈맨을 두고 적극적인 마케팅을 한다. 도전과 개척정신이 강하지 않고는 남가주 지역에서 새로운 치과 기공소를 차려 성공하는 것은 매우 어렵다. 적당한 가격을 무기삼아 치과의사들을 고객으로 유치해야 한다.

창업에 필요한 비용은 많지 않지만 섣불리 창업했다가는 종업원으로 일하는 것보다 못하다. 특별히 기술이 좋으면 많은 도움이 된다. 처음에 5만 달러 미만 투자로 운영하다가 확장을 하는 것도 요령이다. 일단 정착에 성공하면 한 달에 5,000~10,000불의 수입은 된다. 본인이 기술이 있다는 가정 하에 20만 불을 투자해 기존의 업체를 인수하면, 한 달 수입이 10,000불 정도 한다. 치과 기공을 모르는 사람들이 수익성만 보고 막무가내로 치과 기공소를 인수해 운영하는 것은 위험하다. 기술 없이는 아무리 수익성이 좋아도 뛰어들지 말아야 한다. 고객관리를 할 수 없기 때문에 금방 고객이 다 떨어질 것이다.

기술 중심과 운영의 묘를 살려 치과의사들을 잘 확보하면 경쟁 속에서 유망한 사업체로 급성장할 수가 있지만, 워낙 한인들 간에 경쟁이 심한 상태라 본인의 기술이 있지 않는 한 종업원들에게만 맡겨서는 승산이 없다.

19 | 음식점

1. 개괄

부인의 음식 솜씨가 좋다고 멕시칸 보조 한두 명을 데리고 음식점을 개업하는 모험을 하는 사람은 요즘 없으리라 생각된다. 하지만 얼마 전까지만 해도 많은 사람들이 그런 계획을 했다. 그러다 보니 필요 이상의 많은 음식점이 생겼다가 문을 닫았다. 앞으로 음식점의 추세는 복합적인 엔터테인먼트 양상을 띨 것이다. 음식 서비스만이 아니고 음식을 먹으면서 실내 장식과 공간 활용을 통한 다각적인 서비스의 제공이 필요하다는 말이다. 그러기 위해서는 먼저 맛에서 뛰어난 전문성을 갖추어야 한다. 그리고 음식점 내 넓은 공간에 폭포수나 어린이 놀이터 같은 공간을 만드는 특화성이 필요하다. 아주 어린 아이들을 돌봐주는 시스템babysitting이 있는 음식점은 손님들에게 인기를 더해갈 것이다.

2. 한인 고객을 중심으로 한 음식점

오렌지카운티 지역의 한인 음식점들은 대부분 전문성이 없었고, 실내장식이나 분위기가 LA만큼 미치지 못했다. 하지만 최근 5년 사이에

LA에서 성공하고 있는 냉면집, 순두부집, 떡보쌈 같은 전문 음식점들이 진출해오면서 이 지역 한인들의 입맛을 돋우고 있다.

앞으로 더 많은 한인들이 오렌지카운티의 남단으로 내려감에 따라 어바인 지역을 중심으로 한인 상권이 강화되고 있다. 그에 맞춰 한인 음식점들도 대형화 시대를 맞이할 것 같다. 2008년까지만 해도 100석 규모의 한인 고객 중심의 음식점을 오픈하는데 30만~50만 달러가 들어갔다면 앞으로는 그 이상의 투자가 요구된다.

하지만 정작 중요한 것은 결국 맛의 차별화다. 음식의 종류가 독특하고 맛이 전문화된 〈항아리 칼국수〉 같은 음식점은 작은 장소에서도 장사를 잘 하고 있다. 설렁탕집들은 이미 몇 개의 그룹으로 갈려 서로 프랜차이즈로 확장과 경쟁을 하고 있다. 순두부집은 특별히 중국 사람들도 많이 선호한다. 백인들도 건강 음식으로 좋아하면서 질과 맛이 좋은 많은 순두부집들이 생겨나고 있다. 이처럼 음식의 차별화와 전문화, 그리고 맛이 독특하지 않으면 안 된다. 앞으로 음식점 경쟁은 더욱 심화될 것이기 때문이다.

3. 백인들을 고객으로 한 음식점

대표적인 것이 〈우래옥〉이다. 깔끔한 맛과 쾌적한 시설을 통해 많은 백인들이 〈우래옥〉을 찾는다. 하지만 지난 10년 사이에 급성장한 〈Todai〉(일본식 뷔페 음식점)는 우리가 주목해볼 만한 프랜차이즈 일본 음식점이다. 미국식과 일본식의 다양하고 질 좋은 음식들을 준비해서 미국 주류시장을 공략하고 있다. 자본금도 100만 달러 정도가 요구될 정도로 투자와 전문성이 요구된다. 음식점마다 약간씩 차이는 있지만 점심이 13불, 저녁은 23불 정도이다. 미국인들에게도 〈Todai〉는 좋은

LA 지역에서 순두부 신화를 이룩한 북창동 순두부 체인점. 한인들뿐만 아니라 중국인들을 비롯한 아
시안들에게 건강음식으로 소문이 나서 계속 성장가도를 달리고 있다

일본식 레스토랑으로 정평이 나있다.

우리로서는 좋은 소식이 아니지만 대부분의 미국 사람들은 전통적
인 한식보다는 일본 음식을 좋아하고 선호하는 경향이 있다. 한국 음
식에 비해 일본 음식은 시각적인 면에서 멋이 있고, 기름기가 적으며,
조리방법도 체계화되어 있기 때문이다. 한국 음식점들도 체계화와 연
구를 통해 미국인 입맛에 맞는 음식문화의 개발이 필요하다.

4. 치킨 전문 패스트푸드점

미국 사람들은 햄버거나 샌드위치보다 치킨을 더 고급 음식으로 여
긴다. 이유는 햄버거나 샌드위치 숍은 너무 많기 때문이다. 남미계 이
민자들도 치킨요리를 좋아한다. 엘 폴로 로코El Pollo Loco 치킨이라는
통닭을 불에 구어 판매하는 프랜차이즈 가게는 언제나 남미계 손님들

로 가득 차 있다.

많은 몰이나 쇼핑센터에서 한인들이 데리야키식의 음식점들을 하면서 치킨 요리를 같이 판매한다. 하지만 생각보다 질이 떨어지고, 맛이 좋지 않다. 그럼에도 많은 한인들이 선호하는 것은 매출이 안정된 데다가 운영이 쉽고, 많은 영어를 필요로 하지 않기 때문이다.

만일 한인이 치킨 요리만을 전문적으로 개발해 판매하면 그 시장은 무궁무진하다. 또한 엄청난 성장 가능성이 있는 분야이다. 중요한 것은 백인이나 남미계 미국인들의 입맛에 맞는 요리법을 개발하는 것이다.

5. 햄버거 & 샌드위치 숍

1) 개괄

〈Subway〉라는 이름의 샌드위치 숍은 프랜차이즈 26,000개로 가장 많은 시장 점유율을 자랑하고 있다. 2008년에만 1,500개의 신규점포가 문을 열었다고 한다. 그 다음으로는 〈Quiznos〉가 2위를 차지하고 있다. 샌드위치가 햄버거보다는 음식 준비가 간단하고, 불에서 일하지 않기 때문에 권리금이 비싸다. 대략 매출의 10배에 이른다. 반면 햄버거는 매출의 5~6배에 거래가 되고 있다. 하지만 매출이 적어 한 달 순수입이 3,000불 미만의 가게들은 권리금이 제대로 형성되어 있지 않은 편이다. 매출에 대한 순수입의 비율은 임대료, 종업원 비용, 음식 재료비 등에 따라 많이 좌우되지만 샌드위치와 햄버거는 부부 중 한 사람이 풀타임으로 일할 경우 총매출의 25~30% 정도의 순수입을 예상할 수 있다. 이처럼 부부가 같이 일하면 인건비가 상대적으로 줄어들어 더 많은 수익을 남길 수 있는 분야이다.

샌드위치 숍은 아직도 많은 한인들이 운영하며 계속 구입하고 있는

전통적인 subway의 샌드위치에 맞서 새로운 개념의 건강식 샌드위치를 만드는 토고 샌드위치

데, 햄버거 숍은 약간 선호가 줄어들고 있다. 이유는 햄버거 숍이 샌드위치 숍보다 운영하기 힘들고, 대형 패스트푸드 체인들의 공격적인 세일 때문에 경쟁 면에서도 힘들기 때문이다. 하지만 아직도 햄버거 숍의 권리금이 샌드위치 숍보다는 훨씬 낮은 데다 10만 불 정도의 투자로 쉽게 도전해 볼 수 있고, 매출도 큰 기복이 없는 음식장사라서 상당수의 한인들이 종사하고 있다. 샌드위치는 15만 불 투자하면 한 달 수입은 약 5,000~5,500불 정도이며, 햄버거는 15만 불 투자에 6,000~6,500불 수입이다. 프랜차이즈 샌드위치 숍은 한 달 수입이 더 적어서 15만 불 투자에 수입은 4,000불 미만이다.

이처럼 햄버거 & 샌드위치 숍은 매출이 안정적이고, 투자에 비해 회수가 많은 편이라 아직도 많은 한인들이 종사하고 있다.

2) 장점

● 고급 영어가 필요치 않고, 식구가 많으면 종업원 비용을 아끼면
  서 운영할 수 있다.

● 샌드위치 숍은 주로 낮 시간대 영업이라 저녁에는 아이와 보내는
  시간이 많아질 수 있다.

● 부부 중 한 사람이 종업원을 두고 운영할 정도로 간편하다.

● 타 업종에 비해 햄버거 숍은 노동력 중심이라 순수입이 많은 편
  이다.

3) 단점

● 아무래도 육체적인 노동이 많기 때문에 건강한 부부에게 적합
  하다.

● 샌드위치 숍은 영업시간이 짧은데 비해, 햄버거 숍은 일주일 내
  내 오픈하는 곳들이 많다.

● 햄버거 숍은 불 앞에서 일하는 것이 힘들고, 한인들은 주로 흑인
  이나 남미계 이민자 지역에서 장사하는 관계로, 백인들이 선호하
  는 샌드위치에 비해 영업 환경이 열악하다.

4) 전망

장기적으로 작은 햄버거 숍이나 샌드위치 숍들의 전망은 그리 밝지
않다. 미국 내 13,700개의 매장을 갖고 있는 맥도날드, 7,600개의 버거
킹, 5,900개의 웬디스 등의 기라성 같은 프랜차이즈들이 성행하며 계
속 제품을 개발하고 있기 때문이다. 그래도 신선한 재료와 정성껏 준
비해주는 고객 중심의 작은 햄버거 숍이나 샌드위치 숍들은 계속 성행

할 것이다. 중요한 것은 끊임없는 맛과 건강, 그리고 제품 개발만이 살길이다.

6. 제과점과 떡집

한인들 간에 빵 문화가 자리 잡으면서 제과점이 뜨기 시작한 지 오래됐다. 좋은 제빵 기술자만 두면 운영하기가 수월하기 때문에 매년 제과점들이 늘어난다. 현재 LA와 오렌지카운티에서 한인이 운영하는 제과점들이 50개에 달하며, 계속 지역적으로 확장되고 있다. 권리금은 월매출의 10~12배 정도에서 거래되고 있지만 좋은 매물이 시장에 나오지는 않는다. 특히 파리바게트, 뚜레쥬르 등의 한국 업체들도 LA에 계속 상륙하고 있기 때문에 앞으로 '빵들의 전쟁'이 예상된다. 현지 한인들이 운영하는 기존의 작은 규모 빵집들의 타격이 클 것으로 예측된다.

떡집 역시 한인 사회의 정착과 함께 급성장했다. 제과점들과 비슷한 추세로 성행하고 있는데, 기술과 경험만 있으면 떡 기계 몇 대만 들여놓고도 시작할 수 있기 때문이다. 많은 교회에서 정기적으로 떡을 구입하고 있고, 또한 한인 사회가 성장함에 따라 결혼이나 피로연에 떡이 필수적이기 때문에 그 수요가 급증하고 있다. 투자에 비해 소득이 엄청난 떡집들도 있지만 한 달 평균 수입은 제과점과 비슷하게 5,000불에서 몇 만 불까지 아주 다양하다.

주인이 제빵 기술 없이 한국에서 기술자를 불러 제과점이나 떡집을 시작하려면 기계와 기술자 및 시설비에 30만 불 정도는 투자가 요구된다. 주인에게 제빵 기술이 있다면 훨씬 적은 투자로 제과점이나 떡집을 시작할 수 있다.

7. 밑반찬 공장 및 배달

한인 마켓에 가면 다양한 밑반찬들이 있다. 하지만 값이 비싸기 때문에 자주 사기가 부담이 될 정도이다. 그렇다고 값에 비해서 맛이 뛰어나게 좋은 것도 아니다. 하지만 한인 이민자들의 생활수준이 향상됨에 따라 맛있는 반찬이나 음식에 대한 수요는 많다. 또한 요즘은 파티가 많아서인지 케이터링 서비스업도 활발하다. 좀 더 경쟁력 있는 밑반찬 공장이 필요한 시점이다.

이처럼 밑반찬 공장도 사업 전망이 좋다고 본다. 적은 자본으로도 할 수 있으나, 기본적으로 음식솜씨가 뛰어난 사람이 해야 한다. 중요한 것은 주방 시설의 현대화와 인건비 절약이다. 찾아보면 아이들이 학교에 간 사이에 부업으로 일하기를 원하는 주부들이 많다. 이들은 전문 기술이 없는 관계로 사무실이나 그와 관련된 일자리를 찾기가 쉽지 않다. 이런 주부들의 노동력과 음식 솜씨를 합쳐 남미계 보조 2명 정도와 같이 비즈니스를 할 수 있다면 장래성이 있다.

한편 밑반찬 공장이 잘 운영되면 케이터링 사업까지 할 수 있는 여건이 된다. 그렇다고 처음부터 케이터링과 밑반찬을 같이 하게 되면 전문화가 어렵다. 우선 손님을 확보하는데 시간이 걸리더라도 반찬만을 연구해서 전문점이 되는 것이 중요하다.

8. 일식집

2000년 들어서면서 그동안 꾸준히 성장을 보여왔던 일식집(일본 음식점)들이 본격적으로 호황을 맞기 시작했다. 아무래도 햄버거에 중독된 백인들이 건강과 비만을 이유로 식생활을 고치려는 요구에 맞아 떨어진 것 같다. 이처럼 일식집을 소유한 많은 한인들이 분점을 오픈하기 시작했다. 코리아타운만을 상대로 하지 않고 미국 주류사회로 도전하는 많은 한인 기업가들의 장래가 기대된다.

일식집 가운데 〈베니하나Benihana〉라는 음식점이 있다. 1964년 처음 개업한 이래 전 세계적으로 약 60개 점포를 가지고 있다. 미국 증권거래소에 주식이 상장된 상장회사이기도 한 이곳은 고급 음식점은 아니지만 서비스의 차별화를 통하여 일부 유명 인사들과 미국 중산층에 알려진 일본 음식점이다. 순수 일식과 미국 스테이크를 병합한 것이 특징이며, 8명씩을 한 테이블로 묶어 요리사가 테이블에서 직접 요리와 간단한 연기를 한다.

이처럼 〈베니하나〉는 시각적 효과를 극대화시켜 즉석에서 요리된 음식을 제공하는 서비스로 인기를 끌고 있다. 생일을 맞는 손님에게는 간단한 생일 파티도 열어주며, 폴라로이드 사진기를 이용하여 고객들의 사진을 즉석에서 찍어주는 봉사정신도 배울 만하다. 메인 디시의 음식 값은 20불 내외이지만 사이드 디시와 디저트를 생각하면 한 사람이 최소 30불은 준비해야 한다. 점심시간에는 8불 정도의 스페셜을 준비하여 불경기 때도 부담 없이 서민들이 즐기도록 준비했다.

이 같은 〈베니하나〉의 방식을 본떠 한인들도 미국 주류사회를 대상으로 한국 음식을 도전해볼 수 있을 것이다. 갈비나 비빔밥, 그리고 밑반찬들은 충분히 미국 사람들의 입맛에 맞도록 조직화할 수 있다. 손님이 있는 테이블에서 직접 요리해서 선보일 수 있는 음식들도 충분히 있다. 이런 음식들을 가지고 한국의 전통과 문화를 소개하면서 다른 나라 음식과 차별화해야 한다.

20 | 한의원

1. 개괄

한국에서는 2009년에도 여전히 한의사가 강세를 보일 것으로 전망되지만 미국의 대부분 한인타운에서는 한의원이 이미 포화 상태이다. 실력을 인정받지 않은 한의사들은 개업한 지 1년을 넘기지 못하는 경우도 상당하다. 하지만 아직 한인타운이 크게 형성되어 있지 않고 한의사로서의 실력을 인정받는 분들은 충분히 도전할 수 있는 분야이다.

LA에 350여 개, 오렌지카운티를 비롯한 주변에 150여 개를 합쳐 남가주에 500여 개의 한의원이 있으며, 매년 약 5~10% 정도의 한의원들이 늘어가고 있다. 한의사 자격증을 받는 것이 갈수록 어려워지지만 그래도 매년 100명 정도의 한의사들이 새로 탄생한다는 것이 업계의 분석이다.

이들 한의원은 주로 한인들이 밀집해 있는 코리아타운을 중심으로 개업을 하는데, 이보다는 백인지역으로 분산되는 것도 지혜이다. 백인들에게도 침은 많이 알려져 있으며, 영어가 아니고 기술의 문제이므로 영어를 못한다고 코리아타운만을 고집할 필요는 없다.

유명 한의원의 수입은 헤아리기 어려울 정도이다. 많은 수입들이 현찰로 들어오기 때문에 성업하는 한의원들의 수입은 정확히 예측하기가 어렵다. 최소한의 월수입이 몇 만 달러이다. 특히 한약의 재료비는 10% 미만이기 때문에 달여 주는 한약의 대부분이 순수입이다. 그러나 최근에 오픈한 한의원들은 손님도 적고 살아남기 위한 전략으로 서로 심한 경쟁을 하고 있다.

2. 한의사

캘리포니아주 20여 곳에 한의대학이 성행하고 있고, 매년 한의사는 100명 정도 배출된다. 과정은 3~4년이며, 3,000여 시간을 배워야 한다. 생각보다 많은 기간과 훈련이 요구되는 직업이다. 학비도 만만치 않은데 연 20,000~40,000불 수준이다.

하지만 요즘 유행하는 웰빙과 맞물려 한의사 직업이 뜨고 있다. 캘리포니아주에만 한의사 자격증 소지자가 약 10,000명이며, 한인 한의사들은 미국 전역에 약 2,000명 정도로 추산된다. 부작용이 우려되는 주사나 약물치료를 중심으로 한 양약치료보다는 자연요법으로 치료하려는 미국인들이 늘어나면서 한의사들에 대한 수요가 증가하고 있다.

수입은 개인의 능력에 따라 다르지만 우선 한의대학을 졸업하고 한의사 시험에 합격한 사람들은 한의원에 취직할 경우 월 3,000불 내외로 초봉이 많지 않다. 경험을 쌓은 뒤에 개업할 경우는 실력에 따라 천차만별이다. 지금 시중에서 기반을 잡은 한의원들은 최소한 월 몇 만 불의 수입을 올린다.

중요한 것은 충분한 임상시간과 실무경험을 갖춘 뒤에 오픈해야 한다는 점. 단기간보다는 최소한 2년 정도는 버틸 자금이나 다른 수입원을 확보한 후에 개업하는 것이 요령이다. 유명한 한의사들이 많은 LA 지역보다는 다른 주로 가서 백인들과 한인 및 아시아인들을 중심으로 한의원을 오픈하면 전망이 있다. 한의원을 개업하는 투자 비용은 그렇게 많이 들어가지 않는다. 20,000불 정도면 기본적인 장비들과 주요 기기들을 구입한 후에 병원시설비를 포함하여 약 50,000~100,000불이면 창업할 수 있다.

21 | 의사

한의사들과 마찬가지로, 남가주 지역에 약 400명 이상의 의사들이 한인들을 상대로 의료분야에 종사하고 있다. 의사들도 매년 몇십 명씩 자격증을 받고 코리아타운을 중심으로 개업을 하고 있다. 전문 분야와 경험에 따라 수입이 많이 차이 나지만, 경력이 있고 개업한 지 오래된 의사들은 일 년에 50만 불 이상의 순수입을 확보한다. 그리고 병원에 소속하여 일하는 의사들은 일 년에 약 15만 불 이상의 봉급을 받는다.

한편 남가주 타운 내의 한인 병원들은 고객유치 경쟁이 치열하다. 새로운 병원들이 개업하면서 재활원, 생명원, 복지원 등의 이름으로 노인들을 차로 모셔가기에 열심이다. 일주일에 2~3번 정도를 픽업해 가면서 선물공세까지 한다. 하지만 이들 병원들은 노인들을 활용하여 엄청난 병원비를 청구하고 있다. 병원비 과다청구 등의 문제가 아직은 수면 아래에 잠겨 있지만 앞으로 사회문제로 부각될 가능성이 높다.

22 | 치과의사

일반치과와 특수치과로 나뉘는데, 보철 및 임플란트 같은 특수치과 쪽으로 많은 전문 치과의사들이 몰리고 있다. 일반 치과의사는 일반 의사들만큼 수입을 올리지 못하지만 특수치과 쪽으로 유명한 치과의사들은 만만치 않은 수입을 올리고 있다.

1980년대, 한인 치과의사들은 주로 남미계 이민자들과 한인들을 상대로 많은 돈을 벌었다. 그러나 1990년대 후반부터는 많은 치과들이 주변에 개업해 경쟁하는 바람에 치과의사들의 수입이 현저히 줄어들었다. 그래도 아직 오래된 치과의사들은 많은 남미계 고객들과 한인들을 상대로 바쁘게 진료하고 있다. 보통 치과의사 수입은 일반 의사 수입의 약 50% 수준으로, 연간 수입이 15만~20만 불 정도이다. 2000년대 들어서면서 치과기술의 향상과 전문기계들의 발달로 치과 분야가 더 전문화되면서 수요가 늘어나 급성장하는 분야이다. LA 주변에 500개 이상의 치과가 있다. USC를 졸업한 많은 치과의사들이 시장 점유율을 늘려 나가고 있다.

23 | 양로 보건센터

한국과 마찬가지로 미국은 고령화 시대를 맞아 노인들을 돌보는 복지시설이나 의료 분야가 뜨고 있다. 65세 이상의 노인들을 모시는 양로 보건센터는 크게 두 가지로 구분된다. 첫 번째는 걸어서 음식점까지 갈 수 있는 상대적으로 건강한 사람들을 모시는 곳이 있는데, 바로 양로 복지센터이다. 이곳에는 노인대학이나 헬스클럽 등과 같이 노인들을 위한 다양한 프로그램들이 있다. 두 번째는 음식점까지 가지 못하는 약한 노인들을 돌보는 양로 병원센터이다. 제대로 거동을 못하는 약한 노인들을 위한 준 병원이라서 프로그램은 있지만 참석자들이 적고 제대로 운영되지 않는다. 주로 노약자들을 위한 약 공급과 식사가 우선이다.

양로 복지센터에 들어가 있는 노인들에게는 정부에서 한 달에 1,500

불 정도가 지급된다. 한편 양로 병원센터에 있어 거동하기가 불편하고 아픈 사람들은 정부에서 한 달에 약 5,000불 정도를 지급한다. 이들은 둘 다 Medical이나 Medicare를 소지한 노인들을 대상으로 한다. 캘리포니아주에 약 1,600군데가 있고, 대부분은 유대인들이 소유하고 있으며 투자금은 많지만 안전한 수익성이 알려지면서 한인 소유가 계속 증가되는 추세다. 상당한 고수입을 올릴 수 있는 전문적 성격을 띠고 있으며, 최소한 간호사나 의료 계통에 관련된 사람들에게 권할 만하다.

요즘은 양로 보건센터들이 특수한 형태로 변형되고 있다. 즉 재활원의 업무를 강조하면서 대형 밴이나 버스로 노인들을 매일 아파트까지 와서 픽업한다. 그리고 아침과 점심을 제공하고 많은 취미활동을 하게끔 하면서 하루 50~100불 정도를 받는다. 100명 내지 150명의 노인들을 매일 돌보는 대형 사업체로 변형된 이런 보건센터는 규모 있게 운영하면 월 몇 만 달러의 수입은 된다. 투자는 최소 50만 불 이상인데, 정부의 복지정책이나 주변 경쟁의 상황에 따라 수입이 급변할 수 있다. 일단 노인들만 확보되면 운영이 쉽고, 또한 막대한 수입도 들어오기 때문에 한인타운의 비즈니스 수단 있는 의사들 사이에 큰 사업으로 부상해서 재활원들 간에 밴을 이용한 타운 내 노인 유치 전쟁이 벌어지기도 한다. 심지어 의사가 아닌 사업가들이 의사를 고용해서 재활원을 운영하기도 한다.

24 | 약국

코리아타운의 급성장과 확장으로 아직도 한인 약국이 들어설 자리들은 꽤 있다. 한인들이 미국 약국 시장을 뚫고 들어가는 것은 거의 불가능하기 때문에 주로 한인 병원들이나 한인 대형 마켓이 몰려있는 쇼핑센터에서 장사를 한다. 이들은 지역에 따라 다르지만 아무튼 처방을 많이 도와줄 수 있는 의사들과의 긴밀한 협조가 필수이다.

미국의 약국에서는 한국과 달리 여러 다양한 용품들을 판매할 수 있다. 안정이 되면 한 달에 10,000불 이상의 수입은 어렵지 않다. 약사 자격증만 있으면 되고, 투자도 많이 필요하지 않다. 필요한 투자금도 은행에서 융자할 수 있지만 한인을 상대로 한 소형 마켓들은 10만 불 미만으로도 충분히 창업이 가능하다.

현재 100여 개의 약국들이 주로 한인들을 대상으로 운영되고 있고, 매년 약 5~10% 정도의 성장을 하고 있다. 약국의 성장은 병원의 개업과 성장에 연계되어 이루어지고 있다. 한편 대형 미국 체인 약국들이 있는 백인지역에서의 창업은 어렵다. 이곳은 오히려 창업보다 취업이 더 전망이 있다고 할 수 있다.

25 | 99센트 스토어

1. 개괄

99센트 스토어는 기존 소매업들에 대한 가격 혁명이었다. 주로 중국에서 수입되는 값싼 물건들이 주종을 이루었지만, 값만 싼 것이 아니고 질도 값에 비하여 상당히 좋아 많은 소비자들이 선호하고 있다. 1980년대 후반부터 유행하기 시작하여 지금은 전국 각 지역에 16,000개 이상의 점포들이 퍼져 있다. 연간 전체수입은 약 400억 달러로 예상하고 있다. 한 개 매장에서 약 100만 달러의 매출을 올리는 것으로 예측한 숫자다. 2,000~3,000sqft 정도의 작은 99센트 스토어들은 포함하지 않은 숫자인데, 이것마저 포함한다면 거의 2만 여 점포가 될 것이다. 캘리포니아주를 비롯한 LA 지역은 포화상태이지만 다른 주는 아직도 들어설 자리들이 많이 있다.

이곳은 불경기나 호경기를 불문하고 갈수록 인기를 끌고 있다. 게다가 저소득층만 찾는 것이 아니고 고소득층들도 즐겨 찾는 추세로 변하고 있다. 부유층 지역인 베버리힐스 부근의 〈99 CENT ONLY〉의 경우 매출 기준 전국 상위권에 랭크되어 있다고 한다. 교육 수준이 높은 중산층의 경우 일단 방문한 다음에는 정기적인 좋은 고객으로 바뀌어 가고 있다. 가장 큰 체인들은 〈99 CENT ONLY〉, 〈DOLLAR TREE〉, 〈DOLLAR GENERAL〉 등이다.

임대료가 적당하고 동네사람들을 상대로 하는 99센트 스토어는 괜찮다. 주위에 대형 99센트 스토어가 들어올 확률이 없는 지역이면 더좋다. 주위에 소비성향이 높은 주민들이 많이 거주하고 작은 가게가 높은 매출을 올리고 있으면 대형 스토어가 치고 들어올 확률이 높다. 남미계 이민자들이 몰려있는 동네가 제일 장사하기는 편하다. 흑인지역도 장사가 잘 된다. 그러나 흑인지역, 남미계 지역, 백인지역의 물건들이 서로 다르다는 것을 염두에 두어야 한다.

거래처에 가서 직접 물건을 보고 구입해야 하는 물건 구입의 불편성 때문에 마켓보다는 운영이 복잡하다. 다양한 종류의 물건을 즉석에서 구입해야 하므로 새로운 물건을 보고 즉석에서 결정을 내려야 하는 판단력이 필수이다. 그러나 마진은 마켓보다 좋아서 15만 불을 투자하는 경우 8,000불 이상을 기대해볼 수 있다. 물건이 다양하므로 부지런하고 창의성이 있는 사람들에게 적합하다. 물건은 주로 LA와 붙어있는 버논에 있는 도매업 지역에서 구입한다. 버논 지역 유대인들을 중심으로 99센트 도매업이 형성되었고, 아직도 가장 크고 유명한 도매업인 〈Four season〉은 유대인 소유이다. 요즘은 버논에서 한인 도매업자들도 그 수를 늘려가고 있다.

한편 경영은 약 3,000sqft 내외의 가게라면 종업원 한두 명과 주인이 운영하기 용이하다. 99센트 스토어는 99센트 물건만 취급하는 것이 아니고, 약간의 음식과 청량음료들을 취급하고, 100불 가까이 되는 스테레오나 전기제품도 판다. 물건의 종류도 의복까지 팔면서 점차 다양화되고 있다. 음식물의 종류도 주민들의 소비성향을 살피면서 확장되고 있다. 실제 조사된 바, 많은 고소득층의 손님들이 99센트 스토어를 즐겨찾기 때문이다. 그리고 99센트 스토어 역시 동네에 있는 고객을 상대로 장사를 하는 것이므로 주민들과 유대관계가 좋아야 한다. 일년에 몇 번 정도 동네주민들을 상대로 자선행사나 관계 개선을 위한 활동들을 펼치는 것도 좋고, 동네 학교들을 대상으로 기부를 하는 것도 좋다.

99센트 스토어의 앞으로의 전망은 밝다. 질 좋은 물건들이 계속 중국에서 수입되고, 소비자들은 값싸고 좋은 질의 제품들로 인해 만족해하고 있다. 중요한 것은 매장의 물건의 질과 종류를 계속 다양화하고 업그레이드시켜야 한다는 것이다. 시대의 요구를 맞추어야 경쟁력을 유지할 수 있기 때문이다. 그리고 물건 공급라인을 다양화하여 타 매장에서는 구입할 수 없는 물품들을 우리 매장에서는 판매할 수 있는 경쟁력을 갖추어야 한다.

2. 99센트 스토어 운영 사례

올해 43세의 K씨는 어머니 초청으로 영주권을 받아서 미국에 온 지 17년이 되었고, 34세에 늦게 결혼하여 2학년 된 딸을 하나 두고 있다. 처음 10년 간은 젊음을 믿고 돈을 벌기 위하여 미국 전 지역을 오갔다. 1989년 엘 파소에서 국경 장사를 잘 하고 있을 때였다. 장사는 잘 되고 돈은 벌었지만 저녁이 되면 아무것도 할 일이 없었다. 너무 외롭고 단조로운 삶 때문에 그 곳을 떠났다. 이후 오렌지카운티 남단에 위치한 유명한 코스타메사 벼룩시장에서 장사를 했고, 여러 벼룩시장에서도 장사 경험이 있다. 남자 옷가게 소매와 도매업까지 경험하다가 1997년 경에 남미계 이민자들이 몰려있는 파라마운트 시에 현재의 99센트 스토어를 인수했다. 임대료는 쌌지만 전 주인 2명이 모두 망하고 나간 자리여서 리스를 주면서 주인도 약간 찜찜한 표정이었다. 하지만 지금까지 잘 운영해오고 있다. 물건의 50% 정도는 99센트 품목들이고 나머지 50%는 전자제품, 옷, 기타 제품들이다. 드링크를 중심으로 한 패키지 음식들도 판매하고 있다.

99센트 스토어는 자본금이 많이 필요 없고, 부지런하면서 창의성 있는 사람이면 적극 추천하고 싶다. 3,000~4,000sqft의 자리에 가게를 설치하는데, 약 10만 불이면 된다. 운영이 재미있고 아이디어만 있으면 무궁무진한 성장 가능성이 있다. 매출은 적지만 마진이 좋은 장사로 편하게 하고 있다. 아내는 파트타임으로 일하고, 자신이 풀타임으로 종업원 없이 운영하고 있다. 전에 있던 종업원을 내보내고 일하기 때문에 약간 피곤한 편이지만, 강도의 위험도 없고 경기에 별로 영향도 받지 않아서 월급쟁이 같은 생활을 하고 있다. 하루 매출이 적으면 다음날 많아지고, 이 달에 약간 저조했다 싶으면 다음 달에 더 팔리고 해서 고정적인 수입을 내고 있다. 한 달에 약 7,000불 정도의 수입을 낸다. 한 마디로 이것도 경험이 많을수록 더 편하게 장사를 할 수 있다. 음식물을 많이 취급하면 매출이 많아지지만 전체 마진은 내려간다.

Tip

99센트 스토어 운영 노하우

약 5,000sqft의 가게를 인수하거나 아니면 새로 차릴 때, 약 3,000sqft는 99센트 가게로 할당하고, 나머지 2,000sqft는 지역 수요에 맞는 제품들을 중점으로 한 가게를 만드는 것도 좋다. 그리고 캘리포니아주나 뉴욕 같은 큰 도시에서 멀리 떨어져 있는 곳이 더 좋다. 마켓을 운영하면서 같이 99센트 스토어를 운영해도 좋다. 99센트 스토어는 정기적으로 애용하는 손님들이 많다. 마켓과 99센트 스토어, 또는 99센트 스토어와 커피숍 같은 가게를 병행해서 운영하는 것도 방법이다.

한편 버논의 도매업소에서 물건을 구입할 때는 양에 따라 가격이 약간씩 달라진다. 즉 같은 업종에 종사하는 사람들끼리 공동구매를 하는 것이 좋다. 여자 옷가게에서는 오래 전부터 소매업들끼리 연합하여 공동구매를 통해 구입가를 절약하고 있다.

쉽지는 않겠지만 몇 가게만 뭉쳐 공동구매를 하면 구입가도 절약하고, 서로의 운영상 문제점이나 노하우 등을 나눌 수 있을 것이다. 또한 물건구입과 운영의 차별화로 물건 구입 팀과 운영 팀이 서로 동업이나 법인을 만들어 힘을 합치는 것도 지혜이다.

26 | 핸드폰 매장

핸드폰 매장은 코리아타운에서는 너무 짧은 기간 내에 급속한 팽창을 해서 앞으로의 전망은 그리 좋지 않다. 차라리 미국인들의 핸드폰 구입이 늘어나는 것을 염두에 두고, 한국의 품질 좋은 핸드폰을 가지고 미국 시장으로 들어가야 한다. 핸드폰 매장의 가장 큰 수입원은 핸드폰을 구입하여 사용하는 고객이다. 보통 전화기는 무료로 주고 50불 정도의 개설 비용을 부과하는 정도이지만, 한 고객에 대해 전화 회사로부터 약 150불 정도의 리베이트를 받는다. 한 달에 평균 30명 정도의 손님을 받으면 약 4,500불 정도의 수입이 된다. 하루에 하나 정도 판매하는 것이니까 장소만 좋으면 크게 어렵지는 않다. 주로 월요일부터 금요일까지는 오전 10시에서 오후 7시 정도 일하고, 토요일은 11시에 열어서 5시까지 일하며, 주일은 대부분 닫는다.

운영상의 팁으로는, 핸드폰은 아무래도 손님이 손님을 많이 소개하므로, 단기간의 결과보다는 장기적 안목으로 손님들에게 적극적인 친절을 보이라는 것이다. 그러면 1년 뒤에는 많은 고객을 확보할 수 있다. 또한 발이 넓은 사람들은 친구나 이웃들에게 좋은 프로그램을 잘 소개하면 그들을 통해 고객의 저변을 확대하는 열매를 맺을 수 있다. 50,000불 투자로 한 달에 3,000~5,000불 정도의 수입은 쉽게 올릴 수 있다. 장점은 적은 투자에 비해 회수가 높은 편이고, 일하는 환경과 시간이 아주 좋다. 많은 종업원이 필요한 것도 아니고, 장소만 좋으면 좁은 공간에서도 많은 매출을 올릴 수 있다. 단점은 경쟁 때문에 점차 시장 점유율이 내려갈 공산이 크며, 광고나 마케팅 비용을 상당히 지출해야 성공할 확률이 높다. 영어를 잘해야 하며, 전화기나 컴퓨터 같은 기계제품을 잘 다룰 줄 아는 기술이나 경험이 요구된다.

27 | 컴퓨터 수리점

컴퓨터 가격의 저렴화와 고급화에 따라 컴퓨터 수리점은 점차 자리를 잃어가고 있다. 웬만한 수리나 업그레이드 가격이면 새 모델을 구입하는 것이 유리하기 때문이다. 사양 산업이 되어가고 있어 그리 권하고 싶지는 않다. 컴퓨터 한 가지만을 수리하기보다는 전화기 세일즈나 기타 다른 사업체들을 함께 운영해야 한다. 아니면 컴퓨터 문맹자들을 위한 컴퓨터 교육 교실 등을 통해 추가로 소득을 올려야 한다.

28 | 웹 디자인 업체

컴퓨터와 인터넷이 보편화되면서 점차 각 사업체들마다 웹사이트 개설이 늘어가고 있다. 코리아타운을 상대로 한 웹 디자인 업체는 이미 포화상태이다. 전문 기술과 전문 인력이 준비되어 있고, 투자 자금도 넉넉한 회사들을 제외하고 대부분 웹디자이너들은 파트타임으로 종사하고 있다. 웹사이트의 특성을 살린 포털 서비스 업체들이 늘어감에 따라 앞으로는 포털 서비스를 통한 웹사이트의 보편화가 이루어질 전망이다. 하지만 한인들이 많이 운영하는 대다수의 사업체들이 컴퓨터나 웹사이트 서비스 없이 운영 가능한 사업체들이라, 앞으로 어느 정도 성장할지는 미지수다.

29 | E-bay: 컴퓨터를 통한 물품 판매

온라인 물품 판매 사이트인 E-bay에서는 주로 골동품, 브랜드 물건, 전자제품 및 다양한 가정용품들이 판매되고 있다. 처음 시작은 1996년이지만 2000년에 들어서면서 마켓이 급속히 성장하고 있다. 물건을 잘 찍고 설명을 해서 인터넷에 띄우면 서로 경쟁하면서 구입을 한다. 경매를 통해 낙찰이 되면 물건은 보통 UPS를 통해 배달된다. 컴퓨터에 능해야 하며, 영어를 잘해야 한다. 몇 만 달러의 소규모 자본으로 월 몇 만 달러의 소득까지 바라볼 수 있다.

미국인 가운데 5천만 명이 매일 E-bay에서 물품을 구입하는 고객이라는 점을 생각하면 시장은 무한정하다. 가장 중요한 관건은 좋은 브랜드의 물건들을 어떻게 구입하느냐이다. 특별히 라이선스가 있는 스포츠 관련 물품들이 잘 팔리고 있다. 보통 물건을 팔아주면 고객으로부터 약 25% 내외의 커미션을 받는다. 고객이 전화를 하면 물건을 픽업해 사진을 여러 각도에서 찍고 물건의 내용과 질을 설명하는 글을 준비해서 컴퓨터에 띄워야 한다. 많은 물건들을 보관할 수 있는 창고가 있어야 하며, 항상 2명 정도의 종업원은 있어야 된다. 보통 2,000sqft의 창고와 약간의 사무실 공간이 있으면 된다. 자신이 혼자 창업하는 것보다는 일단 기존의 프랜차이즈에 가입해서 시작하는 것이 좋다.

30 | 재활용recylcing & 쓰레기 수거trash disposal

환경 친화적 수거 방법의 시작으로 쓰레기 처리 사업은 크게 부상 중이다. 투자도 최소 몇 백만 달러의 자금이 필요할 정도로 규모도 크다. 투자에 비하여 회수가 높은 편은 아니지만 계속되는 환경오염과 자연보호의 일환으로 재활용과 쓰레기 수거는 아주 전망 좋은 사업으로 부각되고 있다. 정치적으로도 시와 연계해 사업을 벌일 수 있는 능력의 사업가들에게 적합하다. 처음 1~2년간은 운영의 묘를 기해야 하겠지만 고객들만 확보되면 운영이 아주 간편한 사업체이다. 특별히 2009년의 불경기 속에서도 지속적인 성장이 예상되며, 수입은 단기간 내에는 다소 저조할 수도 있지만 장기적으로 연 투자비용의 10~20% 정도까지 순이익률이 예상된다. 즉 500만 불을 투자할 경우에 연 50만 불 이상의 순수익은 무난하다.

31 | 미용 재료상 beauty supply

1. 개괄

미용 재료상은 가발과 관련이 되어서 그런지 유달리 한인들이 많이 하고 있는 사업체이다. 미용 재료상은 제조와 유통 및 소매까지 한인들이 장악하고 있다. 리커나 마켓 등에 비해 훨씬 안전하고 전문기술과 경험이 필요한 사업이기도 하다. 미용 재료상이 가장 잘 되는 지역은 당연히 흑인지역이다. 흑인들은 먹지는 못해도 머리손질은 해야 한다. 머리카락이 부스러지며 숱이 많지 않아서 흑인들은 머리를 자주 감지 않고, 주로 미용 재료를 통해서 손질을 한다. 물론 타민족들도 미용 재료상을 찾지만, 흑인들같이 정기적으로 찾지는 않는다. 미국 내의 흑인인구는 전체인구의 13%인 약 4,000만 명으로 예상되는데, 이들이 전체 미용 재료의 약 30%를 소비하고 있다. 많은 경험이 요구되는 것도 아니며, 고급영어가 필요한 것이 아니기에 권리금이 싸지 않다. 또한 운영도 어렵지 않기 때문에, 흑인들의 불평을 잘 토닥거리고 대화할 수 있는 능력만 있으면 충분히 쉽게 운영할 수 있다.

LA의 미용 재료 도매업 자료에 의하면, 전국적으로 한인 소유의 미용 재료상은 약 8,000개에 육박하고 매년 수백 개씩 증가하고 있다고 한다. 남가주 일대는 약 300개 정도의 한인 운영 미용 재료상이 있는데 약 90% 정도는 흑인지역에 위치해 있다. 그로스 마진gross margin(사업체의 운영경비를 공제하기 전의 이윤을 말한다. 10불에 구입한 미용재료를 17불에 판매하면 그로스 마진은 약 41%이다)은 흑인지역이 경쟁 때문에 35~40% 정도이고, 백인지역은 50% 정도 된다. 다시 말해 흑인지역에서는 10불에 사서 16~17불에 판매하고, 백인지역은 10불에 사서 20불에 판매한다는 것이다.

주인이 일하면서 한 달에 10,000불의 순수입을 가져가려면 50만 불 정도의 투자가 요구된다. 물론 미용 재료까지 포함한 가격이다. 15만 불 정도 투자하면 한 달에 3,000~4,000불 정도의 순수입을 기대할 수 있다. 미용 재료상은 또한 머리나 손톱을 장식하는 미용사들에게 세를 줄 수도 있는 미용실hair salon을 갖고 있는 사업체들이 많다. 이런 경우에 미용실을 자신이 운영하여 더 많은 수입을 올리려 애쓰는 것보다, 수입은 적어도 세를 주는 것이 더 편하다. 권리금은 매출과 지역에 따라 상당히 차이가 있어서 3~6배 정도에 거래되고 있다. 매출이 월 40,000불 이상이고, 경쟁이 약하면서 임대료가 싼 지역은 순수입이 높아서 6배까지 받는다. 이에 비해 매출이 적고, 경쟁이 심한 곳은 순수입이 낮아 3배 정도밖에 받지 못한다. 그리고 다른 비즈니스에 비해

한인들이 많이 운영하는 미용재료상의 내부 모습. 한 쪽에는 손님들의 머리를 손질해주는 이발소가 있고, 나머지 내부에서는 미용재료들을 팔고 있다

재고의 양이 많은 편이다. 매출의 3배에 가까운 재고를 갖고 있는 편이다. 즉 월매출 50,000불짜리 미용재료상은 재고가 100,000~150,000불 정도이다. 물건 구입은 물품에 따라 배달로 오는 것들이 있고, 일부 품목들은 주로 LA 다운타운에 가서 직접 구입해야 한다. 하지만 물건 구입이 옷가게만큼 복잡하거나 힘들지는 않다.

특별한 라이선스가 요구되는 것도 아니고 운영이 쉬운 편이라 한인들이 많이 선호한다. 단점은 장사가 잘 되면 한인 경쟁업체가 주변에 치고 들어오기가 쉽다.

2. 장점

● 영어를 많이 쓸 필요가 없고, 주로 여성들 상대라서 운영이 편하다.

- 영업시간이 마켓이나 리커 같이 길지 않아서 좋다.
- 현금장사이고 육체적 피곤함이 크지 않다.

3. 단점

- 물건구입의 80% 이상은 직접 LA 다운타운의 도매업에 가서 구입해와야 하는 번거로움이 있다.
- 대형 할인마켓 등에서 미용 재료상이 취급하는 물품들을 싼 값에 판매하여 경쟁이 심해진다.
- 재고의 양이 많은 편인 데도 새로운 제품들을 계속 구입해야 한다는 부담이 있다.
- 자격증이 필요 없는 일이기에 장사가 잘되면 쉽게 주변에 경쟁업체가 들어올 수 있다.

4. 전망

당연한 강조이지만 주변에 있는 기존 미용 재료상과의 경쟁이나 장래성, 그리고 리스 등에 따라 권리금에 차이가 많이 날 수 있다. 미용 재료상을 오래 한 사람들은 가급적이면 도매업으로 진출하라고 권하고 싶다. 더 많은 자본이 요구되지만 생각보다 엄청난 금액이 요구되는 것은 아니다. 도매업은 소매업과는 달리 수많은 종류의 물건들을 취급하는 것이 아니고 몇 가지 전문적인 아이템들을 중심으로 운영하기 때문에 전혀 불가능한 것은 아니다. 작은 규모로 시작하더라도 시장성이 있는 종목을 취급할 수 있는 사전조사가 있으면 된다. 즉 제조업체들과의 독점계약이나 공급계약이 필수이다. 많은 한인들이 도매업을 운영하는데 이 사람들은 제조업까지 도전해보는 꿈이 필요하다.

새로운 제품개발을 통한 창업은 많은 자본과 리서치를 필요로 하지만 일단 제품이 개발되면 한인 소매업들이 많아서 판매는 별로 걱정할 필요가 없다. 사업체들을 자꾸 다음 단계로 상향조정하는 길이 한인 이민자들이 전체적으로 미국에서 성공하는 길이다.

미용 재료상은 불경기로 인한 반응이 민감한 사업체이기에 백인지역이나 흑인지역을 막론하고 매상이 상당히 줄어들거나 정체될 것으로 전망된다. 가격이 만만치 않아 몇 가지만 사면 금방 100불이 된다. 소비자들이 절약해서 미용 재료를 구입할 것으로 예상되어 2009년에는 미용 재료상들의 불경기가 전망된다.

32 | 미용실과 이발소

1. 개괄

한인을 주로 상대하는 미용실이 도시마다 붐이다. 요즘은 남자들도 이발소를 가기보다 미용실을 더 찾는다. 가격이 저렴하고 머리 손질을 잘 해주는 미용실은 남자들로 붐빈다. 이런 미용실은 여성 혼자 보조 한 사람 데리고 한 달에 약 5,000불 정도는 쉽게 번다. 운영도 간편하면서 웬만한 사업체보다 훨씬 높은 소득을 올린다.

미용실은 두 가지 형태가 있다. 주로 여자들의 머리손질을 하는 패션 헤어스타일의 미용실과 여자 머리보다는 남자들의 머리를 손질해 소득을 올리는 남자 헤어스타일 중심의 미용실이다. 전자는 한 고객의 머리를 손질하는데 3시간 정도 걸리지만 100~200불까지 받는다. 이에 비해 후자는 남자 머리를 손질하고 10~12불을 받는다. 그러나 대부분 10분 미만에 머리 손질이 끝나기 때문에 후자의 수입이 생각보다 짭짤하다. 또한 남자들은 머리에 대해 여자들만큼 까다롭지 않아 남자 머리 손질을 선호하고 있다.

이발소는 한인사회가 성장함에 따라 약 10년 전에 창업하기 시작했다. LA에서 시작하여 지금은 코리아타운마다 몇 개의 이발소들이 들어섰다. 주로 남자들의 머리를 손질해주고 있으며, 이제는 이발학교까지 생겨서 학생들을 배출하고 있다.

남가주 지역의 한인 광고록에 수록된 미용실은 400여 개에 약간 못 미친다. 이발소도 50개 정도 되는데, 한인 사회의 확장으로 계속 증가 추세다. 미용사들의 하루 일당으로는 100불 정도를 책정해야 한다. 종업원 비용과 임대료가 가장 큰 고정 비용이고, 그 외에 특별히 나가는 경비는 없다.

2. 장점

● 투자에 비하여 회수가 높다. 헤어 기술만 있으면 여성 혼자 3,000~5,000불의 수입을 올린다.
● 영업시간이 길지 않고, 작은 장소에서도 운영이 가능하다.
● 종업원과 임대료 외의 유지비가 많지 않아 매출의 70% 이상이 순수입이다.

3. 단점

● 주인의 기술 없이는 운영이 안 되는 보스 중심 운영체계이기에 종업원만 고용해서는 운영이 어렵다.
● 큰 미용실이 아니고는 대부분 소규모이기에 수입이 한정되어

미용실과 이발소의 전경. 실내 규모는 약 30~40평이며, 2~3명의 여자 미용사들이 남자와 여자들의 머리손질을 도와준다

있다.

● 잘 되는 지역은 쉽게 경쟁자가 들어올 수 있다.

4. 전망

최근 몇 년 사이에 업소들이 경쟁적으로 팽창해서 큰돈을 벌 수 있는 시절은 지나갔다. 이제는 고급스런 시설과 유명한 헤어디자이너가 있어야 사업을 확장시킬 수 있다. 그래도 웬만한 업체들은 생활비 정도는 벌고 있다. 주로 코리아타운 안의 한인들을 대상으로 서비스를 제공하고 있다.

한편 영어구사 능력과 미용 기술을 갈고 닦아 백인 주류사회로 진출하는 시도도 좋다. 〈Supercut〉같은 몇 개의 미국 헤어 프랜차이즈들이 백인시장을 완전 장악하고 있다. 손재주 좋은 한인 2세들도 동참하여 백인 주류사회에 창업을 이루고, 프랜차이즈까지 도전해보면 좋을 듯하다.

33 벼룩시장 소매업swap meet

　20년 전, 인도어 벼룩시장Indoor swap meet 개념이 남가주에서 개척되기 시작될 때는 아주 호황이었다. 벼룩시장을 통해 많은 한인들이 큰 성공을 거두었다. 그런데 몇 년도 채 지나지 않아 우후죽순 격으로 흑인들과 남미계 이민자들이 모여 사는 동네에 벼룩시장이 생겨나기 시작했다. 곧 벼룩시장끼리의 가격경쟁을 유발시켰고, 마진과 매출은 줄어들기 시작했다. 게다가 2000년 들어오면서 남미계 이민자들이 작은 자본으로 가능한 벼룩시장에 뛰어들기 시작했다.

　현재 한인들은 주로 큰 벼룩시장을 중심으로 운영하고 있고, 작은 규모의 벼룩시장들은 대부분 남미계가 장악하고 있다. 흑인 지역과 남미계 이민자들이 거주하는 지역에는 아직도 벼룩시장들이 많이 있다. 흑인지역의 벼룩시장은 대형 규모이며, 한 지붕 밑에 동종업체들이 많이 있어서 수익성은 갈수록 떨어지고 있다. 2009년의 불경기 속에서도 지속적으로 성장할 사업체 분야는 아니지만 어떤 품목을 취급하느냐에 따라 잭팟이 터지기도 하는 흥미로운 소매업이다. 아직도 소자본을 가지고 새로운 품목을 쉽게 도전해서 단기간 내에 성공할 가능성이 충분히 있다. 아무래도 값이 저렴한 중국산 물품들이 전반적인 활기를 띨 것 같다.

세일즈

01 | 부동산 중개인

1. 개괄

캘리포니아주 부동산국에 따르면 2005년 1월, 부동산 자격증 소유자는 42만 3,315명에 달한다. 이 중 약 71%인 29만 9,916명은 에이전트 자격증을 소유하고 있고, 30% 약간 못 미치는 12만 3,319명이 브로커 자격증 소유자들이다.

한인 부동산 중개인들의 숫자는 정확히 알 수 없지만 통계 수치를 예측하여 15,000명 정도로 예상하고 있다. 이 중 활동하는 한인 부동산 중개인은 약 30% 미만인 4,000명 정도로 부동산 업계는 예상하고 있다. 약 11,000명의 한인들은 자격증만 갖고 있거나 아니면 다른 분야에서 자격증을 활용하고 있다. 그리고 4,000명 가운데 약 20% 미만의 에이전트들이 풀타임으로 일하고 있고, 나머지 80% 정도는 파트타임으로 다른 직장들을 겸하고 있다.

부동산 중개인은 이론상 파트타임으로 일해도 어느 정도의 수입이 가능하다고 하지만, 실질적으로는 요즘과 같은 에이전트 경쟁시대에서는 풀타임으로 일해야 한다. 너무나 많은 유능한 풀타임 부동산 중개인들이 있기에, 파트타임으로 일하고 경험도 적은 중개인을 쓸 필요가 없는 것이다. 대부분 그런 사람들은 몇 천 달러 정도의 수업료를 지불하고 부동산 중개업을 포기하게 된다.

부동산 중개인은 만 18세 이상 영주권자로, 허가된 부동산 학교에서 해당과목을 45시간 듣고 시험에 합격하면 18개월짜리 임시 에이전트 자격증을 받는다. 이 기간 내에 추가 2과목을 합격하면 4년짜리 정식 자격증을 받는다. 한인 부동산 학교들은 여러 군데 있으며, 수업료는 약 350불 내외이다. 그 다음에 부동산협회에 가입해야 하며, MLS 컴퓨터를 접속할 수 있는 가입비 등을 포함해 처음 시작하려고 하면 1,500불 정도의 비용이 들어간다.

처음 자격증을 받고 미국 부동산회사에서 시작하면 보통 브로커인 주인과 커미션 배분은 50:50이다. 그러나 계속하여 많은 거래를 성사시키면 그 몫이 커진다. 얼마나 가져갈 수 있느냐는 자신의 거래 실적과 능력에 따라 다르다. 보통 몇 년 정도 잘 하면 60~70% 정도의 커미션을 자신의 몫으로 챙길 수 있다.

이에 비하여 한인 부동산 회사들은 에이전트에게 주는 몫이 더 많다. 한인 회사들마다 차이가 많은 편이지만 시작부터 60% 정도를 에이전트의 몫으로 주는 회사들이 많다. 몇 년 일하면 70~80% 정도의 커미션을 받을 수 있으니 상당한 수입이 된다. 이런 점 때문인지 한인 부동산 회사를 설립하고 확장하는 것이 매우 용이한 편이다. 한인 중

20개 이상의 부동산 회사를 프랜차이즈로 운영하는 사람이 오렌지카운티에 있고, 몇 개의 부동산 회사를 운영하는 사람들도 여럿 있다.

2. 장점

- 자격증을 가지고 거래를 성사시키면 투자에 비하여 회수가 엄청나게 높다. 능력 있는 중개인들은 지난 몇 년간 일 년에 20만 불 정도의 순수입을 냈다.
- 풀타임 혹은 파트타임으로 일하는 시간조절이 용이하다.
- 성격이 적극적이고 활동적인 사람들은 자신의 재능을 충분히 발휘할 수 있다.

3. 단점

- 수입의 기복이 심해서 몇 달간 수입 없이 버텨야 할 때도 있다.
- 항상 손님들의 약속에 민감해야 하고, 낭비되는 시간도 만만치 않다.
- 전문지식이 없고 경험이 부족하면 건수를 올리기가 어렵다.
- 광고 비용이 만만치 않게 투자되고 커미션 경쟁도 심해서 에이전트 비용도 깎아주어야 하며, 차량 유지비와 접대비도 상당하다.

4. 전망

- 2004년에만 부동산 자격증을 받은 한인이 2,200명이다. 이처럼 단시일 내에 많은 아줌마 부대 에이전트들이 생겨서 경쟁이 심한 편이다. 그러나 지역 전문가가 되면 장기적으로 많은 고객들을 확보할 수 있다. 한국인이 운영하는 사무실에서 경험을 쌓기보다

는 미국인이 운영하는 체인점에서 1~2년간 경험을 쌓으면서 훈련이나 교육 프로그램에 참석해 중개인의 자질과 경험을 겸비해야 한다. 중개인들이 양산되다보니 자격 없는 부동산 중개인들도 눈에 많이 띄는 실정이다.

● 파트타임 부동산 중개인의 시대는 지났고, 이제는 풀타임도 실력이 있어야 한다. 미국 부동산 중개인들과 협상을 잘 할 수 있는 영어실력과 부동산 전문지식이 필요하다. 또한 단기적 수입을 바라보고 시작하기보다는 장기적인 계획을 수립하여 체계적인 준비가 필요하다. 광고비도 만만치 않아서 투자금도 준비를 해야한다. 자격증을 따서 취미삼아 시간 나는 대로 일하겠다는 사람들은 아예 포기하는 것이 좋다. 대인관계나 사회활동에 적극적으로 참여하여 많은 사람들을 접촉함으로써 리스트 확보에 주력하는 것이 급선무이다.

● 부동산 시장은 비즈니스, 주택, 상업용 건물과 투자용 부동산 등 세분화와 전문화를 통해 고객들에게 향상된 서비스를 제공하고 있다. 그에 따라 에이전트들의 업무 분야가 세분화되었다. 그리고 주택시장은 특별히 지역별로 전문화되었다. 그래서 어떤 특정 도시만을 전문적으로 취급하는 경향이 강해졌다. 코리아타운에서도 약 10년 전부터 이런 지역 전문가들이 생기기 시작했다. 충분히 좋은 마케팅 전략이며, 자신이 담당한 지역의 전문가로서 남들이 제공할 수 없는 세분화된 전문서비스를 제공할 수 있어서 좋다. 아직은 한인 부동산 시장에 한인 2세들의 진출은 전무한 편이다. 그러나 부모는 창업하고, 감각과 비즈니스 재능이 있는 2세들이 사업을 확장하는 것도 권장할 만하다.

02 | 보험업Insurance

보험에는 여러 종류의 자격증이 있고, 다양한 분야에서 일할 수 있다. 보험 에이전트가 있고, 사고시 보험료 청구를 조정하는 보험 손해사정인, 그리고 상해보험 오디터auditor도 있다. 보험의 정책과 프리미엄을 계산하는 언더라이터underwriter도 좋은 분야이다. 한편 연금 pension 분야는 아직도 한인 이민자들에게는 일부 고소득층을 제외하고는 생소한 분야이다.

중앙 한인 업소록에 나타난 남가주 일대의 보험업 실태는 약 450명 정도가 개인사무실을 내고 있는데, 한 사무실에 4~5명의 보험인들이 일한다고 예상할 때 약 2,000명의 한인들이 보험업계에 종사하는 것으로 예측된다. 이들의 소득은 보험 업무의 경력과 밀접한 관계가 있다. 보험업에서 10년 이상 풀타임으로 종사하는 사람들은 대부분 최소한 1년에 50,000~100,000불 정도의 안정적이고 큰 수입을 올리고 있다. 시작한 지 몇 년 안 되는 사람들은 열심히 하더라도 50,000불 이상의 수입을 올리는 것은 쉽지 않다.

보험은 가족이나 친척들이 많고, 대인관계가 원만한 사람들에게 권하고 싶은 직종이다. 5년 정도만 지나면 웬만한 사업체를 운영하는 것보다 고소득이 보장된다. 모든 비즈니스가 그렇듯이 보험은 처음 1년이 중요하다. 첫 1년 동안 얼마나 많은 손님을 확보하느냐에 사업의 성패가 달려 있다. 특히 해약 환불금이 있는 생명보험을 얼마나 많이 파는가가 관건이다. 생명보험의 처음 1~2년 보험료는 거의 보험 에이전트의 커미션으로 지급되기 때문이다.

보험 대리인의 시험은 난이도가 부동산중개사 시험과 비슷하다. 하지만 시험을 통과해서 자격증을 받는 것보다 더 중요한 것은 고객들의 불편을 잘 해결해주고, 자동차 사고가 나면 고객을 대변해서 신속히 일을 처리해 주는 것이다. 보험 대리인으로 실적과 경험을 쌓은 다음에 보험 사무실을 차리는 것도 계획해볼 만하다. 보험 서비스업은 미국 생활의 필수이며, 한인들의 생활수준 향상에 따라 그 수요가 계속 증가하고 있다.

한편 보험은 아니지만 이와 관련된 직종으로 재정 계획인 연금이 있다. 연금은 세법으로 허락된 절세의 효과를 극대화할 수 있는 좋은 재정 및 세무계획이다. 앞으로 이 분야도 계속 성장하며, 크게 발전할 것이다. 중국 이민자들은 〈Yang's pension〉 같은 큰 연금회사들이 여럿 있다. 이런 회사에 취직하여 실무와 경험을 쌓은 후에 자기 회사를 열어서 일하는 것도 좋은 계획이다. 30대 초반의 영어가 능숙하며, 재정계획 분야에 관심이 있는 사람들에게 아주 좋은 분야이다. 그리고 계리사Actuary 자격증을 준비하면서 도전해볼 수 있는 전망이 좋은 분야이다. 한인들 중에는 아주 소수가 이 분야에 종사하고 있다.

프랜차이즈

1. 개괄

프랜차이즈란 프랜차이저Franchisor(프랜차이즈를 소유하고 있는 법인)가 소유한 제품이나 서비스를 팔거나 분배할 수 있는 권한이나 허가를 말한다. 프랜차이저들은 지난 100년 간 프랜차이즈를 통해 가장 빠르게 사업체를 확장시켰다. 미국에서 프랜차이즈는 연방무역기구Federal Trade Commission의 감독을 받으며, UFOCUniForm Franchise Offering Circular(프랜차이저의 재정 규모를 설명한 자료)를 프랜차이지Franchisee(프랜차이즈 권한을 부여받는 업체, 지사)에게 주게끔 되어있다. 보통 UFOC를 잘 조사해보면 언제 설립되었으며, 자산과 규모 및 전망까지 알 수 있는 정보가 들어있다. 그리고 프랜차이즈를 구입한다는 것은 정해진 조건하에서 프랜차이즈의 권리를 사용하는 것일 뿐, 내가 그 프랜차이즈를 구입하는 것은 아니다. UFOC를 분석할 때는 반드시 회계전문가의 도움을 받는 것이 현명하다.

미국에서 유명한 subway 샌드위치 숍. 미국 전역에 26,000여 개의 체인점들이 있다

　일반적으로 이민 초년생들이 프랜차이즈를 하기에는 너무 이르다. 프랜차이즈는 생각보다 운영이 만만치 않고, 이윤 또한 박하다. 똑같은 투자를 할 경우에 프랜차이즈가 아닌 업종에 비해 이윤이 약 60% 미만이다. 예를 들어 30만 불을 투자할 경우 개인 샌드위치 숍은 주인이 일할 경우 약 7,000~8,000불의 수입은 무난하다. 그러나 프랜차이즈인 〈서브웨이〉는 5,000불 정도이며, 주인이 일하고 싶어도 일할 수 없는 상황들이 많다.

　하지만 모텔 업은 예외이다. 모텔은 프랜차이즈를 하지 않으면 안 될 정도로 프랜차이즈가 강하고, 영향력이 대단하다. 그리고 수입에서 프랜차이즈 비용도 많지 않고 쉽게 프랜차이즈를 변경할 수 있는 유동성이 많기 때문에, 모텔은 프랜차이즈를 잘 활용하는 것이 오히려 이득이다. www.bix3040.com, www.bixclass.com, www.Entrepreneur.com

등에서 프랜차이즈 정보를 얻을 수 있다.

2. 장점

● 이미 제품이 시장에 많이 알려져 있어 지명도가 높다.

● 제품이나 서비스의 질이 증명되었다.

● 프랜차이저(본사)로부터 계속 되는 지원을 받는다.

● 잘되면 다른 곳에 프랜차이즈를 확장하기가 쉽다.

● 프랜차이저로부터 필요한 기술지원을 받는다. 재정 융자도 받을 수 있다.

● 영업 지역이 보장된다. 제품의 질이 고르다. 새로운 자리를 선정할 때 본사의 도움을 받는다.

3. 단점

● 처음 가입시 들어가는 비용, 프랜차이즈 갱신 비용 등이 만만치 않다.

● 프랜차이즈 양도시 프랜차이저의 허가를 받아야 하며, 양도비용이 들어간다.

● 비즈니스 운영상의 재량권이 없고, 본사의 방식대로만 운영해야 한다.

● 광고비용이 균일적으로 활용되지는 않는다.

● 제품이나 재료도 융통성 없이 본사 것만 써야 한다.

● 나쁜 프랜차이즈 때문에 큰 손해를 볼 수 있다.

4. 규모

미국 소매업의 약 45%가 프랜차이즈로 되어 있다. 약 60만 개의 프랜차이즈가 있으며, 매 8분마다 새로운 프랜차이즈가 오픈한다. 다시 말해 날마다 약 200개의 프랜차이즈가 생겨나고 있다. 약 850만 명의 종업원이 프랜차이즈를 통해 고용되어 있으며, 2006년 전체 매출 규모는 약 1조1천억 불이었다. 이는 10억 불짜리가 1,100개 있는 엄청난 규모다.

평균 프랜차이즈의 수입은 5만~10만 불이며, 30%의 프랜차이즈들은 10만 불 이상의 수입을 올렸다.

01 | 프랜차이즈 구입 요령

설립된 지 오래된 회사들과 프랜차이즈 계약을 할 때에는 대부분 프랜차이즈 신청자(프랜차이지)가 열등한 위치에서 계약을 맺게 된다. 예를 들어 〈맥도날드〉를 구입하려고 맥도날드 본사하고 흥정하는 것은 이민 초보자인 경우 거의 불가능하다. 영어도 잘해야 하며, 신용도 좋고, 재정적으로도 규모가 커야 하기 때문이다.

그러므로 프랜차이즈를 구입하고 싶을 때는 아직 많이 알려져 있지 않고, 설립된 지 5년 정도의 것을 구입하면 이민 초보자라도 좋은 조건에 흥정을 할 수 있다. 왜냐하면 아직 확장을 목표로 하고 있기 때문에 쉽게 프랜차이즈를 허락해주며, 좋은 조건에 구입할 수가 있다. 프랜차이즈의 이름이 널리 알려지지 않았다고 반드시 장사가 안 되는 사업체는 아니다. 매출 점검만 철저히 하고 순이익만 파악되면, 아직 시작단계에 있는 프랜차이즈들도 대박을 터뜨리는 경우가 많다는 것을 잊지 말아야 한다. 최근에 시작한 프랜차이즈일수록 더 흥정하기가 쉽다.

예를 들어 지난 몇 년간 남가주에서 뜨고 있는 요구르트 체인점 〈Cherry on Top〉이라는 한인 소유의 프랜차이즈가 있다. 이 체인점은 아직까지 확장 중에 있는데, 매달 수입 중 일정 부분을 프랜차이즈 비용으로 내기보다는 처음 프랜차이즈를 개설할 때 일시불로 50,000불 정도를 받고 있다. 좋은 위치만 고객이 확보하면 프랜차이즈 본사에서 시설 및 창업까지의 모든 절차를 도와준다. 장소와 규모에 따라 투자 금액이 달라지지만 처음 내는 프랜차이즈 비용 50,000불을 포함해서 400,000~500,000불 정도의 투자가 예상되며, 연간 수입은 100,000불 이상. 2009년의 불경기에서도 꾸준한 성장이 예상되는 사업 분야로 전망된다.

02 | 프랜차이즈의 투자금

프랜차이즈의 종류에 따라 천차만별이지만, 대부분의 프랜차이즈들이 서비스업으로 10만 불이 넘어간다. 예를 들면 법률 서비스를 대행해주는 법률서류 대행업체들도 프랜차이즈를 확보하는 권리금으로 10만 불 이상을 본사에 내야 한다.

무엇보다 15만 불 정도를 투자해 프랜차이즈를 구입하면 수입이 2,000불 정도라 생활이 도저히 불가능하다. 아니면 작은 프랜차이즈를 3~4개 소유하면 8,000불 정도의 수입이 가능하다. 따라서 최소한 30만 불 정도의 투자금은 있어야 프랜차이즈에 도전해볼 수 있다. 〈맥도날드〉 같은 대형 프랜차이즈는 70만~100만 불의 투자가 필요하며, 일 년에 약 12만 불의 순수입이 있다.

03 | 프랜차이즈의 권리금

프랜차이즈의 권리금 역시 일반 사업체보다 비싼 편이다. 이유는 이미 대외적으로 알려진 명품 제품을 판매하는 것이고, 운영이 간편하기 때문이다. 프랜차이즈의 종류에 따라 권리금이 다른데, 전통적으로 오래된 명품 프랜차이즈들의 권리금은 신참 프랜차이즈들보다 비싼 편이다. 대략적으로 15만 불에 2,000불의 순수입을 기대하면 된다. 따라서 60만 불을 투자하여 프랜차이즈를 구입하면 8,000불 정도의 순수입을 예상하면 된다.

그러나 신참 프랜차이즈들은 종류에 따라 40만 불만 투자해도 주인이 일할 수 있으면 10,000불 정도의 수익을 올릴 수 있는 곳들도 있다. 이에 비하여 전통적인 명품 프랜차이즈들은 생각보다 투자에 비해 이윤이 박하다. 그러나 많은 투자를 요구하지만 새로운 지역에 전통적인 명품 프랜차이즈를 창업하면 대박이 터지는 경우가 많다.

04 | 2008년 Top 10 프랜차이즈

2008년부터는 기존 1위였던 커피전문점 〈스타벅스〉의 매출이 하락하면서 구조조정이 일어나고 있다. 성장세 둔화는 물론 매상까지

순위	프랜차이즈	투자금(불)
1	서브웨이	75,000~250,000
2	던킨 도너츠	200,000 이상
3	Jackson Hewett Tax 서비스	50,000~100,000
4	세븐 일레븐	300,000~1,000,000(규모에 따라 차이가 큼)
5	UPS store, the Mall Boxes	200,000~300,000
6	도미노 피자, LLC	200,000~400,000
7	Jiffy Lube Int'l Inc	300,000~400,000
8	소닉 드라이브 레스토랑	1,000,000
9	맥도날드	1,000,000
10	파파 존스 Int'l Inc	250,000

감소하는 매장들이 많아져 구조조정의 위기국면을 맞고 있다.

05 | 프랜차이즈 운영

대부분의 프랜차이즈 본사는 새로 프랜차이즈에 참석한 프랜차이지들에게 훈련과 세미나를 통해 프랜차이즈 운영에 관한 제반 서비스를 제공한다. 그러나 모든 훈련이나 세미나 참석비용은 신청자가 부담해야 하며, 그 비용 또한 만만치 않다. 훈련 장소가 대부분 다른 주에 있는데, 호텔 비용은 물론 5,000~10,000불 정도의 비용을 내고 훈련 세미나에 참석한다. 기간은 대부분 3~4일이지만 길게는 1주일까지 훈련을 받는 경우가 있으므로 사전에 충분한 준비를 해야 한다.

이들은 훈련과 세미나를 통해 아주 상세히 프랜차이즈 운영을 가르쳐준다. 이런 본사 훈련을 통해 배운 대로 프랜차이즈를 운영해야 한다. 만일 독단적으로 프랜차이즈 서플라이를 변경한다든지 운영의 묘를 기하는 것은 금지된다. 프랜차이즈에 관한 모든 서플라이는 본사에서 제공받아야 한다.

대부분의 프랜차이즈가 투자에 비하여 수익이 낮기 때문에 보통 2~3개 정도를 운영하면서 주인은 전반적인 대외 업무와 종업원 관리만 신경 쓰는 것이 현명하다. 또한 프랜차이즈는 단기보다는 장기를 목적으로 운영해야 한다. 즉 새 운영자가 들어가서 몇 달 안에 프랜차이즈의 매출이 증가할 것을 기대하면 금물이다. 몇 년을 두고 서서히 서비스를 통한 운영의 묘를 기해야 하기 때문이다. 한국식으로 급히 구조조정을 하려면 오히려 불이익을 당한다.

수입은 프랜차이즈의 종류와 규모, 위치, 운영에 따라 다르지만 주인이 일하지 않는 경우는 대략 250,000불 투자에 월 3,000불 정도이며, 연간 36,000불 정도의 순수입이 예상된다. 만일 주인이 일하면 월 4,000불 정도이며 연 50,000불의 수입이 된다. 프랜차이즈의 순수입은 보통 사업체들보다 30~40% 정도 수입이 적다고 보면 된다. 하지만 대부분 주인이 직접 일을 하지 않아도 되기에 몇 개의 프랜차이즈를 동시에 운영하는 한인들이 많다.

프랜차이즈의 종업원은 한인 종업원보다는 미국인 종업원을 고용하는 것이 좋다. 장사가 아주 잘되고, 종업원들이 많이 필요할 때는 한인 종업원을 활용할 수 있지만 종업원이 많지 않은 경우는 가급적 미국인 종업원을 고용하는 것이 매출에 도움이 된다.

프랜차이즈의 업종에 따라 종업원 사용이 다를 수 있는데 〈베스킨라빈스 31〉 같은 곳은 소수민족들이 많이 운영해서, 한인 종업원 중심으로 운영해도 크게 매출에 지장이 있을 것 같지는 않다. 그러나 〈서브웨이〉 같은 패스트푸드점은 한인 종업원보다는 남미계나 백인계의 종업원을 쓰는 것이 좋다. 피자를 취급하는 프랜차이즈도 한인 종업원은 적당치 않다.

프랜차이즈를 하려면 영어는 필수다. 본사와도 긴밀한 연락이 있어야 하며, 백인 종업원들을 잘 관리하기 위해서도 영어가 필수다.

프랜차이즈를 판매할 때는 반드시 프랜차이저의 허락을 받고 에스크로를 열어야 한다. 만일 본사의 허락을 무시하고 프랜차이즈를 양도하면 프랜차이즈 권리를 박탈당할 수 있다. 또한 판매 가격에 관해서도 본사의 허락을 받고, 양도비용transfer fee을 내야 하는 곳들이 많다. 그리고 프랜차이즈를 양도하는 기간은 보통 사업체 양도보다 약 1~2개월 더 잡아야 한다. 즉 본사의 허락과, 새 주인에 대한 훈련과 세미나 참석 등이 요구되기 때문에, 충분한 에스크로 기간을 잡고 프랜차이즈를 양도해야 한다.

부록

미국에서의 사업체 설립

사업체 설립 형태와 방법

　미국에서 비즈니스를 운영하는 한인들의 약 85% 이상이 개인 소유의 사업체이다. 설립이 간단하고, 누구나 쉽게 운영할 수 있기 때문이다. 이에 비하여 15% 미만을 차지하는 법인 형태는 설립 절차들이 까다롭고, 시간과 경비가 요구되기 때문에 아직은 많이 활용하지 못하고 있다. 하지만 최근 몇 년간 E-2 비자가 많아지고, 한인들의 부동산 구입이 활발해지면서 법인에 대한 문의가 많아졌다. 머지않아 한인들에게 아주 흔한 사업운영 형태가 될 것으로 전망된다.

　여기서는 미국에서 개인 사업체와 법인 사업체를 설립하는 방법을 좀 더 자세히 살펴보고, 또한 영리법인의 형태에 따른 장점과 단점들을 분석해보고자 한다.

01 개인회사

회사를 설립해서 개인이 투자와 경영을 책임지는 형태이다. 많은 설립 자본금이 필요한 것도 아니고, 신속하게 운영되며, 간단히 해체할 수 있는 장점 때문에 대부분의 한인 이민자 사업체들이 개인회사로 되어 있다. 하지만 사업체와 개인의 재산이 구분되지 않는 위험이 있다. 미국에서는 매년 9천만 건의 소송이 진행된다는 것을 감안하면, 재정적으로 안정된 사람들은 반드시 개인보다는 법인으로 사업을 운영하는 것이 지혜이다. 그리고 개인이 모든 자본금을 조달해야 하기 때문에 충분한 투자 자금을 확보하는데 문제가 있으며, 개인이 사망하면 사업체가 그냥 문을 닫는 경우가 많다.

개인회사의 설립 방법은 사업체 상호fictitious business name statement를 사업체가 속해 있는 카운티 등기소에 등록한 다음, 신문에 4회에 걸쳐 공고하면 된다. 미주 한국일보와 중앙일보에서는 한인들의 편의를 위해 상호등록 서비스를 대신해주고 있다. 개인회사의 은행구좌는 상호등록증과 사회보장번호만 있으면 대부분의 은행들에서 열 수 있다. 종업원이 있는 경우는 회계사를 통하여 EINemployment identification number을 신청해야 한다. 소매업의 경우는 판매 허가증서seller's permit가 필요하다. LA는 Norwalk의 Imperial Blvd에 있는 조세형평국에 가서 직접 허가를 신청하거나, 신청서를 작성해서 우편으로 제출하면 약 3~4주 뒤에 판매 허가증서를 받게 된다. 그리고 음식점 및 제조업의 경우는 health department에서 요구하는 '거주면허occupancy permit'를 받아야 한다.

02 | 법인회사

현재 한인들이 가장 많이 운영하는 법인 형태는 C법인과 S법인이다. 최근에는 한인들의 부동산 소유가 늘면서 부동산 투자에 가장 유리한 법인 형태인 LLCLimited Liability Company가 급증하고 있다.

법인에 대한 세금보고 비용은 사업 규모와 내용에 따라 천차만별이지만 대략 500~2,000불 사이가 대부분이다. 규모가 방대한 법인의 경우는 세무보고 비용만 5,000~10,000불 정도이고, 연말과 연초까지 이어지는 회계감사audit 비용은 별도이다. 법인의 회계감사 비용은 감사 내용과 법인의 성격 및 재정 규모에 따라 2,000불부터 몇 만 불에 이르며, 회계감사 리포트가 나오기까지 보통 2~6개월 정도 걸린다.

1. 파트너십partnership

전문 직종을 가진 전문인들끼리 파트너십을 많이 형성하고 있는데, 변호사와 공인회계사의 유한책임회사Limited liability partnership와, 부부나 가까운 친척들 간에 많이 행해지고 있는 무한책임회사General partnership가 있다.

무한책임회사는 여러 명이 합작하므로 쉽게 충분한 자본금을 만들 수 있고, 이중 과세의 부담이 없지만 이익 배당시 문제가 많이 발생하므로 반드시 변호사를 통하여 동업 합의서partnership agreement를 작성하는 것이 좋다. 친척이라고, 또는 친구라는 이유로 동업 계약서를 소홀히 해서 싸움과 소송으로 번지는 경우를 많이 목격했다. 사업체도 망하고 친구나 친척 간의 의리도 상하는 경우가 다반사이다.

변호사 비용은 사업체의 규모와 계약 내용에 따라 다르겠지만

10~15장 미만의 간단한 파트너십 합의서는 1,500~2,000불이면 충분하다. 작성 내용에는 투자자들의 투자 지분과 손실 배분, 운영방침 및 동업 해약시의 조건 등을 반드시 포함시켜야 한다. 그리고 캘리포니아 주의 경우, 이익이 없어도 매년 최소 세금 800불을 납부해야 한다.

유한책임회사는 부동산 투자 같은 곳에 많이 사용되는데, 투자목적만 같으면 자본증자에 좋은 방법이다. 투자자들은 사업운영에 참여하지 않으며, 대부분 배당금만 받는 형태로 운영된다. 따라서 유한책임 파트너limited partner는 무한책임 파트너general partner의 독주나 경영에 간섭할 수 없다는 문제가 있다. 게다가 세제상 단점은 손실passive loss(적극적으로 운영에 참석하지 않고 발생한 손실) 발생시 다른 곳에서 발생한 수입passive income(적극적으로 투자자가 운영에 참석하지 않고 발생한 이득. 주로 부동산에 연관된 이득과 손실이 이에 해당된다)에 대해서만 상쇄를 할 수 있다는 것이다. 또한 자유롭게 자신의 소유권을 양도하기가 어렵다는 제약점도 있다.

파트너십은 보통 Form 1065라는 세금보고 양식을 통하여 세금보고를 하는데, 파트너십에서 나온 몫을 개인의 세금보고서에 합산한다. 부동산 투자의 경우는 종종 파트너십 계약서를 'County Recorders Office'에 등기해야 한다.

2. LLCLimited Liability Company

파트너십과 법인의 장점을 결합한 회사 형태로, 법적으로는 법인의 형태라서 모든 구성원들이 유한책임을 지며, 세법상으로는 이중과세를 피할 수 있다는 장점으로 투자자나 기업가들이 활발히 사용하고 있다. 법인보다 회사 설립 비용이 많이 들어가고 서류도 복잡하지만 회사 운영합의서를 통해 다양한 형태로 운영의 묘를 확보할 수 있다는 장점이 있다. 자기가 투자한 금액만 책임지면 되기 때문에 부동산 투자회사들이 선호하는 형태이다. 특히 중국인들은 부동산 투자에 친척이나 친구끼리 동업하면서 이 LLC를 잘 활용하고 있다.

LLC에서는 파트너를 멤버라고 부르며, 가장 중요한 '운영합의서 operating agreement'를 작성해야 한다. 공인회계사나 변호사를 통해 작성하는데, LLC의 규모에 따라 1,500~2,000불 정도의 예산을 세워야 한다.

LLC의 세금 보고는 Form 1065, 즉 파트너십 세금보고서를 사용한다. 법인으로도 할 수 있지만 IRS의 허락을 받아야 하기 때문이다. 그리고 LLC 멤버로 얻은 소득에 대하여 자영업자 세금을 내야 하지만 LLC의 유한책임 파트너limited partner로 벌어들인 소득에 대해서는 자영업자의 세금이 없다. 보통 법인이 1~2주 정도에 세워지는 것과는 달리 대행업소를 거치지 않으면 2개월 이상 걸린다. 먼저 이름을 예약해 놓고 신청하면 된다.

세제상 단점은 투자자들이 자신들의 이익배당을 받을 때 소셜 시큐리티 세금이 절약되지 않는다는 것이다(15.3%). 모든 소득이 과세대상이며, 자영업자들과 같이 소셜 시큐리티 세금이 부과된다. 그러므로 세제상 혜택을 누리려면 자영업자 소득이 있는 사람들이 형성하는 것이 좋다.

LLC는 법인보다 까다롭기 때문에 많은 서류들은 잘 정리해야 한다. 그리고 모든 형태의 사업체에 LLC가 가능한 것이 아니다. 은행과 보험 분야는 반드시 법인의 형태로만 가능하다. 게다가 캘리포니아주의 경우 법인은 첫해의 최소 세금minimum tax이 면제되지만 LLC는 면제가 되지 않아서 첫해부터 800불을 납부해야 한다.

3. C법인C corporation

흔히 말하는 주식회사로, 현지 법인이나 국외 지점을 갖고 있으며, 주주가 75명 이상 되는 경우에 많이 사용한다. 대기업들은 거의 다 이 C법인을 사용하고 있다. 설립 비용은 800불 내외이고, 설립하는데 2~3주 정도의 기간이 걸린다. 먼저 설립서류article of incorporation를 주 총무처에 등록하여 주식회사 번호를 받는 것으로 시작된다. 그리고 창립총회, 임원단 및 경영진을 선출하고 주식을 발행하게 된다.

C법인의 장점은 개인재산과 법인재산의 분리로 책임의 한계가 명확하다. 정상적으로 운영되는 법인에서 발생한 책임에 대해 법인의 한계를 벗어나서 개인적으로 책임을 지지는 않는다. 그러나 법인이라도 개인이 개인적으로 담보를 하거나 개인적으로 책임을 지겠다는 보증을 한 경우에는 법인과 개인이 함께 책임을 져야 한다. C법인은 자본금 축적을 위한 가장 좋은 형태인 것이다. C법인은 50,000불 미만에 대하여는 15%의 세금만 내면 사내 유보retained earning가 되어 추후 투자확충이나 인벤토리를 구입하는 등의 자본증자 목적으로 이익금을 법인 내의 구좌에 저축할 수 있다. 자본증자를 위하여 미국의 주식시장에 상장을 계획하는 사람들에게는 아주 적합한 형태이다.

C법인의 단점은 이중과세이지만, 세금 혜택이 많고 여러 가지 절세 방안을 통해 실제적으로 이중과세까지 가는 법인을 소유한 한인들은 많지 않다.

C법인에 종사하는 모든 유급 종업원들은 회사에서 급여를 받아야 한다. 개인의 돈과 주식회사의 돈을 혼동해서 사용하지 말아야 하는

데, 만일 투자자들이나 경영진들이 주식회사의 운영에 관한 제반사항과 규정을 지키지 않고 개인 형태로 운영되면, 투자자 개인들에게 무한책임이 부과될 수 있다. 그리고 정관을 비롯한 회사설립에 관한 제반서류들과 세금보고서들은 영구 파일에 잘 보관해야 한다.

4. S법인 S corporation

S법인은 유한책임 법인의 특성을 살리면서 세법상으로는 이중과세를 피하는 특수 형태의 법인이다. 한인들은 아직 잘 활용하지 못하고 있는데, 이민 역사가 깊은 중국계의 웬만한 사업가들은 거의 대부분 S법인을 활용하여 법인의 장점과 세제상의 장점을 적극 활용하고 있다.

법인 설립은 C법인과 같지만 설립 후 75일 내에 IRS와 프랜차이즈 Tax board에 S corporation election에 관련된 서류들을 동봉하여 승인 받으면 된다. 특별한 이유가 없는 한 대부분 승인해준다. 보통 C법인을 설립한 후에 바로 S법인을 신청한다. 또한 설립한 지 오래된 기존의 C법인이라도 신청하여 허락을 받으면 보통 신청 다음 해부터는 S법인으로 세금보고를 할 수 있다.

S법인은 연방정부 차원에서는 법인세가 없다. 다만 주정부 차원의 세금이 있지만, 이 세율도 C법인보다 낮다. S법인은 총소득에서 총비용을 제외한 순이익에 대한 주식회사의 세금은 부담하지 않고, 순이익을 주주들에게 소유주 지분에 따라 분배한 후 개인(Form 1040) 세금보고에 합산하여 세금보고를 한다. 보통 S법인의 회계연도가 끝나면서 1120S를 활용하여 S법인의 세금보고를 한다. 그러면서 개인 주주들의 지분율에 따라 순이익이나 순손실이 할당된 스케줄 K-1을 발행한다. 각 주주들은 자신의 스케줄 K-1을 받아서 개인 세금보고에 합산하여

세금보고를 하면 된다. 다만 S법인의 주주들은 시민권자나 영주권자들이어야 한다는 제약이 있다.

S법인은 C법인과 같이 연방 차원에서 이중과세가 되지 않고, 사회보장세는 50%까지 절감된다. 그리고 고소득인 경우 가족 간에 소득 분담이 가능하고, 법인의 손실을 개인소득과 상계할 수 있다는 장점이 있다. 하지만 사회보장세(봉급 수령자가 7.65%를 내고, 회사가 7.65%를 매치하여 내는데, 전체적으로는 15.3% 부담)를 절약하기 위하여 급료로는 지급하지 않고 순이익을 모두 배당금으로 가져가면 사회보장세를 한 푼도 내지 않는다는 논리가 성립된다. 이 질문에 대하여 연방 국세청은 '적절한 급료'를 가져가야 한다고 규정하고 있다. 적절한 급료 수준을 정해 놓은 규정은 없지만 회사의 일을 수행하고 있는 정도, 회사의 규모와 업계의 상황, 다른 직원들과 급료 수준의 비교, 과거의 급료 지불기록 등을 포괄적으로 참조하여 정하면 문제는 없을 것이다. 사회보장세를 내지 않기 위하여 급료를 배당금으로 전환하여 지급하는 경우 국세청의 감사에 걸리기 쉽다.

S법인에서 주의해야 할 것은 순이익이 발생한 경우에 주주가 순이익에 대한 돈을 가져오든, 가져오지 않든 개인소득세 신고에 포함하여 세금보고를 해야 한다는 점이다. 유한책임의 전문 관리자가 회사 운영에 집중할 수 있는 좋은 점이다.

S법인에는 한 종류의 주식만 발행하며, 축적된 자본금을 C법인과 같이 법인 안에 적립해둘 수 없다. 즉 모든 순수입이 주주들의 개인 수입으로 할당되어 각자 세금을 내야 한다. S법인에서는 법인 차원에서의 법인소득세가 없고, 모든 소득이 개인으로 이전되어 개인소득세만 내면 된다. 특별히 이익배당금에 대한 소셜 시큐리티의 세금 면제도

큰 형성요인이다.

03 | 현지 법인 설립 절차는?

E2와 투자 규모가 큰 사업체의 경우는 물론 회계사의 자문을 거쳐 개인형태인지 법인설립인지를 결정하겠지만 가급적 법인이 좋다. 투자 규모가 클수록 소송시 책임한계 및 배상의 규모가 엄청나 개인재산에 미칠 파장이 커지기 때문이다. 규모가 작은 사업체들은 처음에 쉽게 개인형태로 시작하며 규모가 성장하고 안정적인 사업체가 되면 그때 법인으로 사업체의 설립형태를 변경하는 것이 방법이다.

1. 법인의 형태를 결정한다

미국에서는 주식회사, 파트너십, LLC 등의 다양한 양식으로 법인의 설립 및 등록이 가능하다. 비즈니스의 종류와 제반 상황을 고려하여 가장 적합한 형태를 선택하면 된다. 외국법인이 100% 투자한 경우는 C법인이 가장 간단한 데, 최소 경비로 빠른 시간 내에 설립할 수 있다.

2. 법인 이름을 예약한다

몇 개의 법인 이름을 결정한 후, 해당 주정부에 등록 가능한 회사 이름을 조사하고, 필요하다면 법인 이름을 60일간 예약해두는 것이 좋다.

3. 법인 등록을 한다

캘리포니아주의 경우는 법인 설립 신청자가 법인등록신청서Article of

Incorporation에 서명한 후 캘리포니아주 총무처에 신청하면 된다. LA 다운타운에 있는 로널드 레이건 빌딩Ronald Reagon Building에 가서 직접하거나 회계사 또는 에이전트를 통하여 신청할 수 있다. 주소는 300S. Spring St.이고, 전화번호는 213-897-3062이다. 법인 등록을 신청한 후 법인 승인서가 도착하기까지는 해당 주정부의 사정에 따라 차이가 나지만 대략 2주 정도면 된다.

4. 임원 등록을 한다

법인 등록이 승인되면 주정부에 임원 등록을 하는데, 이에 필요한 직책은 President, Secretary, Chief Financial Officer이다. 최소 임원은 1명이기 때문에 한 사람이 3가지 직책 모두를 맡을 수도 있다. 또한 By-law와 법인에 필요한 Corporation kit를 준비하는 것이 필요하다.

5. 세금 및 봉급에 관한 고유번호를 발급받는다

SS-4의 작성을 통해 미 연방 국세청IRS에서 등록된 법인에게 발급하는 고유번호EIN를 받는 것이 중요하다. 이 번호는 세금보고와 은행 구좌 개설 등에 필요하다. 또한 캘리포니아주 Employment Development department에 신청하여 주정부에서 납세자 번호를 받아야 한다.

위의 두 번호는 종업원 고용 및 세금에 관련된 매우 중요한 번호들이다. 이때 현지인의 사회보장번호를 활용하면 연방고유납세자번호FEIN는 당일로 발급받는다. 활용할 현지인이 없으면 신청자가 ITIN을 신청한 후에 FEIN을 받아야 하는 불편이 따른다.

6. 은행 구좌를 개설한다

현지 법인 등록, 임원 등록, 연방정부 고유번호 취득이 완료되면 은행 구좌 개설을 할 수 있는데, 보통 Article of Incorporation, EIN, By laws 및 Domestic stock corporation와 사업체 이름 등록신청fictitious business name filing 서류 등을 갖고 은행 구좌를 담당할 임원이 직접 은행을 방문하여 신청한다. 보통 3명의 임원이 있으면 임원 전부가 은행에 가야 하지만 1명이 모든 임원의 직책을 맡은 경우는 혼자 가더라도 은행 구좌를 개설할 수 있다. 이런 서류들은 회계사들이 사전에 준비해준다.

7. 정관 및 회의록을 작성한다

주식 발행stock certificate 및 Corporation kit를 사용하여 정관 및 회의록을 작성해야 한다.

8. 각종 허가증을 받는다

사업체 운영에 필요한 판매자 허가증을 조세형평국에서 받고, 사업체가 속해 있는 도시의 시청에 가서 도시 영업 허가증City business licenses permit 등을 받아야 한다.

04 | 법인에 관한 Q & A

Q. 회사의 법적 주인은 누구인가?

A. 개인회사는 개인이 책임을 진다. 하지만 C법인과 S법인은 주주

들이 책임을 지고, LLC는 멤버들이 책임을 진다. 파트너십에서는 무한 책임 파트너와 유한책임 파트너가 자신들의 책임 한계에 따라 각자 책임을 진다.

Q. 개인 채무 책임의 한계는?

A. 개인회사는 개인이 모든 책임을 진다. 그러나 파트너십에서는 무한책임 파트너가 모든 책임을 지고, 유한책임 파트너는 책임을 지지 않는다. 그러나 유한책임 파트너의 규정은 동업계약서partnership agreement에 상세히 규정되어 있어야 한다. C법인과 S법인의 주주와 LLC의 멤버는 개인 채무 책임이 없다.

Q. 회사가 할 수 있는 사업의 제한은?

A. 개인회사와 파트너십은 모든 사업이 가능하다. C법인과 S법인은 은행, 트러스트 및 법으로 정한 특정한 사업들을 해서는 안 된다. LLC 는 특정한 비즈니스를 제외하곤 가능하다.

Q. 소유자 수의 제한은?

A. 개인회사는 1명이면 된다. 무한책임회사는 2명 이상의 무한책임 파트너, 그리고 유한책임회사는 무한책임 파트너 1명과 유한책임 파트너 1명이면 된다. C법인은 1명 이상, S법인은 주주가 1명 이상 75명 이하여야 하고, 주주 중 외국인은 안 된다. LLC는 주마다 다른 데 캘리포니아주는 1인 이상이면 된다.

Q. 회사의 의사 결정자는?

A. 개인회사는 당연히 개인이 의사 결정자이다. 무한책임회사와 유한책임회사는 무한책임 파트너가, C법인과 S법인은 이사회가, LLC는 멤버나 매니저가 최종 결정자이다.

Q. 주인 사망시 회사 영향은?

A. 개인회사는 자동해체가 되고, 무한책임회사의 경우에도 파트너십에 특별한 규정이 없으면 무한책임 파트너의 사망시 자동해체된다. C법인과 S법인은 주주 사망시 영향을 받지 않는다. LLC는 '운영합의서'에 따라 다르지만 보통 멤버들이 회사를 존속시키고자 원치 않는한 해체된다.

Q. 누구에게 가장 적합한가?

A. 개인회사는 누구의 간섭을 받지 않고 자유롭게 운영하기를 원하는 사람에게 적합하다. 파트너십은 사업상 채무를 개인 책임으로 감당할 2명 이상의 동업자와 함께 할 경우 무한책임회사를 형성한다. 그중 1명 이상이 회사 운영에는 관여하지 않고 투자만 하길 원하고, 1명 이상이 사업에 대한 책임을 끝까지 지겠다는 파트너가 있을 경우는 유한책임회사를 형성하면 된다. 무한책임 파트너의 경우는 부부나 친척 사이에서 많이 형성한다. C법인은 체계적인 회사와 유한책임을 원하고 소득을 분산하길 원하는 경우에 한다. 아무래도 법인서류가 복잡하고 이중과세의 부담이 있다. 하지만 대규모 C법인이 아닌 이상 대부분의 C법인의 이중과세는 이론상으로는 가능하지만 실제적으로는 발생하지 않는다. 그 이유는 이익 발생시 배당을 지불하지 않고 보너스와

봉급을 더 많이 지불함으로써 이중과세를 면하기 때문이다. S법인은 체계적인 회사의 형태를 원하고, 회사에 대한 유한책임을 지는 대신 이중과세를 피하는 방법이다. 보통 스케줄 K를 통하여 주주들에게 이익배당금이 전가되어 개인의 소득에 포함하여 세금보고를 하게 된다. LLC는 간단한 절차로 회사를 설립하고, 회사에 대한 유한책임을 지면서도 소득이 개인에게만 부과되길 원하는 경우에 형성된다.

Q. 소득세 부과는?

A. 개인회사는 개인이 소득세와 소셜 시큐리티 택스를 부담해야 한다. 파트너십은 소득세가 없지만 대신 파트너십의 소득이 개인으로 이전되어 개인이 부담한다. C법인은 법인 소득세가 부과되며, 주주는 배당금에 대한 개인 소득세가 적용된다. 법인 소득세는 캘리포니아주의 경우 첫해는 없고, 둘째 회계년도부터 부과되는데 최저세금은 800불이다. 즉 법인의 소득이 없고 적자가 났어도 둘째 해부터는 최소 세금인 800불을 납부해야 한다. S법인의 경우 법인 소득세가 주정부에만 부과되며, 주식회사의 소득이 개인으로 넘어가 개인 소득세율이 적용된다. 캘리포니아주는 둘째 회계년도부터 부과되는데 최저세금은 800불이다. LLC의 경우 소득이 개인으로 이전되어 개인의 세율에 따라 부과되며, 회사는 주식회사처럼 최저세금 800불이 적용될 수 있고, 총수입이 25만 달러를 넘으면 추가 세금이 부과될 수도 있다.

Q. 사업 손실 공제 여부는?

A. 개인의 경우 손실이 발생하면 다른 소득과 상쇄 가능하다. 파트너십은 경우에 따라 약간 다르다. 무한책임 파트너의 손실은 개인 소

득에서 공제 가능하고, 유한책임 파트너는 상환 청구권이 없는 빚에 대한 손실은 공제 가능하다. C법인의 경우 주주는 사용할 수 없으나 주식회사는 손실을 이익에 대해서 공제 받을 수 있다. S법인의 주주는 주식회사의 손실을 개인으로 가져가 공제 받을 수 있는 장점이 있다. LLC는 회사의 세금 적용 환경에 따라 개인회사, 파트너십, 주식회사의 손실 적용 규정에 따른다.

Q. 한국 기업의 현지 주식회사 설립은?

A. 미국에서의 주식회사 설립은 주마다 등록비와 조건이 다르지만 대부분 한국보다 간편한 편이다. 남가주의 경우는 한 명의 임원으로 100불 정도만 있어도 필요한 서류와 절차만 갖추면 은행 구좌를 개설하면서 정식 법인으로 등록할 수 있다. 한 사람이 주주가 되어 이사회의 구성원인 이사도 되고, 사장이나 부사장 그리고 재정 및 서기까지 겸할 수 있다. 한국에서 간부 한 사람을 파견해 모든 것을 총괄하면서 법인을 설립할 수 있다. 공인회계사에게 법인 설립 비용을 의뢰해도 등록비까지 포함하여 보통 1,000불 미만에 설립할 수 있다.

Q. 법인의 취소termination는?

A. 연말에 법인의 비즈니스를 중지하는 경우에는 반드시 다음 달 15일 안에 계약 해지를 신청해야 한다. 이를 소홀히 하면 캘리포니아주의 경우 다음 해의 주정부 최저세금인 800불을 납부해야 한다. 그러므로 특별히 연말에 법인을 닫는 경우는 기간 내에 법인을 취소하는 절차를 밟아야 한다. 법인의 취소절차는 법인에 연관된 마지막 세금보고서들을 다 제출하며, 또한 취소에 관한 필요한 서류들을 해당기관에

제출함으로 시작된다. 주마다 다를 수 있지만 캘리포니아주의 경우는 법인취소 신청부터 허락까지는 90~120일 정도가 걸리며, 밀린 종업원 세금이나 소득세금이 있으면 이를 완납해야 한다. 법인취소에 관한 모든 신청과 절차는 공인회계사의 전문 분야이며, 비용도 필요한 마지막 세금보고서 비용 외에 약 500불 정도의 비용이 예상된다.

미국 무비자시대 반드시 성공하는
미국 비즈니스 창업

지은이 _ 송문수
펴낸이 _ 박영발
펴낸곳 _ W 미디어
등록 _ 제2005-000030호
초판 1쇄 인쇄 _ 2009년 3월 10일
초판 1쇄 발행 _ 2009년 3월 13일
주소 _ 서울 양천구 목동 907 현대월드타워 1905호
전화 _ 6678-0708 팩스 _ 6678-0309
E-mail _ wmedia@naver.com

ISBN 978-89-91761-25-4 03300
값 13,000원